Ausbildung im Einzelhandel 3

Lernfelder 11–14

Autoren:

Christian Fritz
Markus Hillebrand
Antje Kost
Claudia Lang
Klaus Otte
Michael Piek
Roswitha Pütz

in Zusammenarbeit
mit der Verlagsredaktion

Cornelsen

Dieses Buch wurde erstellt unter Verwendung von Materialien von: Hans-Peter von den Bergen, Wolfgang R. Diemer, Wolfgang Duschek, Bettina Glania, Maria Elisabeth Köstler, Wolfgang Metzen, Ute Morgenstern, Katrin Rohde, Dieter Schütte, Insa Wenke, Ralf Wimmers.

Wir weisen darauf hin, dass die im Lehrwerk genannten Unternehmen und Geschäftsvorgänge frei erfunden sind. Ähnlichkeiten mit real existierenden Unternehmen lassen keine Rückschlüsse auf diese zu. Dies gilt auch für die im Lehrwerk genannten Kreditinstitute, Bankleitzahlen und Buchungsvorgänge. Ausschließlich zum Zwecke der Authentizität wurden insoweit existierende Kreditinstitute und Bankleitzahlen verwendet.

Verlagsredaktion: Dorothe Redeker
Bildredaktion: Christina Fanselow
Layout: sign, Berlin, Christoph Berten, Berlin
Technische Umsetzung: Christoph Berten, Berlin
Umschlaggestaltung: sign, Berlin
Titelfoto: shutterstock; iStockphoto (Frau mit Kind auf dem Arm, zwei junge Mädchen, junges Paar in blauer Kleidung)

www.cornelsen.de/cbb/einzelhandel

Die Internetadressen und -dateien, die in diesem Lehrwerk angegeben sind, wurden vor Drucklegung geprüft (Stand: Januar 2010). Der Verlag übernimmt keine Gewähr für die Aktualität und den Inhalt dieser Adressen und Dateien oder solcher, die mit ihnen verlinkt sind.
Dieses Werk berücksichtigt die Regeln der reformierten Rechtschreibung und Zeichensetzung.

1. Auflage, 1. Druck 2010

Alle Drucke dieser Auflage sind inhaltlich unverändert und können im Unterricht nebeneinander verwendet werden.

Druck: CS-Druck CornelsenStürtz, Berlin

ISBN 978-3-06-450198-0

Inhalt gedruckt auf säurefreiem Papier aus nachhaltiger Forstwirtschaft.

Vorwort

In den aktuellen Rahmenrichtlinien für die Ausbildung zum Verkäufer / zur Verkäuferin bzw. zum Kaufmann / zur Kauffrau im Einzelhandel heißt es: „Die in dieser Verordnung genannten Fertigkeiten und Kenntnisse sollen so vermittelt werden, dass die Auszubildenden zur Ausübung einer qualifizierten beruflichen Tätigkeit befähigt werden, die insbesondere selbstständiges Planen, Durchführen und Kontrollieren einschließt" (Rahmenrichtlinien 2004, § 3).

Auch die Neubearbeitung der Reihe „Ausbildung im Einzelhandel" hält sich an diese verpflichtenden Vorgaben. Ausgehend von einem Arbeitsbuch mit Lernsituationen werden die Auszubildenden motiviert und befähigt, sich das benötigte Fachwissen mit Hilfe der Fachkundebücher zu erschließen sowie zur Lösung der Lernsituation anzuwenden.

Darüber hinaus bietet die Neubearbeitung zahlreiche neu gestaltete Lernsituationen sowie zusätzliche Inhalte, die der Erweiterung der Berufskompetenz dienen. Die neuen Inhalte ermöglichen eine bessere Binnendifferenzierung. Dieser Differenzierung der gerade im Einzelhandel besonders heterogenen Auszubildendengruppe dienen auch die weiterführenden Artikel im teachweb:

www.cornelsen.de/cbb/einzelhandel

Das neue Layout der Arbeits- und Fachkundebücher ist an die aktuellen Bedürfnisse der Auszubildenden und ihrer Lehrerinnen und Lehrer angepasst worden. Die Perforation der Blätter im Arbeitsbuch soll es den Auszubildenden erleichtern, flexibel Lernmaterial zu ergänzen und ein individuelles Kompendium zu erstellen, das in der Prüfungsvorbereitung ein unverzichtbarer Helfer auf dem Weg zum erfolgreichen Abschluss wird.

Da zum Bestehen der Berufsabschlussprüfung und im handlungsorientierten Unterricht zur Erarbeitung von Lösungen Fachwissen unabdingbar ist, gibt es passend zum Lehrwerk eine digitale Lernkartei „Recall", die den Schülerinnen und Schülern die Aneignung von Fachwissen mit Hilfe des Computers erleichtert.

Mit den aufeinander abgestimmten Arbeitsbüchern und Fachkunden, der digitalen Lernkartei, den Verkaufsgesprächen auf DVD, den Lernspielen für jedes Ausbildungsjahr, dem Warenwirtschaftssystem E.V.A., dem an den Lernsituationen orientierten Deutschbuch und den im teachweb vorhandenen ergänzenden und weiterführenden Informationen steht den Auszubildenden und ihren Lehrerinnen und Lehrern an der Berufsschule ein koordiniertes Konzept zur Verfügung, das eine optimale Ausbildung am Lernort Berufsschule möglich macht.

Bonn, Februar 2010

Querverweis zum Arbeitsbuch Diese Lernsituation gehört zur Fachinformation.

Lernsituation 79

3 Anlagegüter anschaffen und abschreiben

Das Einzelhandelsunternehmen benötigt für seine unterschiedlichen Leistungen neben geschultem Personal und einem bedarfsgerechten Sortiment auch eine Vielzahl von **Anlagegütern**. Hierzu zählen z. B. neben einem geeigneten Gebäude und Grundstück auch entsprechende Verkaufsraumeinrichtungen wie Regale und Warenträger sowie Computer, Datenkassen und das Warenwirtschaftssystem. Je nach Größe und Betriebsform des Einzelhandels wird auch ein Fahrzeug für die Warenauslieferung zum Kunden oder eine Verpackungsmaschine zur Ausstattung des Einzelhändlers gehören. Diese Güter werden in der Bilanz als Anlagevermögen erfasst, da sie dem Unternehmen dauernd bzw. über einen längeren Zeitraum zur Verfügung stehen.

3.1 Beschaffung von Anlagegütern

Hinweis auf weitere Informationen an anderer Stelle in diesem Buch

Umsatzsteuer → S. 12

Die Beschaffung von Anlagegütern verursacht in der Regel eine Reihe von einmaligen Nebenkosten, die im Zusammenhang mit der Anschaffung und der Inbetriebnahme entstehen. Hierzu zählen z. B.:

- Transportkosten
- Verpackungskosten
- Versicherungskosten
- Montagekosten

Farbige Begriffe im Text werden in der Randspalte näher erklärt.

Anschaffungskosten
alle Nebenkosten, die zusätzlich zum Kaufpreis sofort oder nachträglich anfallen, um ein Anlagegut zu erwerben und es in einen betriebsbereiten Zustand zu versetzen

Listeneinkaufspreis
– Anschaffungspreisminderung
+ Anschaffungsnebenkosten
= Anschaffungskosten

Für den Einzelhändler stellt sich die Frage, zu welchem Wert er die erworbenen Anlagegüter in seiner Bilanz erfassen muss. Der Gesetzgeber beantwortet diese Frage mit dem Begriff der Anschaffungskosten. Die Anschaffungskosten errechnen sich aus dem Listenpreis des Anlagegutes abzüglich aller Anschaffungspreisminderungen, wie Rabatt und Skonto, und zuzüglich der Anschaffungsnebenkosten, die weiterhin anfallen, damit das Anlagegut betriebsbereit beim Einzelhändler im Geschäft steht. Wiederkehrende Kosten, wie z. B. Benzinkosten, Kfz-Steuer, Zinskosten und Inspektionskosten, zählen nicht zu den Anschaffungskosten. Sie stellen einen Aufwand dar. Für die Berechnung der Anschaffungskosten wird die Umsatzsteuer nicht berücksichtigt, da der Einzelhändler sie im Rahmen des Vorsteuerabzugs von seinem Finanzamt erstattet bekommt.

Beispiele erläutern die Fachtexte und sind grün unterlegt.

Peter Beyer, Ladenausbau GmbH

Peter Beyer, Ladenausbau GmbH

Beska GmbH
Berliner Superkauf GmbH
Tauentzienstr. 60
10789 Berlin

Rechnungs-Nr. 19874 Datum: 26.02.XX

Regalsystem „Multi-Mobil“

Listenpreis	5.200,00 €
+ Frachtkosten	280,00 €
+ Zustellkosten	70,00 €
+ Montagekosten	450,00 €
	6.000,00 €
+ 19 % USt.	1.140,00 €
	7.140,00 €

Beispiel

Die Beska GmbH benötigt für ihre Warenpräsentation ein neues Regalsystem. Nach ausführlichen Beratungen und Informationen hat sie sich für das Regalsystem des Unternehmens Peter Beyer, Ladenausbau GmbH, entschieden. Kurze Zeit später erhält sie die Regale und nebenstehende Rechnung (Auszug).

Als Anschaffungskosten für das Regalsystem wird die Beska GmbH nun den Wert von 6.000,00 Euro in ihre Bilanz übernehmen.

Arbeiten mit diesem Buch

Damit ein Arbeitnehmer die VL erhält, muss er zunächst mit einem Anlageinstitut (z. B. Kreditinstitut oder Bausparkasse) einen Vermögenswirksamen Sparvertrag abschließen. Eine Durchschrift des Sparvertrages reicht er dann in der Personalabteilung ein, damit diese den entsprechenden Betrag an das Anlageinstitut überweisen kann.

Voraussetzungen zur staatlichen Förderung

Anlageform	Arbeitnehmer-sparzulage	Maximal geförderte Sparleistung	Wer erhält die Arbeitnehmersparzulage (Einkommensgrenze)?
Bausparvertrag	9 %	470 Euro im Jahr	• Ledige: 17.900 Euro pro Jahr • Verheiratete: 35.800 Euro pro Jahr
Investment-sparverträge	20 %	400 Euro im Jahr	• Ledige: 20.000 Euro pro Jahr • Verheiratete: 40.000 Euro pro Jahr

Ergebnisse und Zusammenfassungen sind an der violetten Farbunterlegung erkennbar.

Verordnung zur Regelung der Preisangaben (PAngV)

§ 1 Grundvorschriften

(1) Wer Letztverbrauchern gewerbs- oder geschäftsmäßig oder regelmäßig in sonstiger Weise Waren oder Leistungen anbietet oder als Anbieter von Waren und Leistungen gegenüber Letztverbrauchern in Zeitungen, Zeitschriften, Prospekten, auf Plakaten, im Rundfunk oder Fernsehen oder auf sonstige Art und Weise unter Angabe von Preisen wirbt, hat die Preise anzugeben, die einschließlich der Umsatzsteuer und sonstiger Preisbestandteile, unabhängig von einer Rabattgewährung, zu zahlen sind (Endpreise).

Nähere Informationen unter www.gs1-germany.de

Fremdtexte sind blau unterlegt.

Adressen zu einer Website sind in der Randspalte in blauer Schrift genannt.

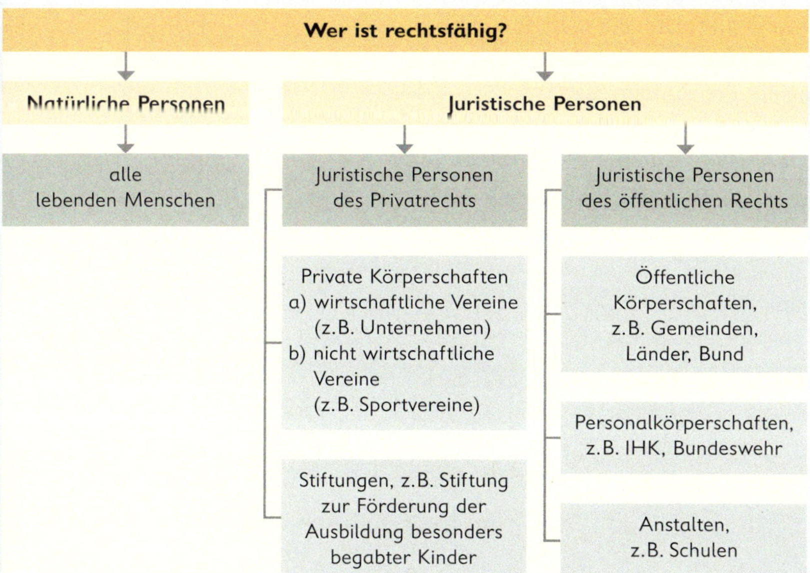

Grafische Übersichten unterstützen das Verständnis von Sachzusammenhängen.

Lernfeld 11 Geschäftsprozesse erfolgsorientiert steuern

Mit Marketingmaßnahmen den Kunden gewinnen und binden

Lernfeld 12

Personaleinsatz planen und Mitarbeiter führen

Lernfeld 13

Anhang

11

Geschäftsprozesse erfolgsorientiert steuern

Umsatzsteuer

Warenbewegungen

Anlagegüter

Kosten- und Leistungsrechnung

Geschäftsprozesse optimieren

1 Umsatzsteuer

Lernsituation 78

In der Umgangssprache wird auch von Mehrwertsteuer gesprochen.

Die Umsatzsteuer wird auf Waren, die eingekauft und verkauft werden, aufgeschlagen. Somit erscheint die Umsatzsteuer auf Eingangsrechnungen und Ausgangsrechnungen des Einzelhändlers. Die Umsatzsteuer besteuert den gesamten privaten und öffentlichen Konsum. Nach § 1 **Umsatzsteuergesetz** unterliegen der Umsatzsteuer Umsätze aus Lieferungen (Warenverkäufe) und sonstige Leistungen (z. B. Reparaturen, Provisionen, Warentransport) sowie dem Eigenverbrauch.

Der allgemeine **Steuersatz** beträgt zurzeit 19 %. Der ermäßigte Steuersatz beträgt zurzeit 7 % und gilt z. B. für viele Lebensmittel, Bücher, Zeitschriften, Kunstgegenstände, Blumen und Hotelübernachtungen.

Umsatzsteuerfrei sind dagegen aber z. B.:
- Postwertzeichen (Briefmarken)
- Gewährung und Vermittlung von Krediten
- Vermietung von Gebäuden und Verpachtung von Grundstücken
- Umsätze von Ärzten und Hebammen und anderen freien Berufen
- Versicherungsbeiträge
- private Geschäfte

Die Umsatzbesteuerung beruht auf dem Prinzip, dass auf jeder Handelsstufe, die ein Gut durchläuft, nur der Wertzuwachs besteuert wird. Der Einzelhändler stellt seinen Kunden die Umsatzsteuer auf den gesamten Warenwert in Rechnung. Die gesamte Umsatzsteuerlast zahlt so der Endverbraucher, der **Steuerträger** ist. **Steuerschuldner** gegenüber dem Finanzamt ist jedoch der Einzelhändler. Dieser muss die Umsatzsteuer seinen Warenpreisen hinzurechnen, vom Kunden einbehalten und nach Erhalt an das Finanzamt abführen.

Der Einzelhändler führt den empfangenen Steueranteil der Kunden aber nicht vollständig an das Finanzamt ab, denn seine Umsatzsteuerschuld gegenüber dem Finanzamt verringert sich durch die bereits selbst gezahlte Umsatzsteuer (Vorsteuer). Die Umsatzsteuer, die beim Einkauf des Einzelhändlers anfällt, wird als **Vorsteuer** (= im Voraus bezahlte Umsatzsteuer) bezeichnet.

Alle Umsatzwerte, Anschaffungskosten, Aufwendungen für Waren, Handlungskosten usw. sind stets als Nettobeträge zu berechnen, da die Umsatzsteuer ein durchlaufender Posten ist.

Da die Umsatzsteuer aber letztlich nur vom Endverbraucher zu zahlen ist, zieht der Einzelhändler die Vorsteuer von der erhaltenden Umsatzsteuer der Kunden ab. Er muss nur die Differenz zwischen Umsatzsteuer und Vorsteuer, die so genannte **Zahllast**, an das Finanzamt abführen. Somit hat die Umsatzsteuer auf den Erfolg des Einzelhändlers keinen Einfluss, da sie an den Endverbraucher weitergegeben wird. Die Umsatzsteuer wird deshalb auch als durchlaufender Posten bezeichnet.

Eine Zahllast liegt vor, wenn die erhaltene Umsatzsteuer größer als die gezahlte Vorsteuer ist.

Berechnung der Zahllast

	erhaltene Umsatzsteuer
–	gezahlte Vorsteuer
=	Zahllast

Wenn die gezahlte Vorsteuer größer ist als die erhaltene Umsatzsteuer, entsteht ein **Vorsteuerüberhang**. Das ist eine Ausnahmesituation, die z. B. vor einer Geschäftseröffnung oder bei einer Großinvestition entstehen kann. Der Vorsteuerüberhang ist eine Forderung des Einzelhändlers an das Finanzamt, der im Folgemonat erstattet wird. Ein Vorsteuerüberhang liegt vor, wenn die gezahlte Vorsteuer größer als die erhaltene Umsatzsteuer ist.

Berechnung eines Vorsteuerüberhangs

gezahlte Vorsteuer
– erhaltene Umsatzsteuer

= Vorsteuerüberhang

Der Einzelhändler muss die erhaltene Umsatzsteuer und die gezahlte Vorsteuer dem zuständigen Finanzamt gegenüber **monatlich** in einer **Umsatzsteuervoranmeldung** benennen, bevor dann am Jahresende die **Umsatzsteuererklärung** fällig wird. In den ersten beiden Jahren nach Gründung muss jeder Unternehmer, unabhängig von der Höhe der Beträge, eine monatliche Umsatzsteueranmeldung abgeben, danach nur noch, wenn im Vorjahr die Zahllast gegenüber dem Finanzamt über 7.500,00 Euro betrug. Die Zahlung der Umsatzsteuerschuld (Zahllast) an das Finanzamt muss dann bis zum 10. des Folgemonats erfolgen.

Funktionsweise des Umsatzsteuersystems an einem Beispiel erklärt

Alle Güter durchlaufen Handelsstufen, in denen der Wert eines Gutes gesteigert wird. Dieser erbrachte Mehrwert wird auch **Wertschöpfung** genannt und ist für die Besteuerung maßgebend.

Ein Landwirt erntet Weizen im Wert von 10.000 Euro. Diesen Weizen verkauft er weiter an einen Müller. Er muss vom Müller aber nicht nur die 10.000 Euro verlangen, sondern zusätzlich die Umsatzsteuer. Da es sich in diesem Beispiel um ein Lebensmittel handelt, werden 7 % Umsatzsteuer fällig. Der Landwirt erhält die 10.000 Euro für seinen Weizen (Nettowert) und die 7 % Umsatzsteuer (700 Euro). Der Gesamtwert der Zahlung (Bruttowert) beträgt also 10.700 Euro.

Der Müller mahlt aus dem Weizen Backmehl Type 405. Er verkauft dieses Mehl natürlich zu einem höheren Preis an einen Großhändler, denn er hat ja seine Mühle für den Weizen in Betrieb genommen und seine Arbeit eingesetzt. Der Großhändler muss für den Weizen 13.000 Euro an den Müller bezahlen. Die Umsatzsteuer beträgt in diesem Fall 910 Euro (7 % von 13.000 Euro). Der Bruttobetrag, den der Großhändler bezahlen muss, beläuft sich somit auf 13.910 Euro.

Der Großhändler verkauft das Mehl für 15.000 Euro an die Einzelhändler weiter und erhält einschließlich der Umsatzsteuer 16.050 Euro. Die Einzelhändler verkaufen das Mehl schließlich an ihre Kunden und erhalten dafür 20.000 Euro, zuzüglich 7 % Umsatzsteuer, also insgesamt: 21.400 Euro.

In einer Übersicht können wir feststellen:

	Landwirt	Müller	Groß-händler	Einzel-händler
Nettoverkaufspreis	10.000 €	13.000 €	15.000 €	20.000 €
Umsatzsteuer	700 €	910 €	1.050 €	1.400 €
Bruttoverkaufspreis	10.700 €	13.910 €	16.050 €	21.400 €

Folgende Steuerbeträge sind bisher bezahlt worden:

- vom Müller an den Landwirt: 700 Euro
- vom Großhändler an den Müller: 910 Euro
- vom Einzelhändler an den Großhändler: 1.050 Euro
- von Verbrauchern an die Einzelhändler: 1.400 Euro

Die folgende Tabelle verdeutlicht die Zusammenhänge:

	Landwirt ❶	Müller ❷	Groß-händler ❸	Einzel-händler ❹
Nettoverkaufspreis (Warenwert)	10.000 €	13.000 €	15.000 €	20.000 €
+ Umsatzsteuer	700 €	910 €	1.050 €	1.400 €
= Bruttoverkaufspreis (Ladenverkaufspreis)	10.700 €	13.910 €	16.050 €	21.400 €
geschaffener Mehrwert	10.000 €	3.000 €	2.000 €	5.000 €
Umsatzsteuer	700 €	910 €	1.050 €	1.400 €
– gezahlte Vorsteuer	0 €	700 €	910 €	1.050 €
= Zahllast ❺	700 €	210 €	140 €	350 €

❶ Der Landwirt hat für 10.000 Euro Weizen geerntet. Also zahlt er an den Staat Steuern in Höhe von 700 Euro.

❷ Der Müller hat an den Landwirt 700 Euro Umsatzsteuer gezahlt, aber 910 Euro als Steuern vom Großhändler erhalten. Der Staat erhält also von ihm nur noch 210 Euro, denn 700 Euro hat der Müller schon dem Landwirt gezahlt. Diese 210 Euro sind die Zahllast des Müllers, die er an das Finanzamt abführen muss.

❸ Der Großhändler hat dem Müller 910 Euro gezahlt, aber 1.050 Euro vom Einzelhändler bekommen. Also zahlt er 140 Euro Steuern. Er hatte den Weizen für 13.000 Euro beim Müller eingekauft und für 15.000 Euro an den Einzelhändler verkauft. Das Mehl hat somit einen Mehrwert von 2.000 Euro. 7% des Mehrwertes sind 140 Euro.

❹ Die Einzelhändler kaufen das Mehl für 15.000 Euro netto ein und verkaufen es an ihre Kunden für 20.000 Euro netto. Sie schaffen also einen Mehrwert von 5.000 Euro. 7 % Umsatzsteuer betragen dann 350 Euro, die auch an den Staat abgeführt werden müssen. Der Einzelhändler bekommt von seinen Kunden 1.400 Euro Umsatzsteuer, hatte aber schon 1.050 Euro an den Großhändler gezahlt, also ist seine Zahllast gegenüber dem Finanzamt nur noch 350 Euro groß.

❺ Die Summe der Zahllasten aller Unternehmen beträgt also 1.400 Euro, so viel, wie der Einzelhändler vom Endverbraucher erhält. Diese Summe entspricht 7 % vom Mehrwert.

2 Erfassung der Warenbewegungen

Der wirtschaftliche Erfolg eines Einzelhandelsunternehmens ist von einer Vielzahl von Einflussfaktoren abhängig. Um richtige Entscheidungen treffen zu können, sollten daher verschiedene Daten gesammelt und ausgewertet werden. Diese Daten können dann als Entscheidungsgrundlage dienen. Außerdem schreibt der Gesetzgeber die Erfassung und Dokumentation von Geschäftsprozessen vor.

Das Kerngeschäft des Einzelhandels ist der An- und Verkauf von Waren, d. h., der Einzelhändler lebt davon, dass er die Waren wertmäßig günstiger einkauft, als er sie verkauft. Die positive Differenz zwischen Bezugspreis und Nettoverkaufspreis stellt den Rohgewinn des Einzelhändlers dar, der ausreichend hoch sein muss, um alle Handlungskosten zu decken und noch einen Reingewinn zu erwirtschaften. Somit sind die genaue Dokumentation und die Auswertung des Warenflusses für die Optimierung von Geschäftsprozessen besonders wichtig, Mit dem Warenwirtschaftssystem können die Warenbewegungen mengenmäßig und wertmäßig erfasst werden. Auf Grundlage dieser Ergebnisse und unter Berücksichtigung weiterer betrieblicher Gegebenheiten kann der Einzelhändler dann Rückschlüsse ziehen, um seinen Geschäftsprozess zu optimieren.

2.1 Wareneingang/Wareneinkauf

In der Lagerkartei oder Lagerdatei des Unternehmens werden die Warenbewegungen in aller Regel stückmäßig erfasst. In mittelgroßen und großen Unternehmen geschieht die wertmäßige Erfassung in der Finanzbuchhaltung. Parallel dazu kann wegen der besseren Übersichtlichkeit aber auch ein **Wareneingangsbuch** geführt werden.

Monat: Oktober **Seite: 123** **(Nicht verwendete Felder müssen entwertet werden!)** **Beska**

laufende Nr.	Datum	Lieferant	Warengruppe	Rechnungsbetrag brutto in €	Warenwert netto in €	Bezugskosten netto in €	Vorsteuer in %	Vorsteuer in €	nachträgliche Bruttominderung in €	davon Vorsteuer in €
Übertrag	——	——	——	423.817,29	348.950,98	7.198,00	——	67.668,31	1.431,08	228,49
2.327	31.10.XX	Fischer Nr. 327	05	5.950,00	4.800,00	200,00	19	950,00	——	——
Summe										

Dieses Wareneingangsbuch ist für nicht buchführungspflichtige gewerbliche Unternehmen vorgeschrieben (§ 143 AO). Zu den nicht buchführungspflichtigen gewerblichen Unternehmen zählen all die Unternehmen, die auf Grund ihrer beschränkten Geschäftstätigkeit keinen in kaufmännischer Weise eingerichteten Geschäftsbetrieb benötigen. Dieses sind Kleinstunternehmen, die keine Angestellten beschäftigen, keine Geschäftsformulare benutzen und keinen großen Umsatz im Jahr erzielen (z. B. ein Kiosk).

AO
Abgabenordnung

Einzelkaufleute haben lt. § 24 1a HGB keine Pflicht zur Buchführung, zur Inventar- und Jahrsabschlusserstellung, wenn sie in zwei aufeinander folgenden Geschäftsjahren 500.000 Euro Umsatz und 50.000 Euro Jahresüberschuss nicht überschreiten.

Das Wareneingangsbuch gibt in der Regel Auskunft über:

- den Tag des Wareneingangs
- den Namen und die Anschrift des Lieferanten
- die handelsübliche Bezeichnung der Waren
- einen Hinweis auf den Beleg; diese werden i. d. R. durchnummeriert
- den Bruttorechnungsbetrag
- den Nettowarenwert
- die Bezugskosten
- den gültigen Steuersatz
- die gezahlte Umsatzsteuer (Vorsteuer) in Euro
- nachträgliche Preisminderungen, z. B. durch Skonto oder Gutschrift
- die im Preisnachlass enthaltene und somit zu korrigierende Vorsteuer

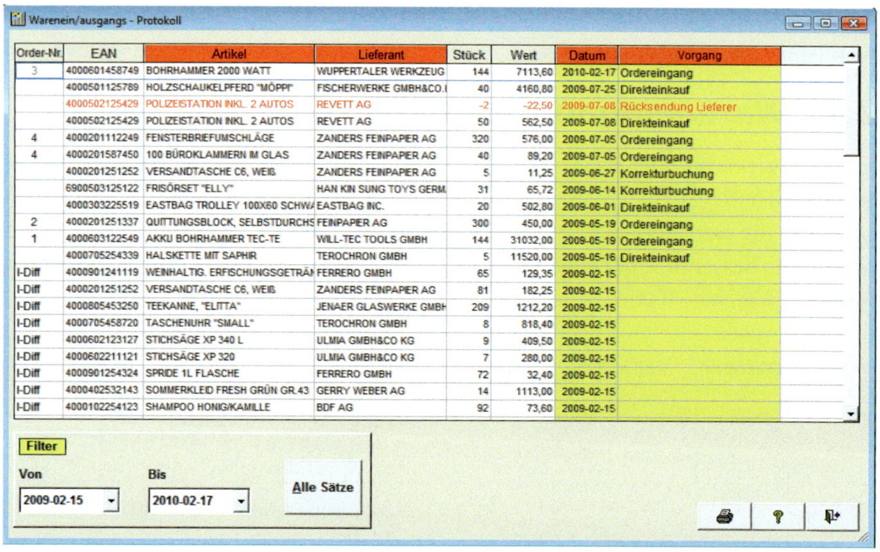

Order-Nr.	EAN	Artikel	Lieferant	Stück	Wert	Datum	Vorgang
3	4000601458749	BOHRHAMMER 2000 WATT	WUPPERTALER WERKZEUG	144	7113,60	2010-02-17	Ordereingang
	4000501125789	HOLZSCHAUKELPFERD "MÖPPI"	FISCHERWERKE GMBH&CO.I	40	4160,80	2009-07-25	Direkteinkauf
	4000502125429	POLIZEISTATION INKL. 2 AUTOS	REVETT AG	-2	-22,50	2009-07-08	Rücksendung Lieferer
	4000502125429	POLIZEISTATION INKL. 2 AUTOS	REVETT AG	50	562,50	2009-07-08	Direkteinkauf
4	4000201112249	FENSTERBRIEFUMSCHLÄGE	ZANDERS FEINPAPIER AG	320	576,00	2009-07-05	Ordereingang
4	4000201587450	100 BÜROKLAMMERN IM GLAS	ZANDERS FEINPAPIER AG	40	89,20	2009-07-05	Ordereingang
	4000201251252	VERSANDTASCHE C6, WEIß	ZANDERS FEINPAPIER AG	5	11,25	2009-06-27	Korrekturbuchung
	6900503125122	FRISÖRSET "ELLY"	HAN KIN SUNG TOYS GERM.	31	65,72	2009-06-14	Korrekturbuchung
	4000303225519	EASTBAG TROLLEY 100X60 SCHWA	EASTBAG INC.	20	502,80	2009-06-01	Direkteinkauf
2	4000201251337	QUITTUNGSBLOCK, SELBSTDURCHS	FEINPAPIER AG	300	450,00	2009-05-19	Ordereingang
1	4000603122549	AKKU BOHRHAMMER TEC-TE	WILL-TEC TOOLS GMBH	144	31032,00	2009-05-19	Ordereingang
	4000705254339	HALSKETTE MIT SAPHIR	TEROCHRON GMBH	5	11520,00	2009-05-16	Direkteinkauf
I-Diff	4000901241119	WEINHALTIG. ERFISCHUNGSGETRÄN	FERRERO GMBH	65	129,35	2009-02-15	
I-Diff	4000201251252	VERSANDTASCHE C6, WEIß	ZANDERS FEINPAPIER AG	81	182,25	2009-02-15	
I-Diff	4000805453250	TEEKANNE, "ELITTA"	JENAER GLASWERKE GMBH	209	1212,20	2009-02-15	
I-Diff	4000705458720	TASCHENUHR "SMALL"	TEROCHRON GMBH	8	818,40	2009-02-15	
I-Diff	4000602123127	STICHSÄGE XP 340 L	ULMIA GMBH&CO KG	9	409,50	2009-02-15	
I-Diff	4000602211121	STICHSÄGE XP 320	ULMIA GMBH&CO KG	7	280,00	2009-02-15	
I-Diff	4000901254324	SPRIDE 1L FLASCHE	FERRERO GMBH	72	32,40	2009-02-15	
I-Diff	4000402532143	SOMMERKLEID FRESH GRÜN GR.43	GERRY WEBER AG	14	1113,00	2009-02-15	
I-Diff	4000102254123	SHAMPOO HONIG/KAMILLE	BDF AG	92	73,60	2009-02-15	

Protokoll des Wareneingangs und -ausgangs im Warenwirtschaftssystem E.V.A.

Somit enthält das Wareneingangsbuch alle notwendigen Daten, um Auskunft zu geben über die tatsächlichen Anschaffungskosten der Ware, sprich den Bezugspreis der Ware. Das Wareneingangsbuch gibt auch Auskunft über die tatsächlich gezahlte Vorsteuer beim Einkauf der Waren. Dieser Betrag wird bei der Erstellung der Umsatzsteuervoranmeldung benötigt. Die an den Lieferanten gezahlte Vorsteuer wird mit der Umsatzsteuer, die der Einzelhändler von den Kunden eingenommen hat, verrechnet. Durch die Vorsteuer verringert sich die Umsatzsteuerschuld gegenüber dem Finanzamt.

Wird das Wareneingangsbuch mit Hilfe einer Software geführt, ergeben sich daraus einfache Auswertungsmöglichkeiten in Form von Tabellen oder Grafiken. Als Software kommen vor allem Tabellenkalkulationsprogramme (z. B. Excel) oder Warenwirtschaftssysteme (z. B. E.V.A.) in Frage.

Der Wert des Wareneingangs/Wareneinkaufs ist nicht zu verwechseln mit dem Wareneinsatz des Einzelhändlers.

2.2 Warenausgang/Warenverkauf

Die Erfassung des Warenausgangs geschieht im Einzelhandel am Kassenterminal mit Hilfe des Warenwirtschaftssystems. Hier wird die verkaufte Absatzmenge erfasst. Bewertet der Einzelhändler die Absatzmenge zum Nettoverkaufspreis, so erhält er seinen Umsatz. Auch auf Ziel verkaufte Waren können auf diese Weise leicht in der Kasse erfasst werden. Durch die Verwendung des Warenwirtschaftssystems ist sichergestellt, dass die Kundendaten zur Verfügung stehen und der Zahlungseingang auch überwacht werden kann.

Umsatz = Absatzmenge · Nettoverkaufspreis

Für die Berechnung des Wareneinsatzes sind die Zahlen des Warenverkaufs unverzichtbar. Der **Wareneinsatz** berechnet sich aus der Stückmenge des Absatzes bewertet zum Bezugspreis, der beim Wareneinkauf ermittelt wurde. Liegen die Wareneinsätze und die Nettoumsätze je Warengruppe vor, so kann der Einzelhändler den Rohgewinn je Warengruppe berechnen.

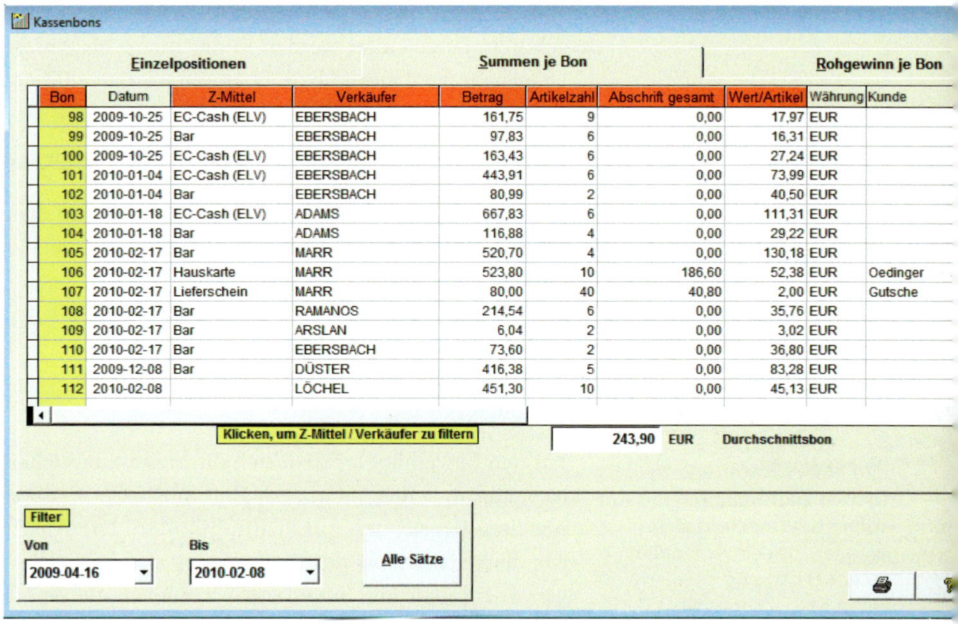

Bon	Datum	Z-Mittel	Verkäufer	Betrag	Artikelzahl	Abschrift gesamt	Wert/Artikel	Währung	Kunde
98	2009-10-25	EC-Cash (ELV)	EBERSBACH	161,75	9	0,00	17,97	EUR	
99	2009-10-25	Bar	EBERSBACH	97,83	6	0,00	16,31	EUR	
100	2009-10-25	EC-Cash (ELV)	EBERSBACH	163,43	6	0,00	27,24	EUR	
101	2010-01-04	EC-Cash (ELV)	EBERSBACH	443,91	6	0,00	73,99	EUR	
102	2010-01-04	Bar	EBERSBACH	80,99	2	0,00	40,50	EUR	
103	2010-01-18	EC-Cash (ELV)	ADAMS	667,83	6	0,00	111,31	EUR	
104	2010-01-18	Bar	ADAMS	116,88	4	0,00	29,22	EUR	
105	2010-02-17	Bar	MARR	520,70	4	0,00	130,18	EUR	
106	2010-02-17	Hauskarte	MARR	523,80	10	186,60	52,38	EUR	Oedinger
107	2010-02-17	Lieferschein	MARR	80,00	40	40,80	2,00	EUR	Gutsche
108	2010-02-17	Bar	RAMANOS	214,54	6	0,00	35,76	EUR	
109	2010-02-17	Bar	ARSLAN	6,04	2	0,00	3,02	EUR	
110	2010-02-17	Bar	EBERSBACH	73,60	2	0,00	36,80	EUR	
111	2009-12-08	Bar	DÜSTER	416,38	5	0,00	83,28	EUR	
112	2010-02-08		LÖCHEL	451,30	10	0,00	45,13	EUR	

Mit entsprechenden Grafiken und Tabellen können diese Zahlen aufbereitet werden, was eine leichtere Auswertung ermöglicht. Werden diese Ergebnisse in Bezug gesetzt zu Werbekosten, Mitarbeiterzahl je Abteilung, Verkaufsfläche usw. können diese Zahlen für eine Optimierung der Geschäftsprozesse genutzt werden.

Die Tätigkeiten des Einzelhändlers von der Warenerfassung bis zur Umsatzsteuervoranmeldung

Optimierung von Geschäftsprozessen → S. 44

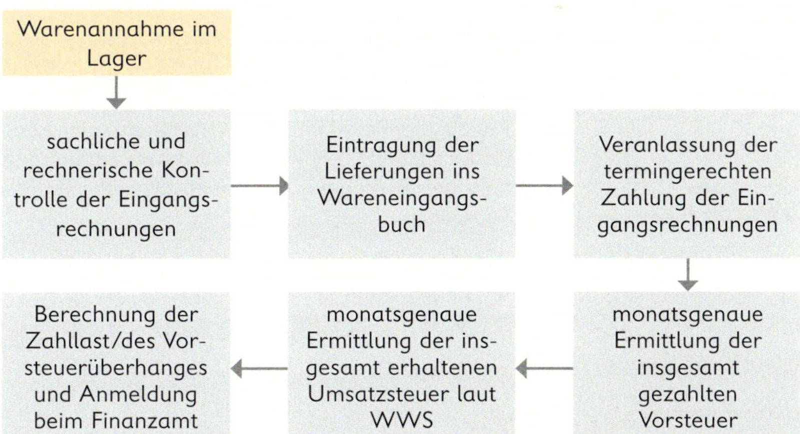

Umsatzsteuer → S. 12

3 Anlagegüter anschaffen und abschreiben

Lernsituation 79

Das Einzelhandelsunternehmen benötigt für seine unterschiedlichen Leistungen neben geschultem Personal und einem bedarfsgerechten Sortiment auch eine Vielzahl von **Anlagegütern**. Hierzu zählen z. B. neben einem geeigneten Gebäude und Grundstück auch entsprechende Verkaufsraumeinrichtungen wie Regale und Warenträger sowie Computer, Datenkassen und das Warenwirtschaftssystem. Je nach Größe und Betriebsform des Einzelhandels wird auch ein Fahrzeug für die Warenauslieferung zum Kunden oder eine Verpackungsmaschine zur Ausstattung des Einzelhändlers gehören. Diese Güter werden in der Bilanz als Anlagevermögen erfasst, da sie dem Unternehmen dauernd bzw. über einen längeren Zeitraum zur Verfügung stehen.

3.1 Beschaffung von Anlagegütern

Die Beschaffung von Anlagegütern verursacht in der Regel eine Reihe von einmaligen Nebenkosten, die im Zusammenhang mit der Anschaffung und der Inbetriebnahme entstehen. Hierzu zählen z. B.:

- Transportkosten
- Verpackungskosten
- Versicherungskosten
- Montagekosten

Umsatzsteuer → S. 12

Anschaffungskosten
alle Nebenkosten, die zusätzlich zum Kaufpreis sofort oder nachträglich anfallen, um ein Anlagegut zu erwerben und es in einen betriebsbereiten Zustand zu versetzen

	Listeneinkaufspreis
–	Anschaffungspreisminderung
+	Anschaffungsnebenkosten
=	Anschaffungskosten

Für den Einzelhändler stellt sich die Frage, zu welchem Wert er die erworbenen Anlagegüter in seiner Bilanz erfassen muss. Der Gesetzgeber beantwortet diese Frage mit dem Begriff der Anschaffungskosten. Die Anschaffungskosten errechnen sich aus dem Listenpreis des Anlagegutes abzüglich aller Anschaffungspreisminderungen, wie Rabatt und Skonto, und zuzüglich der Anschaffungsnebenkosten, die weiterhin anfallen, damit das Anlagegut betriebsbereit beim Einzelhändler im Geschäft steht. Wiederkehrende Kosten, wie z. B. Benzinkosten, Kfz-Steuer, Zinskosten und Inspektionskosten, zählen nicht zu den Anschaffungskosten. Sie stellen einen Aufwand dar. Für die Berechnung der Anschaffungskosten wird die Umsatzsteuer nicht berücksichtigt, da der Einzelhändler sie im Rahmen des Vorsteuerabzugs von seinem Finanzamt erstattet bekommt.

Peter Beyer, Ladenausbau GmbH

Peter Beyer, Ladenausbau GmbH

Beska GmbH
Berliner Superkauf GmbH
Tauentzienstr. 60
10789 Berlin

Rechnungs-Nr. 19874 — Datum: 26.02.XX

Regalsystem „Multi-Mobil“

	Listenpreis	5.200,00 €
+	Frachtkosten	280,00 €
+	Zustellkosten	70,00 €
+	Montagekosten	450,00 €
		6.000,00 €
+	19 % USt.	1.140,00 €
		7.140,00 €

Beispiel

Die Beska GmbH benötigt für ihre Warenpräsentation ein neues Regalsystem. Nach ausführlichen Beratungen und Informationen hat sie sich für das Regalsystem des Unternehmens Peter Beyer, Ladenausbau GmbH, entschieden. Kurze Zeit später erhält sie die Regale und nebenstehende Rechnung (Auszug).

Als Anschaffungskosten für das Regalsystem wird die Beska GmbH nun den Wert von 6.000,00 Euro in ihre Bilanz übernehmen.

3.2 Wertverlust von Anlagegütern

Die Anschaffung von Anlagegütern erhöht das Anlagevermögen des Einzelhandelsunternehmens und unterliegt einer zeitlich begrenzten Nutzung. Durch die betriebliche Nutzung verlieren Anlagegüter an Wert. Wertverluste entstehen möglicherweise auf Grund von Gebrauch (z. B. Abnutzung), natürlichem Verschleiß (z. B. Rost), technischem Fortschritt (z. B. Leistungssteigerung beim PC) und durch wirtschaftliche Bedingungen (z. B. Nachfrageverschiebung).

Beispiel

Der neu gekaufte Geschäftswagen der Beska GmbH ist im ersten Geschäftsjahr bereits 50.000 km gelaufen. Durch Unachtsamkeiten der jeweiligen Fahrer sind auch schon die ersten kleineren Beulen und Lackschäden am Fahrzeug entstanden. Würde die Beska GmbH jetzt das Fahrzeug nach einem Jahr der Nutzung verkaufen, würde sie nicht mehr den Preis erzielen, den sie vor einem Jahr für das Fahrzeug bezahlt hat.

Der Wertverlust wird mit Hilfe der **Abschreibung** (Absetzung für Abnutzung = **AfA**) in Euro ausgedrückt. Die Abschreibung geht als Aufwand in die Gewinn- und Verlustrechnung ein und korrigiert den laufenden Wert des Anlagegutes in der Bilanz. Abschreibungen schmälern als Aufwand den Gewinn und somit die Bemessungsgrundlage für die Steuerzahlungen. Der Einzelhändler erhält also die Möglichkeit, seine Steuerlast zu verringern. Außerdem wird der Einzelhändler die Abschreibungsbeträge als (Gemein-) Kosten mit in seine Preise einkalkulieren. Dies führt dazu, dass er nach Ablauf der voraussichtlichen Nutzungsdauer des Anlagegutes durch den Verkauf seiner Ware so viel Geld eingenommen hat, dass er sich einen Ersatz für das alte Anlagegut leisten kann.

Bemessungsgrundlage
Grundlage für eine zu zahlende Steuer, z. B. der Gewinn bei Unternehmen

Gemeinkosten
→ S. 33

3.3 Abschreibungsmethoden

Die Berechnung der planmäßigen Abschreibung erfolgt u. a. nach den Methoden der linearen und der degressiven Abschreibung.

3.3.1 Lineare Abschreibung

Bei der linearen Abschreibung werden die Anschaffungskosten gleichmäßig auf die betriebliche Nutzungsdauer verteilt. Die **jährlich gleich bleibenden** Abschreibungsbeträge werden von den Anschaffungskosten abgerechnet oder, wie der Fachmann sagt, abgeschrieben. Hierzu muss zunächst die Nutzungsdauer des jeweiligen Anlagegutes ermittelt werden. Die betriebsgewöhnliche Nutzungsdauer wird für jedes Anlagegut vom Bundesfinanzministerium festgelegt und kann dort den so genannten **AfA-Tabellen** entnommen werden.

Die jährliche Abschreibung (AfA) lässt sich berechnen, indem sie Anschaffungskosten durch die Nutzungsdauer dividiert wird.

Berechnung der jährlichen Abschreibung

$$\text{Jahresabschreibung (AfA)} = \frac{\text{Anschaffungskosten in €}}{\text{Nutzungsdauer in Jahren}}$$

Auszug aus der AfA-Tabelle für die allgemein verwendbaren Anlagegüter *

Anlagegüter	Nutzungsdauer in Jahren
Betriebsanlagen allgemeiner Art	
Ladeneinbauten, Gaststätteneinbauten, Schaufensteranlagen und -einbauten	8
Lichtreklame	9
Schaukästen, Vitrinen	9
Fahrzeuge	
Personenkraftwagen und Kombiwagen	6
Lastkraftwagen, Sattelschlepper, Kipper	9
Betriebs- und Geschäftsausstattung	
Wirtschaftsgüter der Ladeneinrichtung	8
Kühleinrichtungen	8
Workstations, Personalcomputer, Notebooks und deren Peripheriegeräte (Drucker, Scanner, Bildschirm u. Ä.)	3

* Die Tabelle gilt für alle Anlagegüter, die nach dem 31.12.2005 angeschafft oder hergestellt worden sind.

Beispiel

www.
bundesfinanzministerium.de

Die Beska GmbH kauft im Januar für ihre Verwaltung einen neuen Computer. Die Anschaffungskosten belaufen sich auf 2.400,00 Euro, sie stehen in der Bilanz auf der Aktivseite. Die betriebsübliche Nutzungsdauer des Computers beträgt lt. AfA-Tabelle drei Jahre. Die jährliche lineare Abschreibung beträgt 800,00 Euro.

$$\frac{2.400,00\ €}{3} = 800,00\ €\ \text{Wertverlust pro Jahr}$$

	2.400,00 €
–	800,00 €
=	1.600,00 € Restwert

Der Wertverlust von 800,00 Euro wird nun von den Anschaffungskosten abgezogen und der verbleibende Betrag (1.600,00 Euro) stellt den so genannten Restwert des Computers am Ende des ersten Nutzungsjahres dar. Zu Beginn des zweiten Nutzungsjahres wird dieser Computer dann mit dem Restwert des ersten Nutzungsjahres in der neuen Bilanz des folgenden Geschäftsjahres erfasst. Der Restwert des abgelaufenen Jahres stellt somit den Buchwert des folgenden Jahres dar.

Buchwert
Anschaffungskosten des ersten Jahres bzw. Restwerte der folgenden Jahre

Diese Berechnung wiederholt sich nun während der gesamten Nutzungsdauer des Computers:

Jahr	AfA	Restwert/Buchwert
1	800,00 €	1.600,00 €
2	800,00 €	800,00 €
3	799,00 €	1,00 €

Wird der Computer am Ende der Nutzungsdauer noch weiter genutzt, so werden im letzten Nutzungsjahr an Stelle des gesamten Abschreibungswertes von 800,00 Euro nur 799,00 Euro abgeschrieben. Der Computer erscheint mit einem Buchwert von 1,00 Euro weiterhin in der Bilanz.

Berechnung des linearen Abschreibungssatzes

$$\text{Abschreibungssatz (AfA-Satz)} = \frac{100\,\%}{\text{Nutzungsdauer in Jahren}}$$

Beispiel

$$\text{AfA-Satz} = \frac{100\,\%}{3} = 33,33\,\%$$

Der AfA-Satz wird dann auf die Anschaffungskosten bezogen, sodass sich ein jährlich gleich bleibender Abschreibungsbetrag ergibt.

3.3.2 Degressive Abschreibung

Bei der degressiven Abschreibung werden jährlich abnehmende Beträge abgeschrieben. Die Abschreibung erfolgt mit einem konstanten Prozentsatz jeweils vom Restbuchwert. Die degressive Abschreibung ist nicht bei Immobilien anwendbar.

Die Abschreibungssätze der degressiven Abschreibung wurden seit 2000 immer wieder verändert, 2008 sogar abgeschafft und auf Grund der Finanzkrise für 2009 und 2010 wieder eingeführt. Hier ein kurzer Überblick zur wechselvollen Vergangenheit:

Bis 2000 angeschaffte Wirtschaftsgüter	Bis 2005 angeschaffte Wirtschaftsgüter	2006 und 2007 angeschaffte Wirtschaftsgüter	Im Jahr 2008 angeschaffte Wirtschaftsgüter	2009 und 2010 angeschaffte Wirtschaftsgüter
3-fache lineare Abschreibung, aber maximal 30 %	2-fache lineare Abschreibung, aber maximal 20 %	3-fache lineare Abschreibung, aber maximal 30 %	keine degressive Abschreibung, nur noch lineare Abschreibung möglich	2,5-fache lineare Abschreibung, aber maximal 25 %

Die Nutzungsdauer der einzelnen Anlagegüter stellt auch für die degressive Abschreibung die Grundlage für die Berechnung der Abschreibungswerte dar. Für die Berechnung des degressiven Abschreibungssatzes muss nämlich zuerst der lineare AfA-Satz bestimmt werden.

Beispiel

Kauf eines Regalsystems, Anschaffungskosten 6.000,00 Euro, Nutzungsdauer 8 Jahre

$$\text{AfA-Satz} = \frac{100\,\%}{8} = 12{,}50\,\%$$

Das 2,5-fache des linearen AfA-Satzes beträgt hier:

$$2{,}5 \cdot 12{,}50\,\% = 31{,}25\,\%$$

Hier greift nun die Vorschrift des Gesetzgebers, dass der degressive AfA-Satz zwar das 2,5-fache des linearen AfA-Satzes betragen darf, jedoch maximal 25 %. Das heißt für unser Beispiel, dass das Regalsystem mit einem degressiven AfA-Satz von 25 % abgeschrieben werden muss. Der auf diesem Wege ermittelte AfA-Satz wird nun über die gesamte Nutzungsdauer hinweg vom jeweiligen Buchwert des Anlagegutes abgeschrieben.

Berechnung des degressiven Abschreibungsbetrags

Abschreibungsbetrag = aktueller Buchwert · degressiver AfA-Satz (max. 25 %)

Beispiel

Für das erste Abschreibungsjahr ergibt sich nun folgende Berechnung für den Abschreibungsbetrag:

$$\text{AfA} = \frac{6.000{,}00\ € \cdot 25\,\%}{100\,\%} = 1.500{,}00\ €$$

Dies bedeutet, im ersten Jahr kann von dem Regalsystem im Rahmen der degressiven Abschreibung ein Betrag von 1.500,00 Euro von den Anschaffungskosten abgezogen werden.
Restwert des ersten Nutzungsjahres bzw. Buchwert des zweiten Nutzungsjahres = 6.000,00 € – 1.500,00 € = 4.500,00 €.
Von diesem Buchwert werden nun am Ende des zweiten Nutzungsjahres wiederum 25 % abgezogen.

$$\text{AfA} = \frac{4.500{,}00\ € \cdot 25\,\%}{100\,\%} = 1.125{,}00\ €$$

Bei der degressiven Abschreibung wird der Abschreibungssatz immer auf den jeweiligen Buchwert des Vorjahres bezogen.

Jahr	AfA	Restwert/Buchwert
1	1.500,00 €	4.500,00 €
2	1.125,00 €	3.375,00 €
3	843,75 €	2.531,25 €
4	632,81 €	1.898,44 €
5	474,61 €	1.423,83 €
6	355,96 €	1.067,87 €
7	266.97 €	800,90 €
8	200,23 €	600,67 €

Nach jedem Jahr muss geprüft werden, ob der nun gültige lineare Abschreibungsbetrag nach einem Wechsel = $\frac{\text{Restbuchwert}}{\text{Restnutzungsdauer}}$ größer/gleich ist als der jeweilige degressive AfA-Betrag des folgenden Nutzungsjahres.

Exkurs: Nach Ablauf der Nutzungsdauer bleibt bei der degressiven Abschreibung noch ein erheblicher Restwert übrig. Der Einzelhändler kann bei der degressiven Abschreibung nicht die gesamten Anschaffungskosten abschreiben. Deshalb darf der Einzelhändler von der degressiven zur linearen Abschreibung einmalig wechseln.

Der Wechsel lohnt genau dann, wenn die linearen AfA-Beträge, bezogen auf die Restdauer, größer als bzw. gleich groß wie der degressive Abschreibungsbetrag des nächsten Nutzungsjahres sind. Die linearen Abschreibungsbeträge nach dem Wechsel werden ermittelt, indem der gültige Restbuchwert durch die verbleibende Restnutzungsdauer geteilt wird. Somit wird der aktuelle Restwert auf die verbleibende Nutzugsdauer verteilt.

Beispiel

Anschaffung eines PKWs, Anschaffungskosten 27.000,00 Euro netto,

Nutzungsdauer 6 Jahre, linearer AfA-Satz $= \frac{100\,\%}{6} = 16{,}67\,\%$

Aufstellung eines Abscheibungsplanes	**degressive Abschreibung** degressive AfA-Satz = 2,5 · 16,67 % = 41,67 %, aber max. AfA-Satz nur 25 %	**Wechsel von der degressiven zur linearen Abschreibung**	
Anschaffungskosten	27.000,00 €		
– Abschreibung 1. Jahr	6.750,00 €		
= Buchwert Ende 1. Jahr	20.250,00 €	$\frac{20.250{,}00\,€}{5\ \text{Jahre}} = 4.050{,}00\,€$ 4.050,00 € < 5.062,50 € (AfA-Betrag im 2. Nutzungsjahr bei degressiver Abschreibung). D.h., im 2. Jahr erfolgt noch kein Wechsel zur linearen Abschreibung, weil der degressive AfA-Betrag größer ist.	← kein Wechsel der AfA-Methode
– AfA 2. Jahr	5.062,50 €		
= Buchwert Ende 2. Jahr	15.187,50 €	$\frac{15.187{,}50\,€}{4\ \text{Jahre}} = 3.796{,}88\,€$ 3.796,88 € = 3.796,88 € (= degressiver Abschreibungsbetrag im 3. Jahr). D.h., im 3. Jahr erfolgt ein Wechsel zur linearen AfA.	← Wechselzeitpunkt von der degressiven zur linearen AfA nach dem 2. Nutzungsjahr..
– AfA 3. Jahr	3.796,88 €	3.796,88 €	
= Buchwert Ende 3. Jahr	11.390,62 €	11.390,62 €	
– AfA 4. Jahr	2.847,66 €	3.796,88 €	
= Buchwert Ende 4. Jahr	8.542,96 €	7.593,74 €	
– AfA 5. Jahr	2.135,74 €	3.796,88 €	
= Buchwert Ende 5. Jahr	6.407,22 €	3.796,86 €	
– AfA 6. Jahr	1.601,81 €	3.796,86 €	
= Buchwert Ende 6. Jahr	4.805,41 €	0,00 (1,00) €	

Der Wechsel von der degressiven Abschreibung zur linearen Abschreibung erfolgt zu Beginn des 3. Nutzungsjahres, sodass im 3. Jahr linear abgeschrieben wird. Der Buchwert am Ende des 2. Nutzungsjahres (15.187,50 Euro) wird auf die restlichen vier Nutzungsjahre gleichmäßig verteilt.

3.3.3 Wahl der Abschreibungsmethode

Durch die Abschreibung wird der Wertverlust des Anlagevermögens in Euro ausgedrückt und in der Bilanz vermerkt. Diese Wertminderung wird als Aufwand gebucht, der wiederum den Gewinn senkt, wodurch die gewinnabhängigen Steuern sinken.

Würde ein Unternehmen nicht abschreiben, d. h. den Wertverlust des Anlagevermögens in den Finanzbüchern nicht vermerken, dann würde es die Chance vertun, den Wertverlust gewinnmindernd im GuV-Konto zu buchen, und somit gewinnabhängige Steuern zu sparen. Das Anlagevermögen würde ohne Abschreibung trotzdem mit den Jahren weiter an Wert verlieren. Spätestens beim Verkauf des Anlagegutes würde dieser Werteverlust zu Tage treten. Durch die Abschreibung kann das Unternehmen den Wertverlust aber früher als Aufwand in seinen Büchern vermerken, was einen Liquiditätsgewinn bedeutet und den aktuellen Wert des Anlagevermögens in der Bilanz realistischer wiedergibt.

Wann wird welche Abschreibungsmethode gewählt?
Der Einzelhändler hat die Wahl, welche der Abschreibungsmethoden er für die Berechnung des Wertverlustes seiner Anlagegüter verwendet. Ausschlaggebend für die Wahl der linearen oder degressiven Methode ist in der Regel die wirtschaftliche Situation des Unternehmers.

In Zeiten von hohen Gewinnen und den damit verbundenen hohen Steuerzahlungen wird der Einzelhändler eher daran interessiert sein, hohe Abschreibungsbeträge zu erzielen. Daher wird er sicherlich in dieser Situation die degressive Abschreibung nutzen, die gerade zu Beginn der Nutzungsdauer meist höhere Abschreibungsbeträge als die lineare Abschreibung ermöglicht. Andererseits wird der Einzelhändler in Phasen der geringen oder sogar kurzfristig ausbleibenden Gewinne kaum ein Interesse an hohen Abschreibungsbeträgen haben, da seine Steuerlast in den meisten Fällen ja ebenfalls recht gering sein wird. In dieser Situation würde der Einzelhändler dann eher die lineare Abschreibungsmethode wählen.

In der Regel liefert die degressive Abschreibungsmethode zu Beginn der Abschreibung die höheren Abschreibungsbeträge. Sollte die Nutzungsdauer des Anlagegutes aber sehr kurz sein, dann kann auch die lineare Abschreibung die höheren AfA-Beträge bewirken.

Beispiel

Die Beska GmbH kauft einen neuen Computer, Anschaffungskosten 2.400,00 Euro, die betriebsübliche Nutzungsdauer des Computers beträgt laut AfA-Tabelle drei Jahre. In diesem Fall liefert die lineare Abschreibungsmethode durchgängig die höheren Abschreibungsbeträge.

Abschreibungsplan	lineare AfA	degressive AfA
Anschaffungskosten	2.400,00 €	2.400,00 €
– Abschreibung 1. Jahr	800,00 €	600,00 €
= Buchwert Ende 1. Jahr	1.600,00 €	1.800,00 €
– Abschreibung 2. Jahr	800,00 €	450,00 €
= Buchwert Ende 2. Jahr	1.600,00 €	1.350,00 €
– Abschreibung 3. Jahr	800,00 €	337,50 €
= Buchwert Ende 3. Jahr	0,00 €	1.012,50 €

Die Wahl der Abschreibungsmethode hängt somit ab von der wirtschaftlichen Situation des Unternehmens, der betriebsbedingten Nutzungsdauer und den rechtlichen Vorschriften bzgl. der Art des Anlagegutes.

3.4 Geringwertige Wirtschaftsgüter (GWG)

Der Gesetzgeber räumt dem Einzelhändler weitere Möglichkeiten zur Bewertung ganz bestimmter Anlagegüter ein. Handelt es sich bei den Anlagegütern um bewegliche Anlagegüter des Anlagevermögens, die zu einer eigenständigen Nutzung fähig sind und deren Anschaffungskosten einen bestimmten Wert nicht übersteigen, liegt ein geringwertiges Wirtschaftsgut vor.

Beispiel

Anlagegut mit eigenständiger Nutzung	Anlagegut ohne eigenständige Nutzung
Multifunktionsgerät (Drucker, Kopierer, Faxgerät)	Monitor

Für geringwertige Wirtschaftsgüter lässt der Gesetzgeber andere Abschreibungsmöglichkeiten zu. Alle GWG mit Anschaffungskosten bis 150,00 Euro werden in der Bilanz nicht erfasst und können im Jahr der Anschaffung in voller Höhe als Aufwand gebucht werden (Verbrauchsfiktion). Seit Januar 2010 hat der Unternehmer darüber hinaus bei Anschaffungen über 150,00 Euro grundsätzlich die Wahl zwischen zwei Bewertungsmöglichkeiten bei diesen geringwertigen Wirtschaftsgütern.

1. Wahlmöglichkeit des Unternehmers zur Bewertung der GWG

Geringwertige Wirtschaftsgüter mit Anschaffungskosten von 150,01 Euro bis 1.000,00 €

Für diese Wirtschaftsgüter erfolgt eine Pflichtabschreibung über fünf Jahre linear. Alle neu angeschafften geringwertigen Wirtschaftsgüter eines Jahres werden hierzu in einem Sammelposten „geringwertige Wirtschaftsgüter 20XX“ zusammengefasst. In den kommenden fünf Jahren wird dieser Sammelposten mit 20 % abgeschrieben. Für das kommende Geschäftsjahr wird für die in diesem Jahr angeschafften geringwertigen Wirtschaftsgüter wiederum ein neuer Sammelposten eröffnet, der dann auch wieder über fünf Jahre mit 20 % abgeschrieben wird.

Beispiel

- Tischrechner: 98,90 Euro
- Locher: 7,95 Euro

Beispiel

Sammelposten 20XX

- Bürostuhl: 169,99 Euro
- Niedervolt-Halogenlampe: 489,99 Euro
- Tischkopierer: 249,99 Euro

909,97 Euro

AFA-Betrag 20XX für Sammelposten

$$\frac{909{,}97\ € \cdot 20}{100} = 181{,}99\ €$$

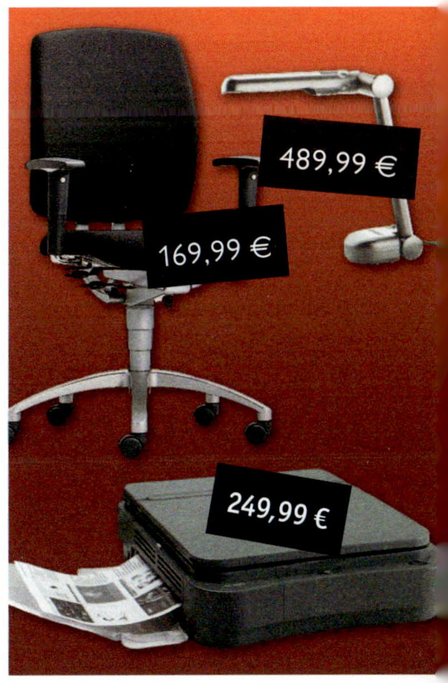

2. Wahlmöglichkeit des Unternehmers zur Bewertung der GWG

Der Unternehmer kann alternativ zur ersten Wahlmöglichkeit Anlagegüter mitder Anschaffungskosten von 150,00 bis 410,00 Euro als geringwertige Güter am Jahresende der Anschaffung in voller Höhe abschreiben. Anlagegüter, deren Anschaffungskosten 410,00 Euro überschreiten, müssen über die betriebsbedingte Nutzungsdauer abgeschrieben werden.

Für ein jeweiliges Wirtschaftsjahr muss sich der Einzelhändler einheitlich für eine Bewertungsmöglichkeit bei seinen Geringwertigen Wirtschaftsgütern entscheiden, denn das Wahlrecht darf nur einheitlich für alle GWG ausgeübt werden.

3.5 Verkauf gebrauchter Anlagegüter

Anlagegüter können vom Unternehmen auch vor Ablauf der berechneten Nutzungsdauer verkauft werden. Je nach dem erzielten Verkaufspreis für das Anlagegut sind drei Fälle zu unterscheiden.

Nettoverkaufspreis = Buchwert

Beispiel

Die Beska GmbH verkauft einen Firmenwagen für 8.000,00 Euro netto an einen Privatmann. Der Buchwert des Firmenwagens beträgt ebenfalls 8.000,00 Euro. Ein Ertrag bzw. Aufwand ist nicht entstanden.

Nettoverkaufspreis	–	Buchwert	=	0,00 €
8.000,00 €	–	8.000,00 €	=	0,00 €

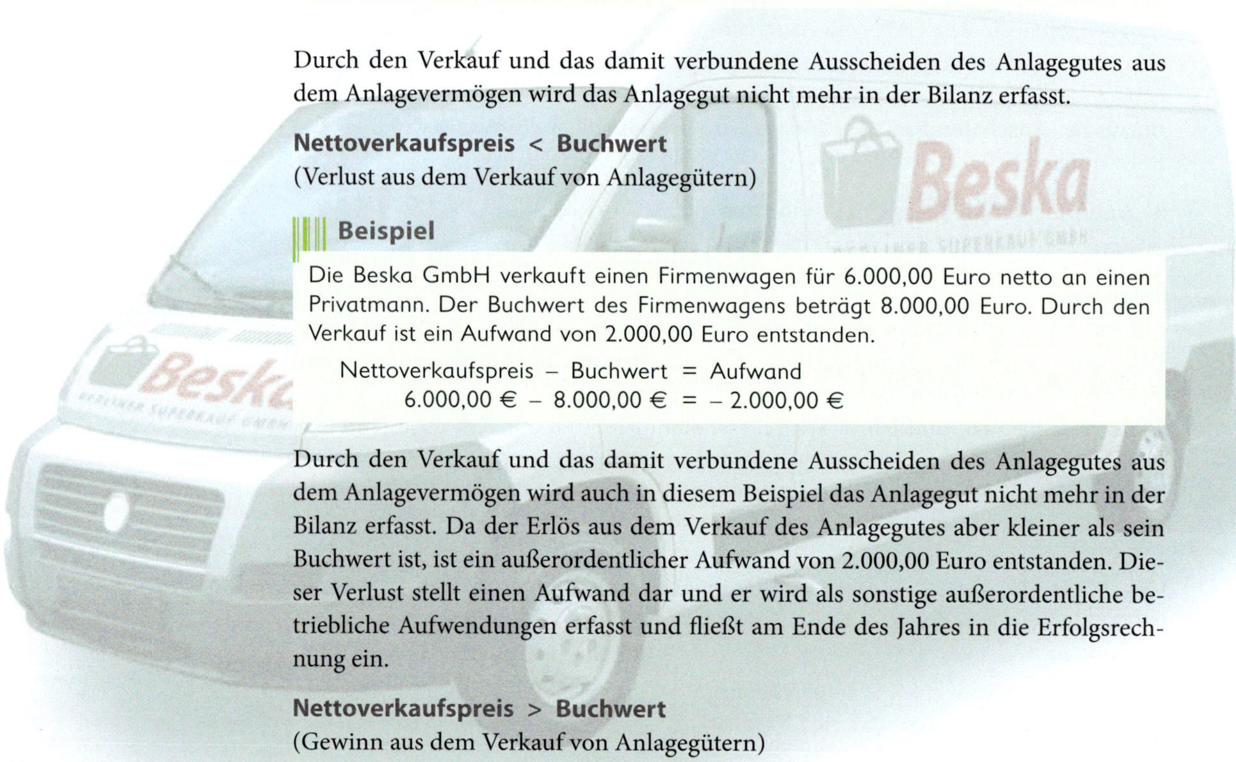

Durch den Verkauf und das damit verbundene Ausscheiden des Anlagegutes aus dem Anlagevermögen wird das Anlagegut nicht mehr in der Bilanz erfasst.

Nettoverkaufspreis < Buchwert
(Verlust aus dem Verkauf von Anlagegütern)

Beispiel

Die Beska GmbH verkauft einen Firmenwagen für 6.000,00 Euro netto an einen Privatmann. Der Buchwert des Firmenwagens beträgt 8.000,00 Euro. Durch den Verkauf ist ein Aufwand von 2.000,00 Euro entstanden.

Nettoverkaufspreis	–	Buchwert	=	Aufwand
6.000,00 €	–	8.000,00 €	=	– 2.000,00 €

Durch den Verkauf und das damit verbundene Ausscheiden des Anlagegutes aus dem Anlagevermögen wird auch in diesem Beispiel das Anlagegut nicht mehr in der Bilanz erfasst. Da der Erlös aus dem Verkauf des Anlagegutes aber kleiner als sein Buchwert ist, ist ein außerordentlicher Aufwand von 2.000,00 Euro entstanden. Dieser Verlust stellt einen Aufwand dar und er wird als sonstige außerordentliche betriebliche Aufwendungen erfasst und fließt am Ende des Jahres in die Erfolgsrechnung ein.

Nettoverkaufspreis > Buchwert
(Gewinn aus dem Verkauf von Anlagegütern)

Beispiel

Die Beska GmbH verkauft einen Firmenwagen für 9.000,00 Euro netto an einen Privatmann. Der Buchwert des Firmenwagens beträgt 8.000,00 Euro. Durch den Verkauf ist ein Ertrag von 1.000,00 Euro entstanden.

Nettoverkaufspreis	–	Buchwert	=	Ertrag
9.000,00 €	–	8.000,00 €	=	1.000,00 €

Durch den Verkauf und das damit verbundene Ausscheiden des Anlagegutes aus dem Anlagevermögen ist dieses Anlagegut nicht mehr in der Bilanz des Einzelhändlers erfasst. Da der Erlös aus dem Verkauf des Anlagegutes aber größer als der Buchwert ist, ist hier ein Ertrag in Höhe von 1.000,00 Euro entstanden. Dieser Ertrag wird als sonstiger außerordentlicher betrieblicher Ertrag erfasst und ebenfalls am Ende des Jahres in der Erfolgsrechnung berücksichtigt.

4 Kosten- und Leistungsrechnung

Lernsituation 80

In der Finanzbuchhaltung werden alle Geschäftsfälle des Unternehmens nach handels- und steuerrechtlichen Vorschriften erfasst. Als ein Ergebnis der Finanzbuchhaltung werden in der Gewinn- und Verlustrechnung alle Erträge und alle Aufwendungen des Unternehmens einander gegenübergestellt, sodass als Ergebnis der Finanzbuchhaltung der Unternehmenserfolg des Einzelhändlers ermittelt wird.

Gewinn- und Verlustrechnung

Aufwendungen — Gewinn und Verlust	Erträge
• für Waren (Wareneinsatz) • für das Personal (Löhne/Gehälter) • für angemietete Lagerräume (Mietaufwendungen) • für geliehenes Kapital (Zinsaufwendungen)	• aus dem Verkauf von Waren (Umsatzerlöse) • aus der Vermietung von Lagerräumen (Mieterträge) • aus der Verpachtung eines Parkplatzes (Pachterträge) • aus Kapitalanlagen (Zinserträge)
↓	↓
Aufwendungen mindern das Eigenkapital.	Erträge mehren das Eigenkapital.

- positiver Erfolg = Reingewinn (Aufwendungen < Erträge)
- negativer Erfolg = Reinverlust (Aufwendungen > Erträge)

Für den Einzelhändler ist der Reingewinn aus der Gewinn- und Verlustrechnung als **Unternehmensergebnis** interessant. Unter anderem hängt hiervon seine zu zahlende Steuerlast ab. Der Reingewinn gibt Auskunft darüber, wie erfolgreich der Einzelhändler in seinem gesamten unternehmerischen Handeln insgesamt war. Wenn das Unternehmensergebnis insgesamt positiv ausfällt, d. h. ein Reingewinn vorliegt, dann kann den Einzelhändler zunächst zufrieden sein, denn sein Unternehmen hat sich gelohnt.

Dennoch wirft das Gesamtergebnis der Finanzbuchhaltung, die Gewinn- und Verlustrechnung, für den Einzelhändler weitergehende wichtige Fragen auf, die mit Hilfe der Finanzbuchhaltung nicht beantwortet werden können:

- Lohnt sich die betriebliche Tätigkeit, der Handel mit Waren, eigentlich noch? Vielleicht verdient das Unternehmen mittlerweile mehr Geld mit der Vermietung von Immobilien?
- Welche Abteilungen des Einzelhandelsunternehmens sind eigentlich besonders erfolgreich und welche weniger?
- Wo entstehen die Kosten und wie werden sie gerecht verteilt?
- Wie ertragreich sind die einzelnen Artikel des Sortiments und welche Rückschlüsse können daraus für die Sortimentsbildung gezogen werden?
- Wie viele Artikel müssen von einem bestimmten Artikel verkauft werden, damit dieser Artikel Gewinn erwirtschaftet?

Antworten auf diese Fragen liefert die Kosten- und Leistungsrechnung eines Unternehmens.

Betriebliches Rechnungswesen

Finanzbuchführung	Kosten- und Leistungsrechnung
Erfassung und Auswertung der finanziellen Geschäftsprozesse für außenstehend (externe) Interessierte, wie z. B. Banken, Kapitalgeber, Finanzbehörden und Arbeitnehmer	internes Planungs-, Steuerungs- und Kontrollinstrument zur Erfassung der eigentlichen betrieblichen Tätigkeit im Einzelhandelsunternehmen

In der **Kosten- und Leistungsrechnung (KLR)** werden nur die Werte aus der Finanzbuchführung verwendet, die mit der eigentlichen betrieblichen Tätigkeit im Zusammenhang stehen. Das sind alle Tätigkeiten, die mit dem An- und Verkauf von Waren verbunden sind. Die erbrachten Leistungen (Umsatzerlöse) und die dadurch entstandenen Kosten werden in der Kosten- und Leistungsrechnung einander gegenübergestellt. Das Zahlenmaterial der Kosten- und Leistungsrechnung dient zur Planung, Steuerung und Kontrolle von betrieblichen Prozessen. Die KLR ist wegen der ausschließlich internen Nutzung **nicht an gesetzliche Vorschriften gebunden**. Da auf Grund dieser Daten wichtige betriebliche Entscheidungen getroffen werden, ist die Kosten- und Leistungsrechnung als Schaltzentrale des Unternehmens anzusehen.

Die Kosten- und Leistungsrechnung beinhaltet folgende Teilgebiete:

Kostenartenrechnung → S. 29

- In der **Kostenartenrechnung** werden die Kosten erfasst und gegliedert, d. h., hier wird die Frage beantwortet: Welche Aufwändungen sind auch als Kosten zu verstehen, d. h. welche Aufwendungen sind z. B. durch Beschaffung, Lager, Absatz und Verwaltung entstanden?

Kostenstellenrechnung → S. 32

- In der **Kostenstellenrechnung** wird festgestellt, in welchem Unternehmensbereich (z. B. Einkauf, Verkauf und Lager) die Kosten angefallen sind.

Kostenträgerstückrechnung → S. 36

- In der **Kostenträgerstückrechnung** werden die Kosten den einzelnen Artikel zugerechnet, die sie auf der Grundlage der kalkulierten Verkaufspreise „verdienen“ müssen und zusätzlich den erwünschten Gewinn erwirtschaften.

Deckungsbeitragsrechnung → S. 38

- In der **Deckungsbeitragsrechnung** (Teilkostenrechnung) wird zwischen variablen und fixen Kosten unterschieden, um kurzfristige sortimentpolitische Entscheidungen treffen zu können.

kurzfristige Erfolgsrechnung → S. 42

- In der **kurzfristigen Erfolgsrechnung** wird anhand aktueller Zahlen aus dem Warenwirtschaftssystem eine ständige Erfolgsanalyse durchgeführt, z. B. mit Renner- und Pennerlisten.

Kostenrechnung

Vollkostenrechnung			**Teilkostenrechnung**	**kurzfristige Erfolgsrechnung**
Kostenartenrechnung Welche Kosten sind entstanden?	**Kostenstellenrechnung** Wo sind die Kosten entstanden?	**Kostenträgerstückrechnung** In welcher Höhe werden die Kosten von den einzelnen Produkten getragen?	**Deckungsbeitragsrechnung** Welchen Beitrag leisten die einzelnen Produkte zur Deckung der Fixkosten?	

4.1 Kostenartenrechnung

Das Ziel der Kostenartenrechnung ist die Ermittlung des Betriebsergebnisses durch den Vergleich von Leistungen und Kosten. Anhand des Betriebsergebnisses überprüft der Einzelhändler, ob seine eigentliche betriebliche Tätigkeit, Einkauf und Verkauf von Waren, erfolgreich war. Ein positives Unternehmensergebnis laut Gewinn- und Verlustrechnung gibt hierüber keine Auskunft, denn der Reingewinn kann auch aus dem Ertrag einer Immobilienvermietung stammen. Ebenso kann ein Verlust lt. Gewinn- und Verlustrechnung durch Aufwendungen für Wertpapierverluste verursacht worden sein, die größer waren als die Erträge aus dem Warengeschäft.

Betriebsergebnis
Erfolg der eigentlichen betrieblichen Tätigkeit, dem Handel mit Waren, die regelmäßig und periodengerecht erfolgt

Unternehmensergebnis
Erfolg des gesamten Unternehmens; so kann ein Einzelhändler neben der eigentlichen Betriebstätigkeit, dem Handel mit Waren, noch andere unternehmerische Tätigkeiten verfolgen, z.B. Handel mit Wertpapieren, Vermietung von Immobilien. Der Erfolg seiner gesamten unternehmerischen Tätigkeit ist in der Gewinn- und Verlustrechnung abzulesen.

Beispiel

In einem Einzelhandelsunternehmen sind die Erträge um 108.370,00 Euro größer als die Aufwendungen. Bei näherer Betrachtung der Gewinn- und Verlustrechnung ist festzustellen, dass sich dieser Gewinn zusätzlich durch Mieteinnahmen und Zinserträge ergeben hat. Diese Miet- und Zinseinnahmen sind nicht direkt aus dem eigentlichen Betriebszweck entstanden. Sie haben mit der eigentlichen Betriebstätigkeit, dem An- und Verkauf von Waren, unmittelbar nichts zu tun.

Um das reine Betriebsergebnis eines Einzelhandelsunternehmens zu ermitteln, muss in der Kostenartenrechnung jeder Ertrag in der Gewinn- und Verlustrechnung untersucht werden, ob er als Leistung in das Betriebsergebnis eingehen darf. Ebenso muss jede Aufwandsart untersucht werden, ob sie als Kosten in das Betriebsergebnis eingehen darf. Nicht jeder Aufwand aus der Gewinn- und Verlustrechnung stellt eine Kostenart und nicht jede Ertragsart stellt eine Leistung dar. Nur wenn eine Aufwendung und ein Ertrag bestimmte Merkmale erfüllen, gelten Sie als **Kosten** und **Leistung**.

Kosten/Leistungen in der Kosten- und Leistungsrechnung

Kosten	Leistungen
• Kosten sind betriebliche Aufwendungen, die mit der betrieblichen Leistungserstellung im Rahmen der normalen Geschäftstätigkeit anfallen.	Leistungen sind betriebliche Erträge, die mit dem Verkauf von Waren und Dienstleistungen im Rahmen der normalen Geschäftstätigkeit anfallen.
Beispiele: • Löhne der Mitarbeiter • Aufwendungen auf Grund von Wareneinkauf	Beispiele: • Umsatzerlöse auf Grund von Warenverkauf • Vermietung von Handwerksgeräten
Merkmale: • betrieblich verursacht (sachzielbezogen) • regelmäßig/ordentlich • periodengerecht	Merkmale: • betrieblich verursacht (sachzielbezogen) • regelmäßig/ordentlich • periodengerecht
Kosten erfüllen alle drei Merkmale!	**Leistungen erfüllen alle drei Merkmale!**

Durch diese Abgrenzungen werden die Zahlen der Gewinn- und Verlustrechnung um die Aufwendungen und Erträge bereinigt, die nicht durch den Betriebszweck verursacht sind und weder regelmäßig noch periodengerecht anfallen. Diese **neutralen Aufwendungen und Erträge** sind deshalb für die weitere Bearbeitung in der KLR nicht wichtig. Würde der Einzelhandelsunternehmer Erträge oder Aufwendungen heranziehen, die nichts mit dem eigentlichen Betriebszweck oder der Leistungserstellung zu tun haben sowie nicht regelmäßig und nicht periodengerecht anfallen, würde das **Betriebsergebnis verfälscht**.

4.1.1 Betriebliche, zeitliche und sachliche Abgrenzungen

Neutrale Aufwendungen

Neutrale Aufwendungen sind entweder betriebsfremde, periodenfremde oder außerordentliche Aufwendungen.

- **Betriebsfremde Aufwendungen** stellen Aufwendungen dar, die mit der betrieblichen Tätigkeit eines Einzelhandelsunternehmens nichts zu tun haben.
- Zu den **periodenfremden Aufwendungen** zählen die Aufwendungen, die auf die letzte Abrechnungsperiode bezogen sind oder der zukünftigen Periode zuzurechnen sind.
- Zu den **außerordentlichen Aufwendungen** zählen die Aufwendungen, die unregelmäßig oder selten anfallen oder eine außerordentliche Höhe aufweisen.

Neutrale Erträge

Neutrale Erträge sind entweder betriebsfremde, periodenfremde oder außerordentliche Erträge.

- **Betriebsfremde Erträge** stellen Erträge dar, die mit der betrieblichen Tätigkeit eines Einzelhandelsunternehmens nichts zu tun haben.
- Zu den **periodenfremden Erträgen** zählen die Erträge, die auf die letzte Abrechnungsperiode bezogen sind.
- Zu den **außerordentlichen Erträgen** zählen die Erträge, die unregelmäßig oder selten anfallen oder eine außerordentliche Höhe aufweisen.

Beispiel

Neutrale Aufwendungen	Neutrale Erträge
betriebsfremde • Kosten für die Reparatur eines betrieblich nicht genutzten Gebäudes • Spenden eines Einzelhandelsunternehmens für den Förderverein einer Berufsschule	**betriebsfremde** Erträge aus dem Verkauf von Wertpapieren.
periodenfremde • Zahlung der Gewerbesteuer für das vergangene Geschäftsjahr. • Heizöl, welches im November geliefert wurde, ist für zehn Monate dem folgenden Jahr zuzurechnen	**periodenfremde** Rückerstattung von Steuern, die im vergangenen Geschäftsjahr zu viel an das Finanzamt gezahlt wurden
außerordentliche • Verluste aus einem unversicherten Brandschaden im Lager • Verluste auf Grund von Betrügereien • Verluste aus dem Verkauf gebrauchter Anlagegüter	**außerordentliche** Ertrag aus dem Verkauf eines Anlagegutes (Pkw)

Anlagegüter → S. 18

Neutrale Aufwendungen und neutrale Erträge werden nach einer Abrechnungsperiode gegenübergestellt, um so ein neutrales Ergebnis zu ermitteln. Es wird als „neutral" bezeichnet, weil es nicht aus der Kerntätigkeit, dem Ein- und Verkauf von Waren, entstanden ist.

4.1.2 Ergebnis der Kostenartenrechnung

Werden von Aufwendungen und Erträgen aus der Gewinn- und Verlustrechnung die neutralen Aufwendungen und neutralen Erträge abgezogen, bleiben die Kosten und Leistungen übrig. Dieser Vorgang wird als **Abgrenzungsrechnung** bezeichnet. Diese Abgrenzungsrechnung erfolgt meist mit Hilfe einer **Abgrenzungstabelle**.

Die Abgrenzungsrechnung hat folgende Ziele:

- **Ermittlung des Betriebsergebnisses:** Die Abgrenzungsrechnung gewährleistet, dass ein aussagekräftiger Vergleich der innerbetrieblichen Zahlen, bezogen nur auf die betriebliche Tätigkeit, möglich wird. Der Einzelhandelsunternehmer hat durch diese Gegenüberstellung von Kosten und Leistungen die Möglichkeit, seine Unternehmenstätigkeit zu analysieren. Er kann das Betriebsergebnis aus einer vergangenen Abrechnungsperiode mit der jetzigen Abrechnungsperiode vergleichen (innerbetrieblicher Vergleich) oder er vergleicht das Betriebsergebnis mit anderen Einzelhandelsunternehmen gleicher Branchen (zwischenbetrieblicher Vergleich).
- **Ermittlung der Kalkulationsgrundlage:** Die Abgrenzungsrechnung gewährleistet, dass nur Kosten, die betriebsbedingt, regelmäßig und periodengerecht sind, als Handlungskosten in die Preiskalkulation eingehen. Dadurch können beständige und wettbewerbsorientierte Preise kalkuliert werden.

Zwischenablage | Schriftart | Ausrichtung | Zahl

E28

	A	B	C	D
1				
2				
3	**Die Kostenartenrechnung untersucht die GuV im Berichtsjahr (sachliche Abgrenzungstab**			
4	**Aufwand/Ertrag laut der Finanzbuchhaltung (GuV-Rechnung)**	**Euro-Betrag**	**Aufwand/ Ertrag wurde betrieblich verursacht?**	**Aufwand/ Ertrag fällt periodengerecht an?**
5	Aufwendungen für Waren	2.987.000,00	ja	ja
6	Fremdinstandhaltung für das Mietshaus der beska	197.000,00	?	?
7	Gehaltsaufwendungen	320.100,00	?	?
8	Stromaufwand	29.300,00	?	?
9	Aufwand für Spenden	2.000,00	?	?
10	außerordentlicher Aufwand durch Forderungsausfall	100.000,00	?	?
11	AfA auf Sachanlagen	18.500,00	?	?
12	Aufwand für Büromaterial	16.000,00	?	?
13	außerordentlicher Aufwand aus Verkauf von AV	28.600,00	?	?
14	Gewerbesteuernachzahlung	65.000,00	?	?
15	Umsatzerlöse für Waren	3.964.400,00	?	?
16	Mieterträge aus dem Mietshaus der beska	28.000,00	?	?
17				
18				
19				Betrieb
20				neutrale
21				Gesam

Beispiel

In der Lagerhalle der Beska GmbH hat es gebrannt. Aufwendung für die Instandsetzung (200.000,00 Euro) sind neutrale Aufwendungen und gehen nicht mit ein in die Preiskalkulation. Würde die Beska keine Abgrenzungsrechnung durchführen und diese außerordentlichen Instandsetzungsaufwendungen mit als Handlungskosten in der Preiskalkulation berücksichtigen, dann würden die Verkaufspreise durch den Brand sprunghaft ansteigen. Die Preise wären nicht mehr konkurrenzfähig.

Abgrenzung von Aufwand und Kosten

- neutraler Aufwand
- Kosten
  - betrieblich verursacht
  - regelmäßig/ordentlich
  - periodengerecht

Ertrag

- neutraler Ertrag
- Leistung
  - betrieblich verursacht
  - regelmäßig/ordentlich
  - periodengerecht

4.2 Kostenstellenrechnung

Lernsituation 81

Nachdem der Einzelhändler die tatsächlichen Kosten des Unternehmens mit Hilfe der Kostenartenrechnung erfasst hat, schließt sich nun die Frage an, wo und in welcher Höhe und zu welchem Zeitpunkt die Kosten in den verschiedenen Teilbereichen der Einzelhandelsunternehmung angefallen sind.

Beispiel

Herr Adams ist Abteilungsleiter der Beska GmbH für die Warengruppe 01 (Körperpflege/Kosmetik). Er muss die Höhe seiner Kosten für diese Warengruppe planen, kontrollieren und gegebenenfalls korrigieren. Diese Warengruppe sollte nicht mit Kosten belastet werden, die von einer anderen Warengruppe verursacht wurden.

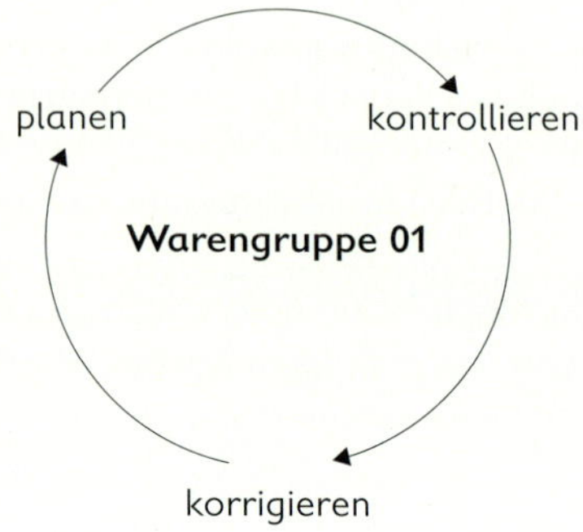

Die Kostenstellenrechnung ordnet die ermittelten Kosten denjenigen Betriebsbereichen zu, in denen sie angefallen sind (Verursacherprinzip).

Die Kostenstellenrechnung hat folgende Aufgabenschwerpunkte:
- Einrichtung von Kostenstellen (z. B. Abteilungen)
- Zuordnung der Einzelkosten und verursachungsgerechte Verteilung der Gemeinkosten auf die Kostenstellen
- Kontrolle der Kosten und des Erfolgs jeder einzelnen Kostenstelle (Verursachungsstelle)

4.2.1 Kostenstellen

Die Kostenstelle ist praktisch ein Teilbereich des Einzelhandelsunternehmens. Damit der Einzelhandelsunternehmer die Kosten nach dem Ort ihrer Entstehung und der sie verursachenden Teilleistungen aufteilen kann, legt er fest, welche Kostenstellen in seinem Unternehmen „eingerichtet“ werden.

Beispiel

Mögliche Kostenstellen	
Warenbereiche/Warengruppen	• Lebensmittel • Uhren/Schmuck • Körperpflege/Kosmetik
Funktionsbereiche	• Einkauf • Verkauf • Lager
Verantwortungsbereiche	• Filialen • Zentrale

Die Anzahl der einzurichtenden Kostenstellen hängt jeweils von der individuellen Größe des Einzelunternehmens ab. Werden aber zu viele Kostenstellen eingerichtet, führt dies zu einer Unübersichtlichkeit der Kostenstellenrechnung und das eigentliche Ziel der stellengerechten Kostenzurechnung kann nicht erfüllt werden.

4.2.2 Unterscheidung: Einzelkosten – Gemeinkosten

Die Verteilung der Kosten auf die Kostenstellen soll verursachungsgerecht erfolgen. Diese verursachungsgerechte Zuordnung fällt bei Einzelkosten leicht.

Einzelkosten sind Kosten, die der verkauften Ware oder Warengruppe (Kostenträger) direkt zugerechnet werden können. Dadurch ist die Zuordnung zu einer Kostenstelle auch eindeutig.
- Bezugspreise der Ware oder Warengruppe
- Kosten für die Warenzustellung zum Kunden
- Verkäuferprovision

Kostenträger
Die in einer Abrechnungsperiode verkauften Waren oder Warengruppen werden in der Kosten- und Leistungsrechnung als Kostenträger bezeichnet, da durch die erzielten Erlöse die entstandenen Kosten gedeckt werden müssen.

Die Kosten aus der Kostenartenrechnung, die den einzelnen verkauften Waren bzw. Warengruppen (Kostenträgern) nicht direkt zugerechnet werden können, werden als **Gemeinkosten** bezeichnet. Die Gemeinkosten in einem Einzelhandelsunternehmen werden auch als **Handlungskosten** bezeichnet.

Beispiel

Handlungskosten
- Werbekosten der Beska GmbH
- Löhne/Gehälter der Mitarbeiter der Beska GmbH
- Energiekosten der Beska GmbH

Im Einzelhandel ist es üblich, die Handlungskosten (Gemeinkosten) auf Warengruppen und nicht auf einzelne Waren zu verteilen, da das Sortiment eines Handelsbetriebes häufig mehr als 100.000 Artikel enthält. Es stellt sich die Frage: Wie können die Handlungskosten gerecht auf die Kostenstellen und somit im Folgeschritt auf die Kostenträger verteilt werden? Die Verteilung der Handlungskosten (Gemeinkosten) erfolgt mit Hilfe des Betriebsabrechnungsbogens (BAB).

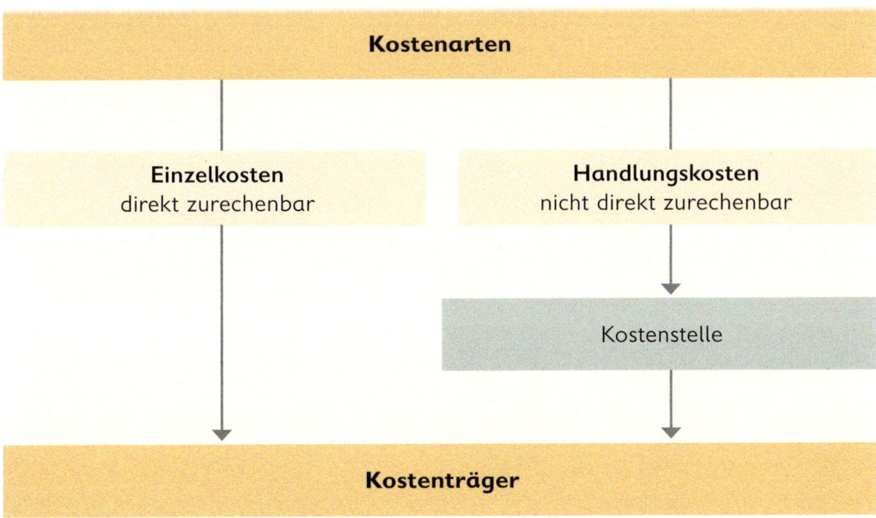

4.2.3 Betriebsabrechnungsbogen (BAB)

Um die Handlungskosten (Gemeinkosten) auf die Kostenstellen zu verteilen, nutzt der Kaufmann den Betriebsabrechnungsbogen. Ein Betriebsabrechnungsbogen wird in der Regel einmal monatlich aufgestellt. Es werden die Handlungskosten, die aus der Kostenartenrechnung entnommen worden sind, verursachungsgerecht auf die einzelnen Kostenstellen verteilt. Der Betriebsabrechnungsbogen wird in Tabellenform dargestellt. Die einzelnen Zeilen stellen die Kostenarten in ihrer Höhe dar. Diese Kosten werden dann den einzelnen Kostenstellen in den Spalten zugerechnet. Können die Handlungskosten den einzelnen Kostenstellen nicht genau zugeordnet werden, müssen diese mit Hilfe eines Verteilungsschlüssels zugerechnet werden.

Entgeltabrechnung → S. 103

Beispiel

Die Verteilung der Handlungskosten kann z.B. folgendermaßen aussehen:
- Verteilung der Mietkosten nach der Fläche (z.B. Anteil der Quadratmeter der genutzten Verkaufsfläche)
- Verteilung der Büromaterialkosten nach der Anzahl der Angestellten
- Energiekostenermittlung durch angebrachte Zähler in verschiedenen Räumen

Häufig können die Handlungskosten aber mit Hilfe von Belegen (Rechnungen, Gehalts- und Lohnlisten usw.) ohne Schwierigkeiten auf die einzelnen Kostenstellen verteilt werden.

Beispiel

Betriebsabrechnungsbogen Beska GmbH
(vereinfacht wird hier angenommen, dass es nur vier Kostenstellen im Unternehmen gibt)
Monat: Februar Seite: XX

BAB Teil I

Kostenart	Handlungskosten	Verteilungsschlüssel	Kostenstellen Beska			
			Lebensmittel	Bürobedarf	Spielwaren	Textilwaren
Personalkosten	800.000 €	laut Gehaltsliste	200.000 €	200.000 €	100.000 €	300.000 €
Mietkosten	240.000 €	2:1:1:4	60.000 €	30.000 €	30.000 €	120.000 €
Steuern des Betriebes	60.000 €	2:2:2:2	15.000 €	15.000 €	15.000 €	15.000 €
Werbungskosten	120.000 €	2:1:2:1	40.000 €	20.000 €	40.000 €	20.000 €
Abschreibung auf AV	40.000 €	2:1:1:1	16.000 €	8.000 €	8.000 €	8.000 €
Summe	1.260.000 €	——	331.000 €	273.000 €	193.000 €	463.000 €

Durch die Aufteilung der Handlungskosten im Betriebsabrechnungsbogen wird es möglich, für jede Kostenstelle (= Abteilung/Warengruppe) einen genau zutreffenden **Handlungskostenzuschlag** zu berechnen.

Beispiel

BAB Teil II (Fortsetzung)

Kostenart	Summe	Verteilungsschlüssel	Kostenstellen Beska			
			Lebensmittel	Bürobedarf	Spielwaren	Textilwaren
Summe Handlungskosten	——	——	331.000 €	273.000 €	193.000 €	463.000 €
Summe Einzelkosten	——	——	1.350.000 €	950.000 €	584.500 €	1.130.000 €
Handlungskostenzuschlag	——	——	24,5 %	28,7 %	33,0 %	41,0 %

Berechnung des Handlungskostenzuschlags

$$\text{Handlungskostenzuschlag} = \frac{\text{Summe der Handlungskosten in €} \cdot 100\,\%}{\text{Summe der Einzelkosten in €}}$$

Der ermittelte Handlungskostenzuschlag für die im Unternehmen bestimmten Kostenstellen ermöglicht die später durchzuführende Kalkulation (= Kostenträgerstückrechnung). Durch verursachergemäße Verteilung der Handlungskosten lassen sich die Kosten für jede Warengruppe genauer berechnen.

4.2.4 Kosten- und Erfolgskontrolle mit Hilfe der Kostenstellenrechnung

Durch die Einrichtung von Kostenstellen entstehen im Einzelhandelsunternehmen selbstständige Verantwortungsbereiche, die von verantwortlichen Abteilungsleitern (**Kostenstelleninhaber**) kontrolliert werden. Sollte es zu einer Kostenabweichung kommen, werden die Kostenstelleninhaber zur Verantwortung gezogen. Durch die Zuordnung der Kosten auf die Kostenstellen kann dann auch direkt Ursachenforschung für die Kostenabweichung betrieben werden und erste Maßnahmen diskutiert werden. Wird der Betriebsabrechnungsbogen noch um die Zeile „erzielte Umsätze" ergänzt, kann mit Hilfe des BAB direkt eine Erfolgsermittlung durchgeführt werden, indem der Gewinn je Kostenstelle berechnet wird. Hierfür wird von den Umsätzen je Kostenstelle die Summe der **Selbstkosten** (Einzelkosten + Handlungskosten) abgezogen.

Beispiel

BAB Teil III (Fortsetzung)

Kostenart	Summe	Verteilungsschlüssel	Kostenstellen			
			Lebensmittel	Bürobedarf	Spielwaren	Textilwaren
Summe Handlungskosten	——	——	331.000 €	273.000 €	193.000 €	463.000 €
Summe Einzelkosten	——	——	1.350.000 €	950.000 €	584.500 €	1.130.000 €
Selbstkosten	——	——	1.681.000 €	1.223.000 €	777.500 €	1.593.000 €
Umsätze (netto)	——	——	1.849.100 €	1.328.750 €	944.000 €	1.708.100 €
Gewinn	——	——	168.100 €	105.750 €	166.500 €	115.100 €
Handlungskostenzuschlag	——	——	24,5 %	28,7 %	33,0 %	41,0 %
Gewinnzuschlag	——	——	10 %	8,65 %	21,41 %	7,23 %

Ermittlung des Gewinnzuschlags für die Kostenstelle Lebensmittel: Die Selbstkosten entsprechen dem Ausgangswert von 100 %. Der darauf zu beziehende Gewinn wird als Prozentsatz angegeben.

1.681.000 € = 100 %
168.100 € = ? %

$$\text{Gewinnzuschlag} = \frac{168.100\text{ €} \cdot 100\,\%}{1.681.000\text{ €}} = 10\,\%$$

Berechnung des Gewinnzuschlags

$$\text{Gewinnzuschlag} = \frac{\text{Gewinn in €} \cdot 100\,\%}{\text{Selbstkosten in €}}$$

4.3 Kostenträgerstückrechnung

Lernsituation 82

In der Kostenträgerstückrechnung werden die Verkaufspreise aller Artikel kalkuliert. Kalkulationsgrößen sind die Bezugspreise der Artikel, der geplante Handlungskostenzuschlag sowie der geplante Gewinnzuschlag für die jeweiligen Warengruppen, denen die Artikel zugeordnet sind. Mit Hilfe der Kostenstellenrechnung wurden die tatsächlichen Handlungskostenzuschläge und Gewinnzuschläge je Warengruppe für die vergangene Geschäftsperiode ermittelt. Diese gehen als Zuschläge in die Kalkulation für die folgende Geschäftsperiode ein.

Bezugspreis
+
Handlungskostenzuschlag
+
Gewinnzuschlag
=
Verkaufspreis

Der rechnerische Ablauf unterschiedlicher Kalkulationsverfahren wurde bereits in **LF 9** durchgeführt, sodass an dieser Stelle nur noch auf die Begriffe der Vor- und Nachkalkulation eingegangen wird. Die **Vorkalkulation** basiert auf den Zahlen der vergangenen Rechnungsperiode. Sie ermittelt den geplanten Verkaufspreis und ist deshalb zukunftsorientiert. Die tatsächlichen Handlungskosten liegen erst nach Ablauf der Rechnungsperiode vor. Auch der tatsächlich erzielte Gewinn kann erst in der **Nachkalkulation** ermittelt werden. Sie ist vergangenenheitsorientiert. In der Nachkalkulation werden die tatsächlichen Bezugspreise und die tatsächlichen Handlungskosten der abgelaufenen Geschäftsperiode aus der Kostenstellenrechnung verwendet. Ausgehend vom tatsächlichen Verkaufspreis der Ware und Selbstkosten der Ware wird mit Hilfe der Differenzkalkulation der erzielte Gewinn ermittelt. Ist der erzielte Gewinn laut Nachkalkulation kleiner als der vorab geplante Gewinn, muss sich der Einzelhändler an die Ursachenforschung begeben.

Mögliche Ursachen für Abweichungen der Nachkalkulation von der Vorkalkulation sind:

- Der Bezugspreis der Ware ist gestiegen/gesunken.
- Die Handlungskosten sind gestiegen/gesunken.
- Der Verkaufspreis musste auf Grund der Mitbewerberpreise in der laufenden Geschäftsperiode gesenkt werden / konnte erhöht werden.

Maßnahmen für die Zukunft können sein:

- Handlungskosten senken
- die Verteilung der Handlungskosten überprüfen
- den Bezugspreis mit seinem Lieferanten neu verhandeln
- ggf. den Artikel aus dem Sortiment nehmen
- die Gewinnerwartung korrigieren

Beispiel

Vorkalkulation und Nachkalkulation des Kugelschreibers „Extra Slim“ aus der Warengruppe 02 (Bürobedarf) der Beska GmbH.

Vorkalkulation	
Bezugspreis/Stück	2,59 €
Handlungskostenzuschlag lt. BAB	28,7 %
Gewinnzuschlag	10 %
Nettoverkaufspreis	**3,66 €**

Die Nachkalkulation muss unter veränderten Bedingungen durchgeführt werden.

- Beim Einkauf wurde das einkalkulierte Skonto nicht ausgenutzt. Dementsprechend erhöhte sich der Bezugspreis auf 2,64 Euro. Der neu ermittelte Handlungskostenzuschlag beträgt 28,0 %.
- Die Beska GmbH hat diesen Kugelschreiber kurz zuvor durch ein Werbeprospekt mit 4,36 Euro (3,66 Euro zzgl. 19 % USt.) angepriesen. Der Preis soll deshalb gehalten werden. Aus diesem Grund ist eine Nachkalkulation unerlässlich.

Kalkulationsschema	**Vorkalkulation**	**Nachkalkulation**
Bezugspreis	2,59 €	2,64 €
+ Handlungskostenzuschlag	0,74 € (28,7 %)	0,74 € (28,0 %)
= Selbstkosten	3,33 €	3,38 €
+ Gewinnzuschlag	0,33 € (10 %)	0,28 € (8,3 %)
= Nettoverkaufspreis	**3,66 €**	**3,66 €**

Analyse: Der tatsächlich erzielte Gewinn fällt um ca. 1,7 Prozentpunkte niedriger aus als ursprünglich geplant. Dementsprechend sollen für die Zukunft Maßnahmen getroffen werden, um Planzahlen und Istzahlen zur Deckung zu bringen.

Durch die Mischkalkulation kann die schwache Kalkulation eines Artikels durch die bessere Kalkulation eines anderen ausgeglichen werden.

Die Kostenstellenrechnung und die Kostenträgerrechnung werden auch als **Vollkostenrechnung** bezeichnet, denn hierbei werden **alle Kosten** des Unternehmens auf die Kostenträger übergewälzt. Ausgangspunkt für die Kalkulation des Verkaufspreises ist der Bezugspreis eines Artikels (Wareneinsatz). Die Handlungskosten, die dieser Kostenträger zu tragen hat, werden prozentual in Form des Handlungskostenzuschlags vom Bezugspreis berechnet und dazuaddiert.

Dabei geht man von der Überlegung aus, dass zwischen dem Wareneinsatz und der Höhe der Handlungskosten ein ursächlicher Zusammenhang besteht. Die Einzelkosten haben die ihnen zugeordneten Handlungskosten zu tragen. Für langfristige Betrachtungszeiträume ist diese Sichtweise überlebensnotwendig für den Einzelhändler, denn langfristig muss er seine gesamten Kosten decken.

Bei kurzfristigen Entscheidungen, wie z. B. der Sortimentanpassung, sollte eine andere Sichtweise herangezogen werden, nämlich die der Teilkostenrechnung. Die **Teilkostenrechnung** wird auch als Deckungsbeitragsrechnung bezeichnet.

Sortimentanpassung → S. 67

4.4 Deckungsbeitragsrechnung

In der Deckungsbeitragsrechnung wird von einer Trennung der Gesamtkosten in ihre fixen und variablen Bestandteile ausgegangen.

Fixe Kosten sind von der Absatzmenge des Unternehmens weitgehend unabhängig. Die fixen Kosten entstehen innerhalb eines bestimmten Zeitraumes in gleicher Höhe, unabhängig davon, wie viel Ware verkauft wurde. Viele Gemeinkosten (Handlungskosten) sind deshalb fixe Kosten.

Beispiel

- Gehälter für die Angestellten der Beska GmbH
- Energiekosten in der Beska GmbH
- Mietkosten der Beska GmbH

Variable Kosten sind vom Absatz des Unternehmens abhängig. Je mehr Ware verkauft wird, desto höher sind die variablen Kosten. Wird weniger Ware verkauft, dann sinken auch die variablen Kosten.

Beispiel

- Wareneinsatz
- Auslieferungskosten für die Warenzustellung
- Verkäuferprovision

In der Deckungsbeitragsrechnung werden nicht alle Kosten auf die Kostenträger (Waren oder Warengruppen) verteilt, sondern nur die variablen Kosten. Denn nur die variablen Kosten können den Kostenträgern verursachergerecht zugerechnet werden (**Teilkostenrechnung**). Von dem erzielten Umsatz eines Produktes werden die variablen Kosten (Einzelkosten) subtrahiert. Der dann verbleibende Überschuss wird zur Deckung der fixen Kosten im Unternehmen genutzt. Dieser Überschuss wird dann als Deckungsbeitrag bezeichnet.

Berechung des Deckungsbeitrags

Deckungsbeitrag = Umsatzerlöse – variable Kosten

Beispiel

Ermittlung des Deckungsbeitrags pro Stück für den Füller „Edition" aus der Warengruppe 02 (Bürobedarf) der Beska GmbH.

	Verkaufspreis (netto)	21,47 €
–	Bezugspreis (Einstandspreis)	15,23 €
–	variable Handlungskosten	0,00 €
=	Deckungsbeitrag/Stück	6,24 €

Bei jedem Verkauf des Füllers „Edition" tragen 6,24 Euro zur Deckung der fixen Kosten bei. Annahme: keine weiteren variablen Kosten als der Bezugspreis.

Wendet der Einzelhändler die Deckungsbeitragrechnung auf sein gesamtes Unternehmen an, so werden die variablen Kosten verursachungsgemäß (z. B. pro Abteilung, pro Warengruppe) erfasst und die fixen Kosten als Gesamtbetrag von allen Deckungsbeiträgen subtrahiert, um das Betriebsergebnis zu errechnen.

Der Deckungsbeitrag je Warengruppe zeigt an, wie groß der Beitrag jeder Warengruppe zur Fixkostendeckung ist.

Beispiel

Auszug zu vier verschiedenen Warengruppen:

Warengruppe der Beska GmbH	Warengruppe 01 (Körperpflege/ Kosmetik)	Warengruppe 02 (Bürobedarf)	Warengruppe 03 (Lederwaren)	Warengruppe 04 (Textilwaren)	**Summe**
Umsatzerlöse (netto)	80.000 €	45.000 €	76.000 €	120.000 €	**321.000 €**
– Wareneinsatz	31.000 €	20.000 €	40.000 €	60.000 €	**151.000 €**
= Warenrohgewinn	49.000 €	25.000 €	36.000 €	60.000 €	**170.000 €**
– variable Handlungskosten	10.000 €	5.000 €	7.000 €	15.000 €	**37.000 €**
= Deckungsbeitrag	39.000 €	20.000 €	29.000 €	45.000 €	**133.000 €**
– fixe Kosten					**85.000 €**
= Betriebsergebnis					**48.000 €**

4.4.1 Sortimentsgestaltung mit Hilfe der Deckungsbeitragsrechnung/Stück

Lernsituation 83

Da die Vollkostenrechnung die Aufteilung in fixe und variable Kosten nicht kennt, sind Entscheidungen auf ihrer Zahlenbasis gefährlich. Wird z. B. auf Grund der Vollkostenrechnung ein Artikel als Verlustbringer aus dem Sortiment entfernt, kann dies zu Gewinneinbrüchen führen, da dieser Artikel möglicherweise einen positiven Deckungsbeitrag hat und zur Fixkostendeckung beiträgt. Der Einzelhandelsunternehmer möchte sein Sortiment stetig und aktuell planen und dieses gegebenenfalls an die verändernde Markt- und Wettbewerbslage anpassen. Mit Hilfe der Zahlen aus der Deckungsbeitragsrechnung erhält der Einzelhandelsunternehmer Informationen zur Planung und Kontrolle seiner Sortiments- und Preispolitik.

Beispiel

Deckungsbeitragsanalyse für ein Spielwarengeschäft mit drei Artikeln

Deckungsbeitragsrechnung	elektrische Modelleisenbahn	Holz-eisenbahn	Puppenhaus (Holz)	**gesamt**
Nettoverkaufspreis/Stück	299 €	99 €	149 €	–
– Bezugspreis	250 €	30 €	85 €	–
= Warenrohgewinn/Stück	49 €	69 €	64 €	–
– variable Handlungskosten/Stück	29 €	5 €	10 €	–
= Deckungsbeitrag/Stück	20 €	64 €	54 €	–
Absatzmenge/Stück	125 Stück	30 Stück	100 Stück	–
Deckungsbeitrag gesamt je Artikel (DB/Stück + Absatzmenge)	2.500 €	1.920 €	5.400 €	9.820 €
– fixe Kosten	–	–	–	3.000 €
= Betriebsergebnis	–	–	–	6.820 €

Im Beispiel haben alle Artikel einen positiven Deckungsbeitrag. Ordnet man die Artikel einer Rangfolge nach der Höhe ihres Deckungsbeitrages/Stück, so zeigt sich, für welchen Artikel sich besondere Verkaufsaktivitäten (z. B. Werbemaßnahmen) lohnen könnten. In diesem Beispiel würde sich eine Verkaufsaktion für die Holzbahn anbieten, da dieser Artikel den höchsten Deckungsbeitrag/Stück hat.

Auf jeden Fall gilt:
- Betriebsgewinn = Deckungsbeitrag > fixe Kosten
- Betriebsverlust = Deckungsbeitrag < fixe Kosten

4.4.2 Bestimmung der Preisuntergrenze

Im Einzelhandel herrscht zum Teil ein ruinöser Preiskampf unter den Mitbewerbern. Startet ein Mitbewerber eine neue Preisoffensive, so sollte der Einzelhändler seine **absolute Preisuntergrenze** kennen. Die absolute Preisuntergrenze ist dort, wo zumindest alle Kosten gedeckt werden, die unmittelbar durch den Verkauf der Waren entstehen. Dies sind die variablen Kosten eines Artikels.

Berechnung der absoluten Preisuntergrenze

	Bezugspreis
+	variable Kosten
=	absolute Preisuntergrenze

Bei dieser Preisuntergrenze leistet die verkaufte Ware keinen Beitrag zur Deckung der fixen Kosten, denn der **Deckungsbeitrag/Stück ist gleich null**.

Deckungsbeitrag/Stück bei absoluter Preisuntergrenze

	Verkaufspreis (= absolute Preisuntergrenze)
–	Bezugspreis
–	variable Handlungskosten
=	0,00 € Deckungsbeitrag/Stück

Deshalb wird ein Einzelhändler Ware auch nur zur absoluten Preisuntergrenze verkaufen, wenn dies aus betriebswirtschaftlichen Gründen sinnvoll erscheint, z. B.
- um Kundenverluste zu vermeiden, die speziell wegen diese Artikels das Geschäft gezielt aufsuchen.
- um das vorhandene Sortiment zu komplettieren.
- um eine Preisoffensive gegenüber den Mitbewerbern zu starten oder den Mitbewerbern preislich zu folgen.

Insolvenz → S. 177

Reichen die Deckungsbeiträge insgesamt nicht aus, um die fixen Kosten zu decken, führt dies langfristig zur Zahlungsunfähigkeit (Insolvenz) des Unternehmens. Ein Unternehmen kann die absolute Preisuntergrenze also nur ausnahmsweise und nur kurzfristig als Maßstab für die Preisgestaltung heranziehen.

4.4.3 Break-even-Point

Lernsituation 84

Der Break-even-Point wird häufig auch als Gewinnschwelle oder Deckungspunkt bezeichnet. Dabei handelt es sich um die Absatzmenge eines Artikels, ab der der Einzelhändler erstmalig Gewinn mit dem Artikel erzielt. Der Break-even-Point gibt somit Antwort auf die Frage: Wie viel Stück eines Artikels muss ein Einzelhändler verkaufen, damit er mit dieser Ware einen Gewinn erzielt?

Berechnung des Break-even-Points

Break-even-Point: Gesamterlös = Gesamtkosten

oder alternativ: $\dfrac{\text{fixe Kosten}}{\text{Deckungsbeitrag je Stück}}$

Beispiel

Break-even-Point:

fixe Kosten	144.000 €
variable Kosten/Stück	42 €
Erlös/Stück	72 €
Deckungsbeitrag/Stück	30 €
Absatzmenge	x
Gesamterlös	72 · x
variable Kosten	42 · x
Gesamtkosten	42 · x + 144.000

Berechnung:

Gesamterlös	=	Gesamtkosten	
72 x	=	144.000 + 42 x	| – 42 x
30 x	=	144.000	| : 30
x	=	**4.800**	

oder alternativ: $\dfrac{\text{fixe Kosten}}{\text{Deckungsbeitrag je Stück}} = \dfrac{144.000}{30} = \mathbf{4.800}$

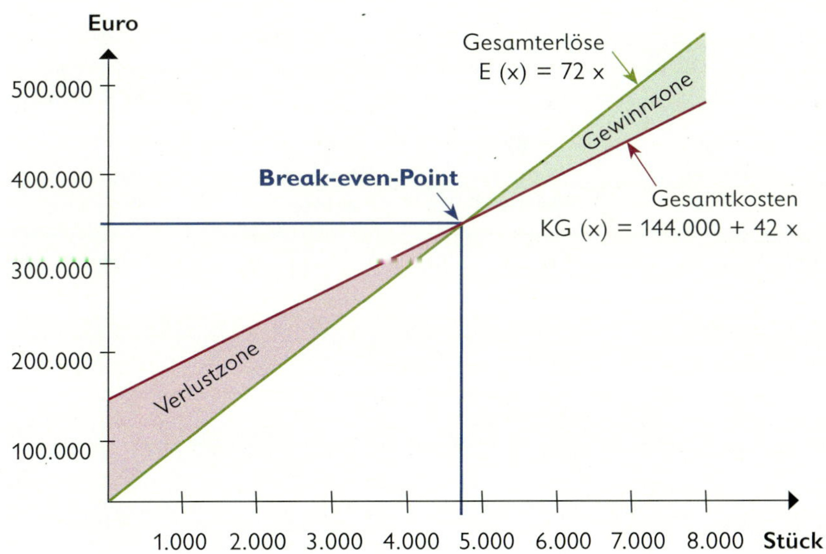

Achtung
Neben der Kosten- und Leistungsrechnung sind für die Beurteilung des Unternehmenserfolges und für unternehmerische Entscheidungen immer auch die schon bekannten Rentabilitätskennziffern (LF 8) und Lagerkennzahlen (LF 7) heranzuziehen.

Die grafische Darstellung zeigt den Break-even-Point als Schnittpunkt der Erlös- und Kostengeraden. Die Gewinnschwelle liegt bei einer Absatzmenge von 4.800 Stück. Bei einer Absatzmenge zwischen 0 und 4.799 Stück befindet sich der Einzelhändler in einer Verlustzone: Die Gesamterlöse liegen unter den Gesamtkosten. Die Gewinnzone beginnt bei 4.801 Stück.

4.5 Kurzfristige Erfolgsrechnung

Der Unternehmenserfolg hängt u. a. ab
- vom Umsatz der Waren/Warengruppen und
- von der Kostenstruktur.

Aus der Entwicklung dieser beiden Faktoren lassen sich wertvolle Schlüsse auf den Betriebserfolg des Unternehmens ableiten. Der Einzelhandelsunternehmer kann die Daten aus der kurzfristigen Erfolgsrechnung dazu nutzen, möglichst schnell z. B. auf Nachfrageveränderungen reagieren zu können.

Als Instrument der kurzfristigen Erfolgsrechnung kann in fast allen Unternehmen das Warenwirtschaftssystem genutzt werden. Es gibt z. B. Auskunft über:
- Eingang der gekauften Waren (Wareneinkauf)
- Kalkulation der Verkaufspreise
- Umsatz, bewertet zu Einstandspreisen (Bezugspreisen)
- Warenrohgewinn
- Lagerbestandszahlen/Lagerumschlag

Beispiel

Eine kurzfristige Erfolgsrechnung aus dem Warenwirtschaftssystem E.V.A. der Beska GmbH. Als Grundlage für dieses Beispiel werden alle Warenwerte zu Bezugspreisen erfasst. Daten für die kurzfristige Erfolgsrechnung zu Ermittlung und Beurteilung des Betriebserfolgs bilden bei diesem Beispiel der:
- Wareneinkauf
- Umsatz
- Lagerbestand
- Wareneinsatz (Warenanfangsbestand + Wareneinkauf – Warenendbestand)
- Warenrohgewinn

Auszug einer kurzfristigen Erfolgsrechnung (KER)
(monatlicher Vergleich für das Jahr 20XX)

Beska

Monat	❶ Wareneinkauf	❷ Wareneinsatz		❸ Lagerbestand	❹ Umsatzerlöse	❺ Warenrohgewinn	
	€	€	%	€	€	€	%
Anfangsbestand lt. Inventur				1.525.000			
Januar	2.295.000	2.300.000	73,72	1.520.000	3.120.000	820.000	26,28
Februar	2.170.000	2.400.000	70,18	1.290.000	3.420.000	1.020.000	29,82
März	2.050.000	2.440.000	72,40	900.000	3.370.000	930.000	27,60
Quartalssumme	**6.515.000**	**7.140.000**			**9.910.000**	**2.770.000**	**27,95**

Die Erklärung/Auswertung dieser kurzfristigen Erfolgsrechnung für den Monat Januar zeigt folgendes Ergebnis:

❶ Wareneinkauf	Die Daten/Zahlen für die monatlichen Wareneinkäufe werden aus dem Warenwirtschaftssystem der Beska GmbH in die kurzfristige Erfolgsrechnung übertragen. Wareneinkauf (Januar) 2.295.000 €
❷ Wareneinsatz in prozentualem Verhältnis zum Umsatz	Der Wareneinsatz in Euro errechnet sich für den Monat Januar wie folgt: Anfangsbestand (AB) 1.525.000 € + Wareneinkauf 2.295.000 € − Warenendbestand 1.520.000 € = Wareneinsatz 2.300.000 € Der Wareneinsatz in Prozent errechnet sich für den Monat Januar wie folgt: 3.120.000 € = 100 % 2.300.000 € = ? % $\frac{2.300.000\ € \cdot 100\ \%}{3.120.000\ €} = 73{,}72\ \%$ Das heißt, für den Umsatz von 3.120.000,00 Euro fallen 73,72 % Warenkosten an.
❸ Lagerbestand	Der Lagerbestand in Euro errechnet sich für den Monat Januar wie folgt: Anfangsbestand (AB) 1.525.000 € + Wareneinkauf (Januar) 2.295.000 € − Wareneinsatz 2.300.000 € = Lagerbestand 1.520.000 €
❹ Umsatzerlöse	Die Zahlen der monatlichen Umsätze werden aus dem Warenwirtschaftssystem der Beska GmbH übernommen. Der Umsatzerlös im Januar beträgt 3.120.000 Euro.
❺ Warenrohgewinn	Der Rohgewinn in Euro errechnet sich für den Monat Januar wie folgt: Umsatzerlöse für Waren 3.120.000 € − Wareneinsatz 2.300.000 € = Warenrohgewinn 820.000 € Der Rohgewinn in Prozent des Umsatzes errechnet sich dementsprechend für den Monat Januar wie folgt: 3.120.000 € = 100 % 820.000 € = ? % $\frac{820.000\ € \cdot 100\ \%}{3.120.000\ €} = 26{,}28\ \%$ Der Rohgewinn des Monats Januar beträgt also 820.000,00 Euro. Dies sind folglich 26,28 % des Umsatzes.

Der Geschäftsführer der Beska GmbH, K. List, kann auf der Grundlage der Ergebnisse der kurzfristigen Erfolgsrechnung Konsequenzen für die Beska GmbH ableiten, z.B.:

- Erhöhung des Einsatzes von Werbemaßnahmen, um Waren oder Warengruppen bekannter zu machen, um sich von der Konkurrenz abzuheben und den Umsatz zu erhöhen
- härter mit den Lieferanten verhandeln, um den Wareneinsatz bei gleich bleibenden Umsatzerlösen zu verringern

5 Optimierung von Geschäftsprozessen

Lernsituation 85

Kosten- und Leistungsrechnung → S. 27

Kurzfristige Erfolgsrechnung → S. 42

optimieren
bestmöglich gestalten

Mit Hilfe der Kosten- und Leistungsrechnung kann der Einzelhändler den Unternehmenserfolg seiner Entscheidungen gut überprüfen. Aber vor allem die kurzfristige Erfolgsrechnung ermöglicht es festzustellen, ob bestimmte Geschäftsprozesse verbessert (optimiert) werden sollten. Dabei geht es in der Regel immer um eine Kostensenkung, um dem Wettbewerbsdruck weiterhin standhalten zu können.

Die Daten der Kosten- und Leistungsrechnung wird der Einzelhändler mit Hilfe von Softwarelösungen zur Entscheidungsfindung grafisch aufbereiten. Dadurch kann der einzelne Mitarbeiter in der Verwaltung bei der Besprechung mit seinen Vorgesetzen auf lange Zahlenreihen verzichten und stattdessen zur Visualisierung Liniendiagramme, Säulen- oder Balkendiagramme, aber auch Tortendiagramme einsetzen. So können die Entscheidungen zur Optimierung von Geschäftsprozessen leichter getroffen werden.

Kooperation
Zusammenarbeit

Um die Geschäftsprozesse zu optimieren, arbeiten Einzelhandelsunternehmen häufig mit anderen Unternehmen zusammen, um ihre Kosten zu senken. Dabei kann diese Kooperation im Bereich der Beschaffung, der Lagerhaltung, des Absatzes oder der Sortimentsgestaltung erfolgen.

Beispiel

Das Warenwirtschaftssystem der Beska GmbH hat für den Artikel 0384 die Erfolgswerte des Jahres 20XX zunächst als Zahlenwerte dargestellt und danach übersichtlich in drei Grafiken, die die Entwicklung deutlich darstellen:

Artikelnummer: 0384				
	Bezugspreis/ Stück	**Absatz (in Stück)**	**Umsatz**	**Rohgewinn/ Stück**
Januar	15,50 €	89	2.276,18 €	10,08 €
Februar	15,80 €	65	1.694,55 €	10,27 €
März	14,20 €	71	1.663,53 €	9,23 €
April	13,90 €	72	1.651,32 €	9,04 €
Mai	14,10 €	90	2.093,85 €	9,17 €
Juni	14,00 €	81	1.871,10 €	9,10 €
Juli	14,75 €	85	2.068,69 €	9,59 €
August	14,95 €	97	2.392,75 €	9,72 €
September	15,10 €	65	1.619,48 €	9,82 €
Oktober	15,50 €	67	1.713,53 €	10,08 €
November	15,75 €	65	1.689,19 €	10,24 €
Dezember	15,10 €	75	1.868,63 €	9,82 €

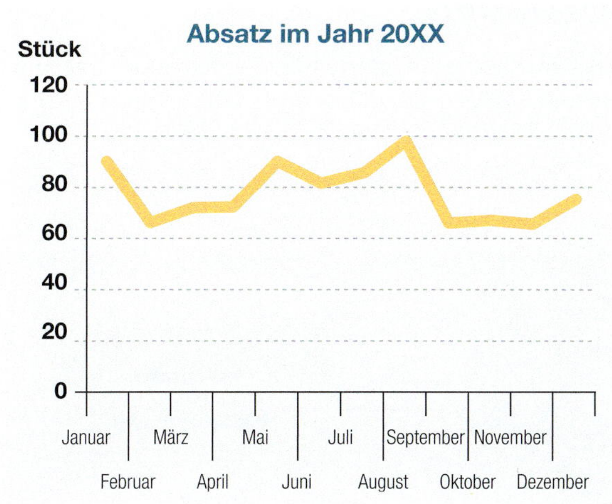

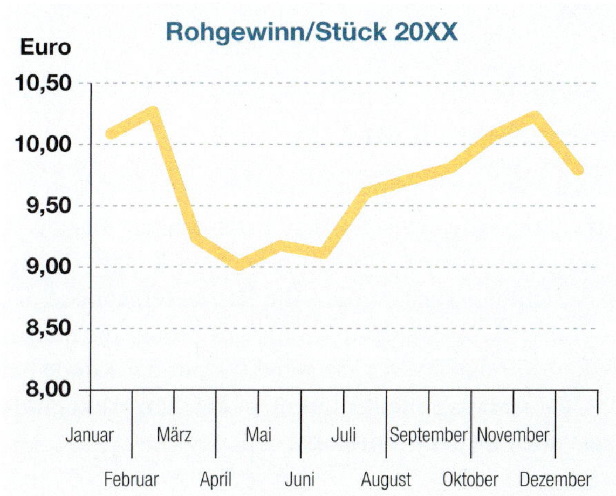

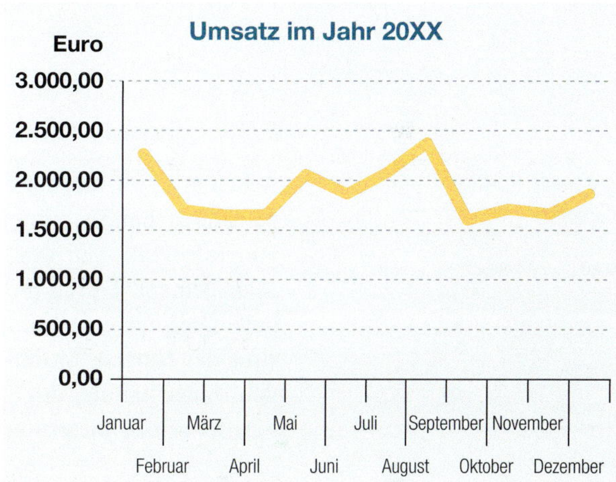

5.1 Horizontale Kooperation

Von horizontaler Kooperation wird gesprochen, wenn Unternehmen der gleichen Wirtschaftsstufe zusammenarbeiten. Im Einzelhandel arbeiten bei einer horizontalen Kooperation also mehrere Einzelhandelsunternehmen zusammen. Es gibt bei dieser Art der Zusammenarbeit viele verschiedene Möglichkeiten, z. B. die Einkaufskooperation und Gemeinschaftswerbung.

Beispiel

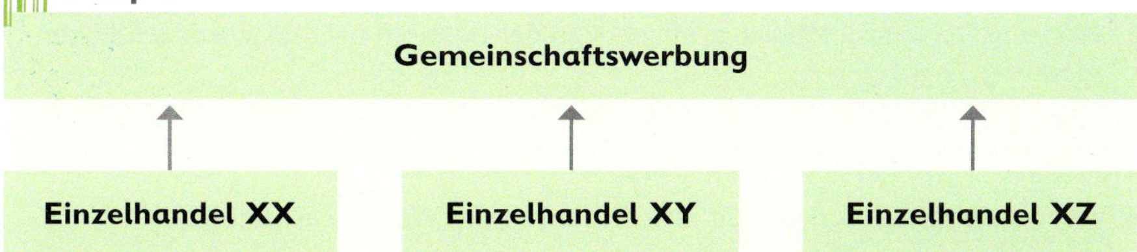

Diese Einzelhandelsunternehmungen haben ihre Geschäftsräume an der gleichen Straße in der Stadt. Um diese Einkaufsstraße insgesamt für den Kunden attraktiver zu machen, werben die Einzelhändler gemeinsam in der Tageszeitung. Sie können darüber hinaus aber auch Preisrätsel und weitere Salespromotions durchführen.

5.2 Vertikale Kooperation

Bei der vertikalen Kooperation schließen sich Unternehmen aufeinander folgender Wirtschaftsstufen, z. B. Unternehmen des Großhandels und Unternehmen des Einzelhandels, zusammen.

Beispiel

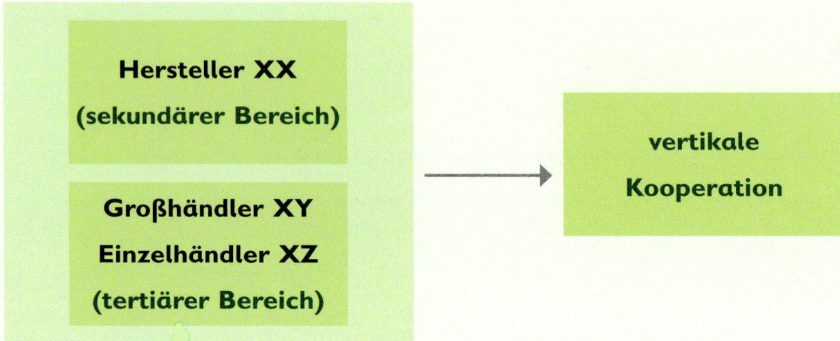

5.2.1 Supply-Chain-Management (SCM)

Arbeiten alle Unternehmen einer Lieferkette (Supply-Chain) vom Lieferanten bis zum Einzelhändler systematisch durch einen elektronisch fortlaufenden Austausch von Informationen des Absatzes zusammen, so spricht man vom Supply-Chain-Management. Durch die enge Zusammenarbeit werden die Betriebsergebnisse der beteiligten Unternehmungen optimiert. Ausgangspunkt dabei ist immer die Steigerung des Nutzen für den einzelnen Kunden. Wenn das gelingt, kauft der Kunde bei dem Einzelhändler des Supply-Chain-Managements und nicht bei dem Wettbewerber, der seinen Lieferungsprozess noch nicht optimiert hat.

Beispiel

- Ein namhafter Bekleidungshersteller beliefert mehrere Einzelhändler, von denen keiner das komplette Sortiment des Herstellers auf Lager hat. Gleichzeitig bietet der Hersteller auf seiner Internetseite eine Suchmaschine, mit der die Einzelhändler auf die Inventarlisten aller Einzelhändler zugreifen können, um herauszufinden, wo die gewünschte Ware auf Lager liegt.
- Ein Großhändler von Haushaltswaren hat Zugang zum Warenwirtschaftssystem der belieferten Einzelhändler und deren Abverkaufszahlen. Der Großhändler übernimmt den wesentlichen Teil der Lagerung. Auf Grund der Verkaufszahlen löst er die Lieferungen aus und kann dadurch seine Transportlogistik optimieren, da die Transportfahrzeuge weitgehend ausgelastet werden können. Der Einzelhändler profitiert von der dadurch bei ihm sinkenden Lagerdauer.

Vorteile des Supply-Chain-Managements:

- Verbesserung der Rentabilität und Sicherung der Wettbewerbsfähigkeit
- unternehmensübergreifende Notfallkonzepte
- Transparenz über Abläufe und Kennzahlen
- Kostenreduktion durch geringere Lagerbestände und Liegezeiten
- Steigerung der Flexibilität durch kurze Reaktionszeiten in der Versorgungskette
- Befriedigung der Kundennachfrage durch verbesserte Liefertreue

5.2.2 Efficient-Consumer-Response (ECR)

Wird der Datenaustausch der Lieferantenkette so weit ausgedehnt, dass der Einzelhändler auch Kundendaten nutzt, um nicht nur seine eigenen Dienstleistungen zu verbessern, sondern auch dem Hersteller durch seine Informationen hilft, die Produkte auf die Bedürfnisse der Kunden hin zu produzieren, so handelt es sich um Efficient-Consumer-Response. Die Kundenbedürfnisse sollen schneller und zu geringen Kosten optimal befriedigt werden. Ziel des Efficient-Consumer-Response ist

effizient = wirksam

- die Kostensenkung,
- das Erlangen eines Wettbewerbsvorteil gegenüber Mitbewerbern und
- die Weitergabe der entstandene Preis- und Leistungsvorteile an den Verbraucher.

Die Steuerung und Optimierung des Efficient-Consumer-Response bezieht sich hauptsächlich auf die vier Bereiche Bestellwesen, Sortimentsgestaltung, Verkaufsförderung und Produktentwicklung. Dafür müssen folgende Voraussetzung geschaffen werden:

- die Anwendung eines elektronischen standardisierten Kommunikationssystems (so genanntes Electronic-Data-Interchange)
- die Nutzung des GTIN-Standards
- der Einsatz von Scannerkassen und die Nutzung der POS-Daten
- der Einsatz eines automatischen Bestellwesens

Das Vertrauen zwischen den Kooperationspartnern ist allerdings die Grundvoraussetzung für Efficient-Consumer-Response.

Durch Efficient-Consumer-Response wird der Informations- und Warenfluss zwischen Einzelhändler und Lieferant verbessert, denn die tatsächliche Nachfrage des Verbrauchers wird berücksichtigt. An der Scannerkasse wird automatisch mit Hilfe des Warenwirtschaftssystems die Bestellung ausgelöst, wenn der vorher bestimmte Meldebestand im Warenwirtschaftssystem erreicht ist. Im Rahmen des Supply-Chain-Management werde die Daten sofort an den Lieferanten gesendet, der dann zeitgenau die Lieferung veranlassen kann. Der Auftrag für die Lieferung eines bestimmten Produkts wird einmalig am Beginn der Wirtschaftsperiode erteilt. Der Lieferant liefert dann nach Abruf aus dem Warenwirtschaftssystem zum richtigen Zeitpunkt (**just in time**).

Just-in-time Lieferung durch SCM

Darüber hinausgehend plant der Einzelhändler auf der Basis des Efficient-Consumer-Response seine Kommunikationspolitik. Der Hersteller kann durch die vertikale Kooperation seine Produktverbesserungen durchführen, die er ohne die Daten des Efficient-Consumer-Response nicht hätte planen können.

Category-Management

Ein wichtiger Baustein des Efficient-Consumer-Response ist das Category-Management (Warenkategoriemanagement). Hierbei werden Warengruppen bzw. Warenkategorien nach Kundenbedürfnissen zusammengestellt und bestmöglich beim Einzelhändler präsentiert.

Beispiel

Warengruppen, die gemeinsam betrachtet werden:
- Kaffee, Tee, Kakao (Heißgetränke).
- CD-Player, MP3-Player, Handy (Abspielgeräte für digitale Audiodateien)

In einer Warengruppe werden die vom Verbraucher als zusammengehörig angesehenen Produkte zusammengefasst, wobei keine allgemein gültigen Zusammensetzungen von Warengruppen existieren. Die Zusammenstellung der Waren kann je nach lokaler Verbraucherstruktur von unterschiedlichen Händlern verschieden gehandhabt werden. Wichtig ist es hierbei herauszufinden, welche Produkte aus Sicht der Kunden zusammengehören. Durch die Erfassung der Abverkaufsdaten an der Scannerkasse können Kundenbedürfnisse genau festgehalten und so die Warengruppen mit dem größten Nutzen für den Kunden zusammengestellt werden. Durch die Zusammenarbeit mit Herstellern und Lieferanten sind eine schnelle Reaktion und eine flexible Veränderung der Warengruppe möglich. Auch Werbe- und Verkaufsförderungsmaßnahmen können innerhalb kurzer Zeit kundengerecht geplant werden.

Category-Management

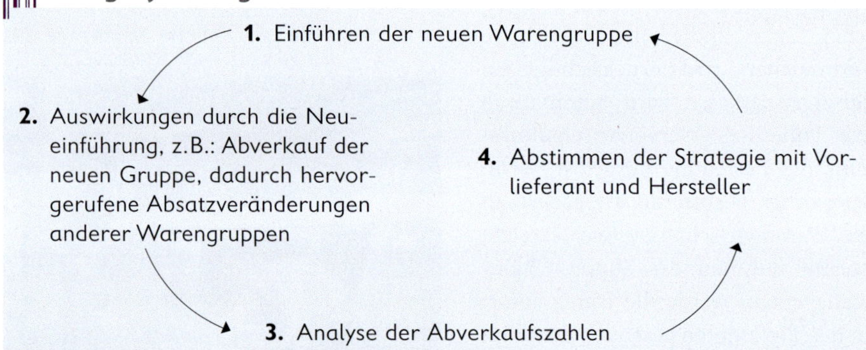

Beispiel

In einigen US-amerikanischen Supermarktketten wird Category-Management inzwischen so konsequent umgesetzt, dass so auf manchen Flächen täglich mehrfach die Auslage wechselt. Auf dem Weg zur Arbeit bekommt der Kunde auf einer Aktionsfläche Sandwiches, eine Tasse Kaffee und die Tageszeitung, abends findet er auf der gleichen Aktionsfläche Grillgut, Grillkohle und gekühlte Getränke vor.

Vorteile von Category-Management:
- Kundenbedürfnisse werden berücksichtigt
- Kundenzufriedenheit und Kundenbindung steigen
- Abgrenzung vom Wettbewerbern
- innerhalb einer Warengruppe steigt der Umsatz

Aber auch ohne ein Category-Management muss das Sortiment ständig angepasst werden.

Veränderung der Sortimentsstruktur und -präsentation

Sich verändernde Rahmenbedingungen hinsichtlich des Verbraucherverhaltens führen dazu, dass immer höhere Anforderungen an eine effiziente Sortimentsgestaltung gestellt werden. Auch das frühzeitige Erkennen von Trends und Entwicklungen sowohl hinsichtlich der Hersteller- als auch der Verbraucherseite wird immer wichtiger.

Zu den Aktivitäten, die eine optimale Gestaltung des Sortiments gewährleisten, zählen

- die Strukturierung des Sortiments an sich,
- die Preispolitik,
- die Optimierung der Regalflächen und Regalplatzierung in der Verkaufsstelle und
- eine effektive Platzierung der Produkte.

Durch eine Zusammenarbeit mit den Herstellern kann der Einzelhändler bei diesen Aufgaben einen größeren Nutzen erzielen. Eine Kooperation ist effektiv, weil der Hersteller spezielle Produktkenntnisse hat. Er kennt den Konsumenten auf Grund eigener Beobachtungen nicht nur als Käufer, sondern vor allem als Verwender der Ware.

Die gemeinsame Optimierung des Sortiments umfasst die Anpassung der Sortimentsbreite und Sortimentstiefe an das spezielle Kundenverhalten in der einzelnen Verkaufsstelle. Ziel ist die Erhöhung der Umschlagshäufigkeit, die Verbesserung der Handelsspanne je Quadratmeter Verkaufsfläche und eine spürbare Umsatzsteigerung. Außerdem ist eine effiziente Sortimentspolitik hilfreich bei der Vermeidung von Bestandslücken bei umsatzstarken Produkten.

Die effiziente Sortimentsgestaltung basiert auf der Erkenntnis, dass Entwicklung, Zusammenstellung und kontinuierliche Kontrolle des Sortiments in Kooperation mit dem Hersteller wesentlich effektiver geschieht. Kooperation in der Sortimentsgestaltung entsteht dann, wenn Handel und Hersteller Informationen austauschen über Marktanalysen, unterschiedliches Verbraucherverhalten und in welcher Art und Weise die Produkte einer bestimmten Warengruppe unterschiedliche Verbraucherwünsche befriedigen.

Beispiel

In regelmäßigen Abständen treffen Handel und Hersteller in Konferenzen zusammen, um die beim Handel vorhandenen Informationen über das Kundenverhalten und die Kundenmeinungen an den Hersteller zu geben. Dadurch kann der Hersteller die Produktion und die Handhabung der Produkte verbraucherfreundlicher machen, sodass der Einzelhändler ein effzienteres Sortiment hat, das sich besser verkaufen lässt.

Mit Hilfe eines Warenwirtschaftssystems ist es möglich, die Wirkung verschiedener Sortimentsgestaltungen exakt für jede einzelne Warengruppe zu messen. Die Umsätze der Warengruppen lassen sich sogar im Zeitverlauf, d.h. sowohl im Tages-, Wochen- als auch im Monats- oder Jahresverlauf, feststellen. Auswirkungen von Änderungen in der Regalplatzierung, der Verkaufsraumgestaltung oder auch der Produktverpackung können durch die Beobachtung der Verkaufsdaten optimal ausgewertet werden. Eine effiziente Sortimentspolitik wird dadurch erst möglich.

Zentrallager

Viele Unstimmigkeiten im Warenfluss zwischen der Produktionsstätte des Herstellers und dem Lager des Einzelhandels können durch Probleme in der Logistik oder durch unterschiedliche Arbeitsmethoden entstehen.

Beispiel

Europaletten, auf denen die Ware zum Händler transportiert wird, können durch klare Festlegungen hinsichtlich der Beladung viel effizienter beladen werden. Die Abmessung der Versandverpackungen ist einer der wichtigsten Bereiche, die berücksichtigt werden müssen, da sie einen starken Einfluss auf die Ausnutzung der Lagerkapazität hat. Oftmals wird z.B. die Palettenhöhe allein vom Lieferanten festgelegt, der allerdings damit nur seine eigenen Beschränkungen berücksichtigt, wie die Höhe der Regale im eigenen Lager. Bei zu hoch beladenen Paletten kann es allerdings im Zentrallager des Händlers zu einem „Infarkt" kommen, wenn die gelieferte Ware nicht in die vorgesehenen Regalfächer passt, und den lagerinternen Warenfluss erheblich stört. Zu flach beladene Paletten oder auch von der Fläche her schlecht genutzte Paletten erhöhen die Logistikkosten erheblich. Durch Warenverpackungen, die nicht auf die Palettenabmessungen (80 x 120 cm) abgestimmt sind, kann die Kapazität der Palette teilweise nur zu 75 % genutzt werden. Hier ist es sinnvoll, von Seiten des Herstellers eine Untersuchung aller Palettierungsmuster vorzunehmen und an der Verbesserung der Produktverpackung zu arbeiten.

Cross-Docking (Vorkommissionierung der Ware)

Beim Cross-Docking bekommt die Ware im Zentrallager keinen längerfristigen Lagerplatz. Sie wird möglichst schnell weitergegeben, also „durchgeschleust". Bei der Anlieferung über ein Zentrallager kann durch das Cross-Docking-Prinzip die Ware deutlich schneller zur jeweiligen Filiale oder zum jeweiligen Einzelhändler gelangen.

Es gibt drei Alternativen:

1. Die bestellte Ware wird nicht im Zentrallager bzw. Warenverteilzentrum des Handels eingelagert und daraufhin aus herkömmlichen Regalfächern kommissioniert. Sie wird gleich bei Ankunft kommissioniert auf den Lkw für die Fahrt zum Einzelhändler verladen. Dazu ist im Zentrallager die Einrichtung einer so genannten „Schnelldreherzone" notwendig, in der die jeweilige Warenlieferung nicht länger als 24 Stunden verbleibt.
2. Die Kommissionierung wird durch Sortierung der Produkte ersetzt. Aus dem Ankunftsbereich werden die Produkte zum Auslieferungsbereich gebracht und den jeweiligen Verkaufsstellen zugeordnet. Diese Vorgehensweise eignet sich besonders für Aktionsplatzierungen, die sich bereits auf einer Palette des Lieferanten befinden (z. B. rollbare Frischmilchbehälter).
3. Die Kommissionierung der Produkte übernimmt der Lieferant. Die gelieferten Paletten sind in diesem Falle bereits für die jeweilige Verkaufsstelle bei Ankunft im Zentrallager fertig kommissioniert. So können die gemischten Paletten oder Rollcontainer direkt in den Auslieferungsbereich gebracht werden.

kommissionieren
Zusammenstellen der Warenlieferung für den Einzelhandel in einem Zentrallager

Durch das beschriebene Verfahren
- werden Lagerbestände erheblich reduziert und entsprechend die Kapitalbindung sowie die Handlungskosten verringert,
- es wird weniger Lagerfläche benötigt und
- außerdem gelangt die Ware wesentlich frischer und mit längerer Mindesthaltbarkeit in die Filialen der Händler.

Roll-Cage-Sequencing (filialgerechte Kommissionierung)
Roll-Cage-Sequencing bedeutet die filialgerechte Beladung jedes Rollcontainers (oder jeder Europalette), in dem sich die kommissionierte Ware für die jeweilige Verkaufsstelle befindet. Die Rollcontainer werden dabei im Zentrallager in der gleichen Reihenfolge beladen, wie sie in der Filiale in das Verkaufsregal geräumt werden, zuerst abzuladende Artikel liegen dementsprechend oben auf dem Rollcontainer. Roll-Cage-Sequencing ist ein vergleichsweise einfaches Konzept, das allerdings dafür sorgt, dass die Regalbestückung im Geschäft sehr schnell und effizient vonstatten geht. So werden Kunden weniger beim Einkauf gestört und das Verkaufspersonal nicht zu lang mit der Regalbestückung beschäftigt. Der Warenfluss wird so für Kunden und Händler effizienter.

5.3 Auswirkungen von ECR

Effiziente Verkaufsförderung bezieht sich auf die in den letzten Jahren stark an Bedeutung zugenommenen Verkaufsförderungsaktionen. Verkaufsförderung war immer schon wichtig, um am Point of Sale entscheidende Kaufimpulse beim Verbraucher auszulösen, denn bis zu 70 % der Kaufentscheidungen fallen erst in der Verkaufsstelle. Es war aber bisher noch nie so schwierig, Sortimente, Produkte und Dienstleistungen in das Bewusstsein des Kunden zu bringen. Durch die zunehmende Produktvielfalt herrscht eher Orientierungslosigkeit als Entscheidungssicherheit. Durch effiziente Verkaufsförderung soll für den Einzelhändler die Bedeutung des Sortimentsprofils und für den Hersteller das Produktprofil verbessert werden. Der Einzelhändler nutzt also seine Abverkaufszahlen aus dem Warenwirtschaftssystem, um gemeinsam mit dem Hersteller z. B. den Einsatz von Propagandisten zu planen, die dann über die Kundenerfahrung direkt dem Hersteller berichten können.

Bei der **effizienten Neuprodukteinführung** nutzen Handel und Hersteller ihre Kenntnisse über den Kunden, die Warengruppe und den Markt gemeinsam. Dadurch können Produkte entwickelt und eingeführt werden, die die Bedürfnisse der Konsumenten genauer befriedigen. Kundendatenbanken des Handels können hierzu wichtige Informationen über die Nachfragegewohnheiten der Konsumenten in der Verkaufsstelle bereitstellen. Die wichtigsten Ziele der effizienten Neuprodukteinführung sind die Verringerung der Entwicklungs- und Einführungskosten sowie die Verringerung der Fehlschlagsraten neuer Produkte. Für den Händler bedeutet die effiziente Neuprodukteinführung eine wesentlich bessere Nutzung der Regalflächen und die Bereitstellung eines attraktiven Sortiments. Die gemeinsame Handelsmarkengestaltung ist ein Bestandteil der effizienten Neuprodukteinführung.

Die Fehlschlagsrate bezeichnet die Flops, also den Prozentsatz aller Neueinführungen, die nicht erfolgreich waren.

Beispiel
- „TIP – Toll im Preis“ der Metro-Gruppe
- „PLUS – Prima Leben und Sparen“ der Tengelmann-Gruppe

Handelsmarken werden als Instrument der Handelssysteme benutzt, um sich im Wettbewerb mit anderen Handelssystemen zu profilieren. Für den Handel sind eigene Marken von besonderem Interesse, weil sie für den Verbraucher eine Alternative zu Discountern darstellen.

Die Vorteile einer Handelsmarke für den Einzelhändler sind
- verbesserte Handelsspannen,
- weniger Abhängigkeit von großen Markenartikelherstellern,
- Möglichkeit der eigenen Profilierung,
- Schutz vor direktem Wettbewerb mit anderen Handelssystemen, da für den Verbraucher die Produkte der Handelsmarken nicht vergleichbar sind,
- Aufbau von Kundenpräferenzen sowie
- Abdeckung unterschiedlicher Kundenbedürfnisse.

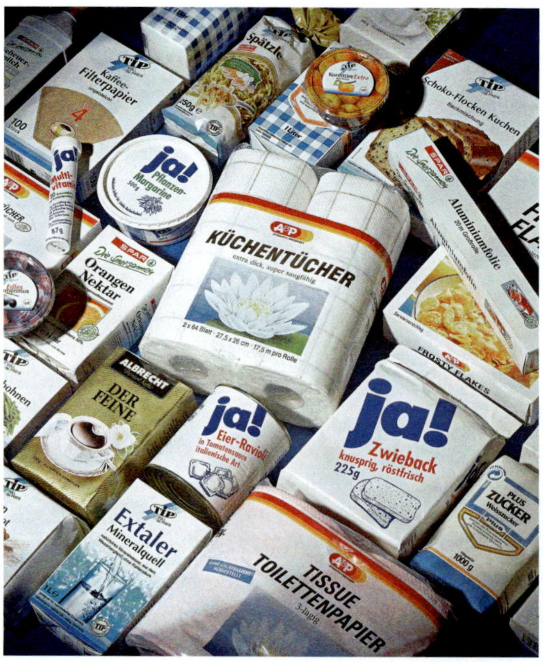

12

Mit Marketingkonzepten den Kunden gewinnen und binden

Marketing

Marktforschung

Standortwahl

Marketinginstrumente

Marketingmix

1 Was ist Marketing?

Stellt man die Frage: „Was ist Marketing?“, so wird sicher eine große Mehrheit der Befragten Marketing mit Werbung gleichsetzen. Dies ist aber eine stark verkürzte und falsche Sichtweise, denn Marketing ist viel mehr!

Der Begriff „Marketing“ stammt aus dem Englischen und bedeutet übersetzt „vom Markt her handeln“. Marketing umfasst demnach alle Maßnahmen, die ein Unternehmen ergreift, um den Umsatz zu erhalten oder zu vergrößern. Zum Marketing gehört somit natürlich auch die Werbung, aber eben nur als Teilbereich des Marketings. Ein Einzelhändler nutzt neben der Werbung noch andere Möglichkeiten, seinen Umsatz zu erhalten oder zu vergrößern, z. B. durch

Standortwahl → S. 61
Sortimentspolitik → S. 64
Servicepolitik → S. 72
Kommunikationspolitik → S. 72
Marketinginstrumente → S. 64

- die Wahl seines Standortes,
- seine Entscheidungen bezüglich des Sortiments,
- seine Preisentscheidungen,
- sein Serviceangebot und natürlich
- die Art und Weise, wie er mit seinen Kunden in Kontakt tritt – die Kommunikationspolitik – zu der auch die Werbung gehört.

Diese Marketingmaßnahmen werden auch als **Marketinginstrumente** bezeichnet. Damit sie möglichst zielgerichtet eingesetzt werden können, sollte sich der Einzelhändler vorab über seine Kunden informieren. Dies erfolgt mit Hilfe der Marktforschung, die somit auch zum Marketing gehört.

Im letzten Jahrhundert hat sich auf Grund der Veränderungen auf dem Absatzmarkt die Stellung des Marketings in der Unternehmensführung grundlegend gewandelt. Gab es früher in jeder kleinen Ortschaft einen Kaufmannsladen, in dem die Kunden einkauften, so haben sie heutzutage eine wesentlich größere Auswahl bei ihren Einkaufsmöglichkeiten. Sie sind mobiler und die Anzahl der Geschäfte hat zugenommen. Diese Änderung des Marktes wird als Wandel vom Verkäufermarkt zum Käufermarkt beschrieben.

Verkäufermarkt
Angebot < Nachfrage

Käufermarkt
Angebot > Nachfrage

Ist die Nachfrage der Käufer größer als das Angebot der Verkäufer, wird von einem **Verkäufermarkt** gesprochen. Der Verkäufer ist in der bequemen Situation, dass sein Angebot auf Grund der starken Nachfrage garantiert verkauft wird. Er braucht sich um den Abverkauf seiner Ware also nicht zu sorgen. Ganz anders stellt sich die Situation für den Verkäufer auf dem **Käufermarkt** dar. Hier ist das Angebot größer als die Nachfrage und der Käufer entscheidet sich auf Grund des besten Angebots, wo und bei wem er einkauft. Auf einem Käufermarkt muss der Verkäufer sich anstrengen, seine Ware zu verkaufen. Um hier bestehen zu können, muss der Verkäufer möglichst mehr absetzen als seine Mitbewerber. Unterstützen kann er dies durch ein erfolgreiches Marketing.

2 Marktforschung

Lernsituation 86

Um Marketingmaßnahmen erfolgreich durchzuführen, benötigt der Unternehmer detaillierte Informationen über

- seine Kunden,
- seine Konkurrenz sowie
- allgemeine Marktdaten wie Kaufkraft, Preisentwicklung und Lohnniveau.

Mit Hilfe der Marktforschung werden diese Informationen systematisch beschafft, aufbereitet und ausgewertet. Außerdem versucht die Marktforschung in Erfahrung zu bringen, wie der zukünftige Bedarf der Kunden aussehen wird. Einerseits besteht das Ziel der Marktforschung darin, eigene Schwächen zu ermitteln und sie mit Hilfe von Marketingmaßnahmen zu beseitigen, andererseits sollen eigene Wettbewerbsvorteile erkannt werden, um sie ausbauen zu können.

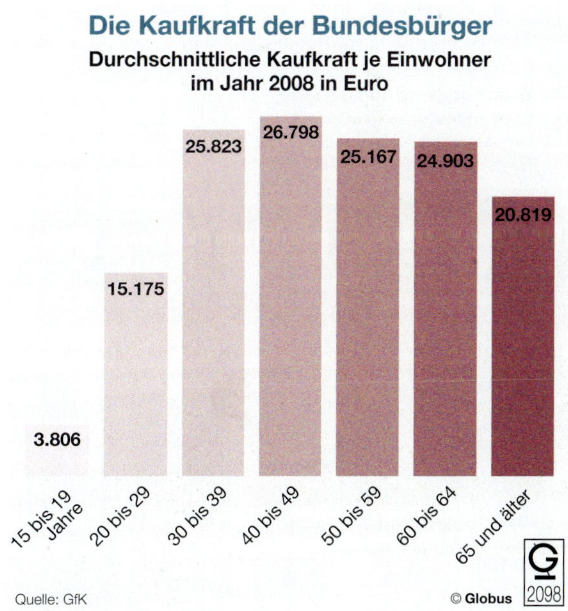

Ein Einzelhändler kann nur dann erfolgreich sein, wenn er seinen „Markt" genau kennt. Er muss also über die Wünsche der Kunden genau informiert sein. Er sollte wissen, ob seine Kunden mit seinem Geschäft und den angebotenen Waren und Leistungen zufrieden sind. Ebenso wichtig ist es, die Konkurrenz und deren Marketingmaßnahmen zu kennen. Dann kann der Einzelhändler wirksame Marketingmaßnahmen planen, um seinem Unternehmen ein eigenes Profil zu geben und sich im Markt gegenüber seinen Wettbewerbern und seinen Kunden als unverwechselbares Unternehmen zu präsentieren. Wenn er dann noch die richtigen Waren und Dienstleistungen anbietet, wird sein Unternehmen erfolgreich sein.

In diesem Zusammenhang ist es sinnvoll, einige Grundbegriffe der Marktforschung zu kennen.

Wichtige Marktgrößen

Begriff	Erklärung
Marktpotenzial	möglicher Gesamtumsatz aller Einzelhändler in Deutschland (z. B. gemessen an der Kaufkraft der Bundesbürger)
Marktvolumen	tatsächlich realisierter Umsatz aller Einzelhändler in Deutschland
Absatzpotenzial	der Anteil am Gesamtumsatz, den die Beska GmbH insgesamt glaubt, erreichen zu können
Marktanteil	Umsatz, den die Beska GmbH, im Vergleich zum Marktvolumen tatsächlich erreicht

Um Marktpotenzial, Marktvolumen, Absatzpotenzial und Markanteil zu ermitteln, sind entsprechend verlässlich und zielgerichtet ermittelte Marktdaten nötig. Diese Marktdaten müssen so genau und aktuell wie möglich sein, um Marketingmaßnahmen effektiv ausführen zu können. Sie dürfen die Kosten des Einzelhandelsunternehmens aber auch nicht zu sehr erhöhen.

Aufgaben und Ziel der Marktforschung ist die Erhebung von Marktinformationen, um Marketingmaßnahmen effektiv durchführen zu können. Die erhobenen Daten müssen folgende Eigenschaften haben: zielgerichtet, verlässlich, wirtschaftlich, aktuell und genau. Diese Daten sind auch für Einzelhandelsunternehmen zunehmend im internationalen Vergleich interessant, da die Kunden durch ihre Ferienreisen auch den Einzelhandel im Ausland kennen und vielleicht sogar schätzen lernen.

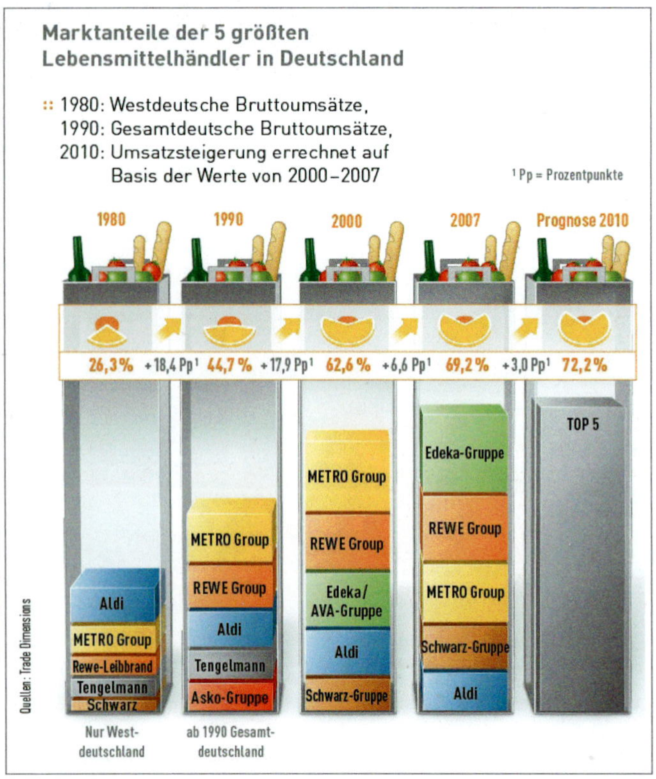

2.1 Bereiche

Die Marktforschung kann in die drei Teilbereiche Marktanalyse, Marktbeobachtung und Marktprognose gegliedert werden.

Die **Marktanalyse** liefert einmalig oder in festgelegten Intervallen wiederkehrende wichtige Informationen. Zu einem bestimmten Zeitpunkt werden alle aktuellen Einflussgrößen des Marktes ermittelt. Dazu gehören Informationen über

- Kundengruppen (z. B. Anzahl der Kunden und Zusammensetzung der Kundengruppen),
- den Standort des Einzelhändlers (z. B. eigener Standort und Einzugsgebiet des Händlers) sowie
- die Wettbewerber (z. B. Anzahl der Konkurrenten, deren Sortimentspolitik und Marketingmaßnahmen).

Diese Informationen über die Marktstruktur bilden die Basis für marktorientierte Entscheidungen des Marketings.

Die **Marktbeobachtung** ist im Gegensatz zur Marktanalyse nicht zeitpunktbezogen, sondern zeitraumbezogen und die Datenerhebung erfolgt daher über einen längeren Zeitraum. Sie gibt Auskunft über die langfristige Entwicklung des Marktes. Die Informationen der Marktbeobachtung unterstützen die Planung und die Kontrolle der Marketingmaßnahmen des Einzelhändlers. Folgende Teilbereiche des Marktes werden fortwährend beobachtet:

- Marktveränderungen (z. B. Nachfrageveränderungen, „Lebensdauer" von Produkten)
- Konkurrenzveränderungen
- Veränderungen der gesamtwirtschaftlichen Lage
- Markttrends (neue Produkte)

Produktlebenszyklus → S. 70

Beispiel

Im Rahmen einer mehrere Monate dauernden Marktbeobachtung stellt eine Warenhauskette fest, dass ein bestimmter Artikel bei der Konkurrenz im Sortiment gelistet wird und dafür eine große Nachfrage besteht. Daraufhin wird dieser Artikel auch in der Warenhauskette eingeführt.

Gelistete Artikel stehen in den Bestelllisten für den Großhändler, weil sie ständig im Sortiment sind.

In der Praxis gehen Marktanalyse und Marktbeobachtung meist ineinander über, da ein Unternehmen für seine Entscheidungen sowohl an langfristigen Entwicklungen als auch an aktuellen Informationen interessiert ist. Zudem lassen sich meist nur durch eine Kombination der beiden Marktforschungsmethoden zuverlässige Markt- und Absatzprognosen erstellen, die in die Marketingplanung eingehen. Die **Marktprognose** soll auf Grundlage der Marktanalyse und -beobachtung die zukünftige Marktentwicklung ermitteln. Dabei werden zukünftige Entwicklungen mit einbezogen, wie z. B. Veränderungen der Altersstruktur der Bevölkerung und des Freizeitverhaltens der Konsumenten.

Beispiel

Die Bevölkerung wird zunehmend älter. Aus diesem Grund ist verstärkt mit einer größeren Nachfrage durch die ältere Bevölkerungsgruppe zu rechnen. Das Sortiments- und Serviceangebot für diese Kunden wird deshalb vergrößert.

Bereiche der Marktforschung		
Marktanalyse	**Marktbeobachtung**	**Marktprognose**
ermittelt einmalig oder in bestimmten Abständen alle einen Markt kennzeichnenden Merkmale (Marktstruktur)	beobachtet fortlaufend die Entwicklung eines Marktes im Zeitablauf	versucht zu ermitteln, wie die Marktsituation in der Zukunft sein wird; sie baut auf der Marktanalyse und der Marktbeobachtung auf

Systematische Marktforschung ist sehr aufwändig und wird deshalb meist nicht von der Einzelhandelsunternehmung selbst betrieben, sondern von dafür spezialisierten Marktforschungsunternehmen.

2.2 Methoden

Bei allen Marktforschungsaktivitäten stellt sich die Frage, auf welche Weise die Marktdaten beschafft werden können. In der Praxis unterscheidet man zwischen zwei Vorgehensweisen der Marktforschung:
- Primärforschung (Neuerhebung von Daten)
- Sekundärforschung (Verwendung bereits vorhandener Daten)

2.2.1 Primärforschung

Die Primärforschung wird auch Feldforschung oder Fieldresearch genannt.

Sollen neue, aktuelle und bisher nicht bekannte Daten beschafft werden, wird von Primärforschung gesprochen. Folgende Überlegungen sind dabei zu berücksichtigen und abzuwägen:
- Soll eine Voll- oder Teilerhebung durchgeführt werden?
- Welche Erhebungsmethoden der Primärforschung sollen genutzt werden?

Vollerhebung: Erforschen der Grundgesamtheit

Eine Befragung aller Personen ist die sicherste Methode, einen Personenkreis mit seinen wesentlichen bzw. wichtigen Merkmalen richtig zu erfassen. Bei der Vollerhebung werden alle Personen einbezogen, wenn die Zielgruppe nicht größer als etwa 500 Personen ist. Diese Gesamtheit der möglichen Kunden nennt man Grundgesamtheit. Die Genauigkeit der Ergebnisse ist sehr hoch, die Kosten und der Zeitaufwand sind jedoch erheblich.

Beispiel

Ein Warenhauskonzern möchte in seiner Textilabteilung verstärkt Kinderkleidung anbieten. Er befragt daraufhin alle Kunden aus seiner Kundendatei, die bisher Artikel für Kinder gekauft haben und somit potenzielle Kunden sein könnten.

repräsentativ
stellvertretend, typisch

Teilerhebung mittels Stichproben

Ist eine Vollerhebung praktisch nicht durchführbar oder zu teuer, so ist eine Teilerhebung sinnvoll. Dabei muss eine repräsentative Stichprobe aus der Grundgesamtheit bestimmt werden. Dies ist häufig sehr schwierig. Die Stichprobe sollte nicht zu groß sein, sodass eine Befragung möglich ist, allerdings muss aber auch die Grundgesamtheit angemessen vertreten werden. Eine repräsentative Stichprobe ist also eine verkleinerte Abbildung der Grundgesamtheit. Alle Teilnehmer der Grundgesamtheit haben die gleiche Chance, Teil der Stichprobe zu werden. Die Grundgesamtheit muss deshalb so bestimmt sein, dass sich daraus mit Sicherheit eine Stichprobe ziehen lässt.

Beispiel

Eine Lebensmittelkette plant eine Sortimentserweiterung im Bereich ihrer Tiefkühlprodukte. Da die Zahl der potenziellen Kunden für diese Artikel zu groß für eine Vollerhebung ist, wird mit Hilfe vorher festgelegter Kriterien eine repräsentative Stichprobe ermittelt.

Erhebungsmethoden der Primärforschung

Sobald die Entscheidung über Voll- oder Teilerhebung gefallen ist, wird eine geeignete Erhebungsmethode für die Primärerhebung bestimmt. Die wichtigsten Methoden sind die Befragung, die Beobachtung, das Experiment und das Panel.

Durch eine **Befragung** kann ein Unternehmen schriftlich (z. B. mit einem Fragebogen), mündlich, telefonisch oder per Internet Informationen über den Gegenstand der Erhebung erhalten. Ein typischer Erhebungsgegenstand kann z. B. die Kundenzufriedenheit sein.

Beispiel

Die Beska GmbH gibt an den Abteilungskassen folgende Fragekärtchen aus:

Sie haben gerade bei der Beska GmbH eingekauft.

Beska
BERLINER SUPERKAUF GMBH

Waren Sie mit der Beratung zufrieden?

sehr ☐ ging so ☐ gar nicht ☐

Wie empfanden Sie die Kassenabwicklung?

freundlich und zügig ☐ unfreundlich ☐ langwierig ☐

Befragung mit Hilfe von Fragebogen

Bei einer **Beobachtung** kann das tatsächliche Verhalten von Kunden in bestimmten Situationen ermittelt werden, ohne dass die Personen sofort befragt werden müssen. Die Beobachtung ist also nicht von der Bereitschaft der Kunden abhängig, zu einem besonderen Thema Auskunft zu geben. Allerdings müssen Beobachtungen in der Regel durch Befragungen ergänzt werden, um ein bestimmtes Verhalten zu erklären. Das Verhalten von Kunden nach einer Neugestaltung des Ladens oder bei einer besonderen Warenpräsentation bietet sich als Beobachtungsgegenstand an.

Während eines **Experiments** oder Tests versucht man, für einen bestimmten Zusammenhang Ursachen und Wirkung herauszufinden. Dabei wird jeweils ein Wesensmerkmal verändert, um die Auswirkungen herauszufinden.

Beispiel

- Ein Hersteller bietet Kunden ein Produkt in unterschiedlichen Verpackungen (z.B. andere Form, Farbe, Design) an, um herauszufinden, auf welche Verpackung der Kunde positiv reagiert.
- Ein Einzelhändler platziert Ware im Verkaufsraum unterschiedlich, um herauszufinden, welche Ladenbereiche von den Kunden mehr frequentiert werden.

Ein **Panel** ist eine Markterhebung, bei der eine konstante, gleich bleibende Zielgruppe über einen ausgedehnten Zeitraum regelmäßig zu gleichen Themen befragt wird. Die erhobenen Daten können z. B. Trends zum Kundenverhalten aufzeigen, wenn sich Rahmenbedingungen ändern, die mit dem einzelnen Geschäft nicht zusammenhängen, wie z. B. Gesetzesänderungen oder Großereignisse. Panels werden häufig von Marktforschungsinstituten durchgeführt, da sie in der Regel sehr aufwändig sind. Die Ergebnisse können dann von Interessierten gekauft werden.

Die Sekundärforschung wird auch Schreibtischforschung oder Deskresearch genannt.

2.2.2 Sekundärforschung

Von Sekundärforschung wird gesprochen, wenn auf betriebseigene oder auf externe Informationen zurückgegriffen werden kann. Die Marktforschungsdaten werden somit nicht primär, d. h. erstmalig für eine Marktforschung ermittelt. Es handelt sich bei diesen Daten hauptsächlich um Informationen aus

- behördlichen Statistiken,
- Publikationen von Verbänden und Medien,
- Erkenntnissen von Unternehmensberatern und Werbeagenturen,
- dem eigenen Unternehmen (z. B. Umsatz- und Absatzstatistiken, Eingänge von Beschwerden, Berichte der Verkäufer und Auskünfte des Rechnungswesens),
- Berichten der Handelsvertreter oder
- Internetrecherchen zu bestimmten Sachverhalten.

Sekundärforschung ist deutlich kostengünstiger als die Primärforschung und wird daher auch bevorzugt angewendet. Häufig liefern aber die vorliegenden Daten nicht ausreichende Informationen, sodass der Einzelhändler für spezielle Informationen auf die Primärforschung zurückgreifen muss.

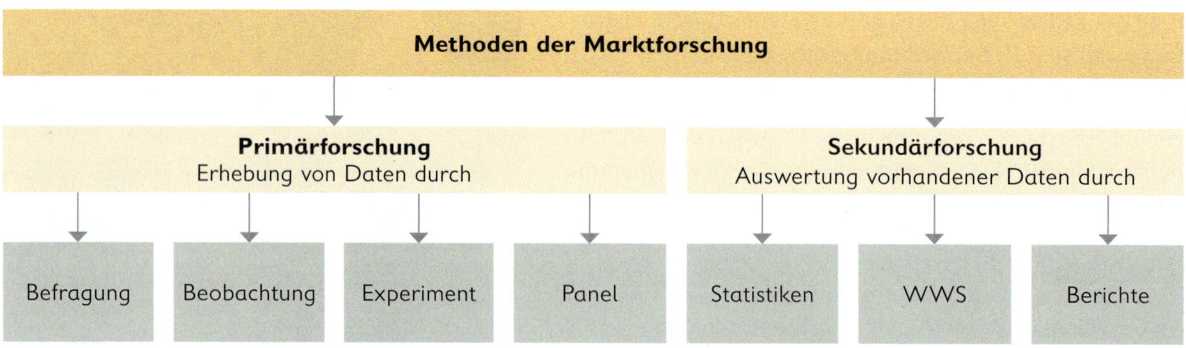

3 Standortwahl

Der wirtschaftliche Erfolg eines Einzelhändlers ist nicht nur von der unternehmerischen Leistungsfähigkeit abhängig. Auch die Standortwahl spielt für den Erfolg des Einzelhändlers eine nicht unerhebliche Rolle. Denn der Standort bestimmt, welcher Kundenkreis erreicht werden kann. Einen Händler zu Fuß zu erreichen ist beispielsweise für immer weniger Kunden von Bedeutung, viel wichtiger ist die Erreichbarkeit mit dem Auto in Verbindung mit entsprechend ausreichenden Parkplätzen oder eine gute Anbindung mit öffentlichen Verkehrsmitteln.

Darüber hinaus entscheidet der Standort z. B. über
- die Höhe der zu entrichtenden Steuern,
- das Angebot an qualifizierten Fachkräften,
- die Höhe der Lohn- und Lohnnebenkosten,
- die Höhe der Mieten und
- die Höhe der Kosten für die Abfallentsorgung.

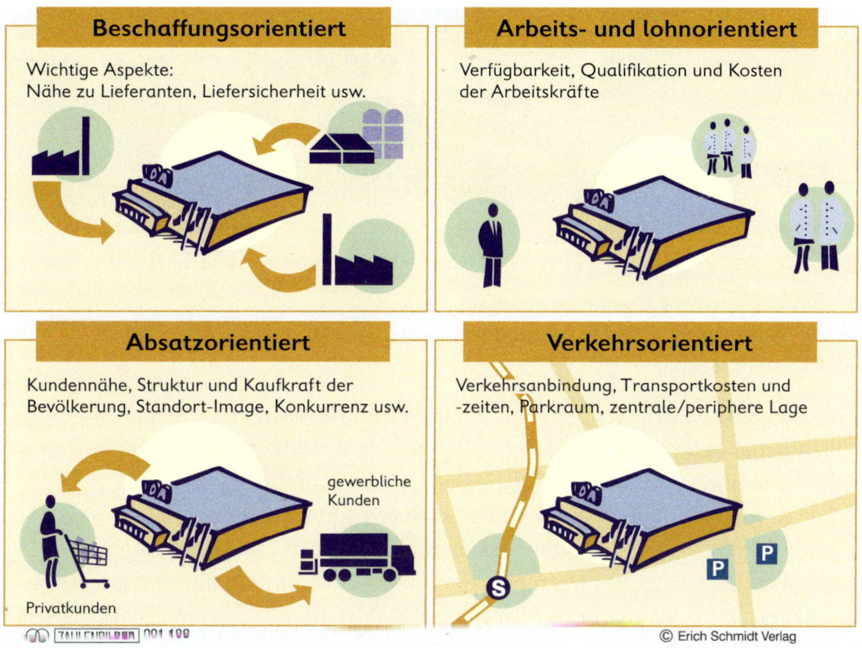

Der Standort des Handelsunternehmens

Das Einzelhandelsunternehmen muss aber im Rahmen seiner Standortentscheidung auch folgenden Aspekte berücksichtigen:
- die Anziehungskraft der direkten Nachbarschaft,
- die Branchenzusammensetzung des Umfeldes,
- die Nähe zu Anziehungspunkten, wie Postfilialen, Banken, öffentlichen Einrichtungen sowie Dienstleistungsbetrieben und Gastronomieunternehmen,
- die Außengestaltung der Geschäfte in der Umgebung.

Einen in jeder Beziehung optimalen Standort gibt es wohl im seltensten Fall, deshalb gilt es, zwischen den gegebenen Möglichkeiten abzuwägen und Prioritäten zu setzen.

Priorität
vorrangiges Ziel

Fußgängerzone in Gelsenkirchen

Einkaufspassage im Hauptbahnhof Leipzig

Designer-Outlet-Center B5 am Rande von Berlin

Einzelhandel im verkehrsgünstigen Wohnviertel

Bei der Ansiedlung eines Einzelhandelsunternehmens sollten folgende Überlegungen angestellt werden:

a) **Erreichbarkeit des Geschäfts für Kunden und Lieferanten**
- öffentlicher Personennahverkehr (ÖPNV): Gibt es Haltestellen für Busse, Straßenbahnen, U-Bahnen oder die Bahn in der Nähe?
- Pkw: Kann das Geschäft gut mit dem Auto erreicht werden?
- Parkplätze: Wie sieht die Parkplatzsituation in der Umgebung aus? Stehen genügend Parkplätze zur Verfügung, z. B. kostenlos auf dem unternehmenseigenen Parkplatz oder gibt es nur Parkplätze, auf denen mit Anwohnerparkausweis geparkt werden darf?
- Lieferanten: Kann ungehindert und zu jeder Zeit angeliefert werden?
- zukünftige Situation: Wird die Straßenführung geändert oder die Straße verkehrsberuhigt?

b) **Attraktivität der Nachbarschaft**
- Kundenkreis: Wie hoch ist die Kundenfrequenz in der direkten Umgebung? Welche typischen Kundengruppen gibt es (z. B. Berufstätige in der Mittagspause)?
- Gastronomie: Welche gastronomischen Unternehmen befinden sich in der Nähe?
- Werbung: Existiert eine Werbegemeinschaft der Einzelhändler und Gastronomieunternehmen?
- Branchen: Aus welchen Branchen setzen sich die benachbarten Unternehmen zusammen?
- Veranstaltungen: Finden interessante Veranstaltungen (Straßen-, Stadtteilfeste, Wochenmärkte, Festtagsmärkte usw.) in der Nähe statt?

c) **Konkurrenzunternehmen**
- Sortiment: Wie verhalten sich Sortimentsbreite, Sortimentstiefe, Qualität und Preisniveau der Konkurrenz im Vergleich zum eigenen Unternehmen?
- Verkaufsräume: Wie beurteilen Sie Warenpräsentation, Geräumigkeit und Zustand der Geschäftsräume der Mitbewerber?
- Service: Wie beurteilen Sie die Serviceangebote, Beratung, Bedienung, Freundlichkeit des Personals bei der Konkurrenz?

Beispiel

Die Beska GmbH hat sich ihren Standort im Herzen von Berlin deshalb ausgewählt, weil
a) sie für Kunden und Lieferanten gut erreichbar ist. Sowohl die Anbindung durch den öffentlichen Personennahverkehr als auch die Zahl der Parkplätze macht den Besuch der Beska GmbH für die Kunden angenehm.
b) hier in der Mitte Berlins viele Veranstaltungsorte sind und somit viele Veranstaltungen stattfinden. Zudem gibt es viele Sehenswürdigkeiten, die für eine ausreichende Zahl an Laufkundschaft sorgen. Viele Beschäftigte aus den umliegenden Büroetagen können hier in der Pause ihre Versorgungskäufe machen und so zu Stammkunden werden.
c) sie mit ihren Geschäftsräumen, ihrer Warenpräsentation und ihrem Sortiment den anderen Anbietern weit überlegen ist.

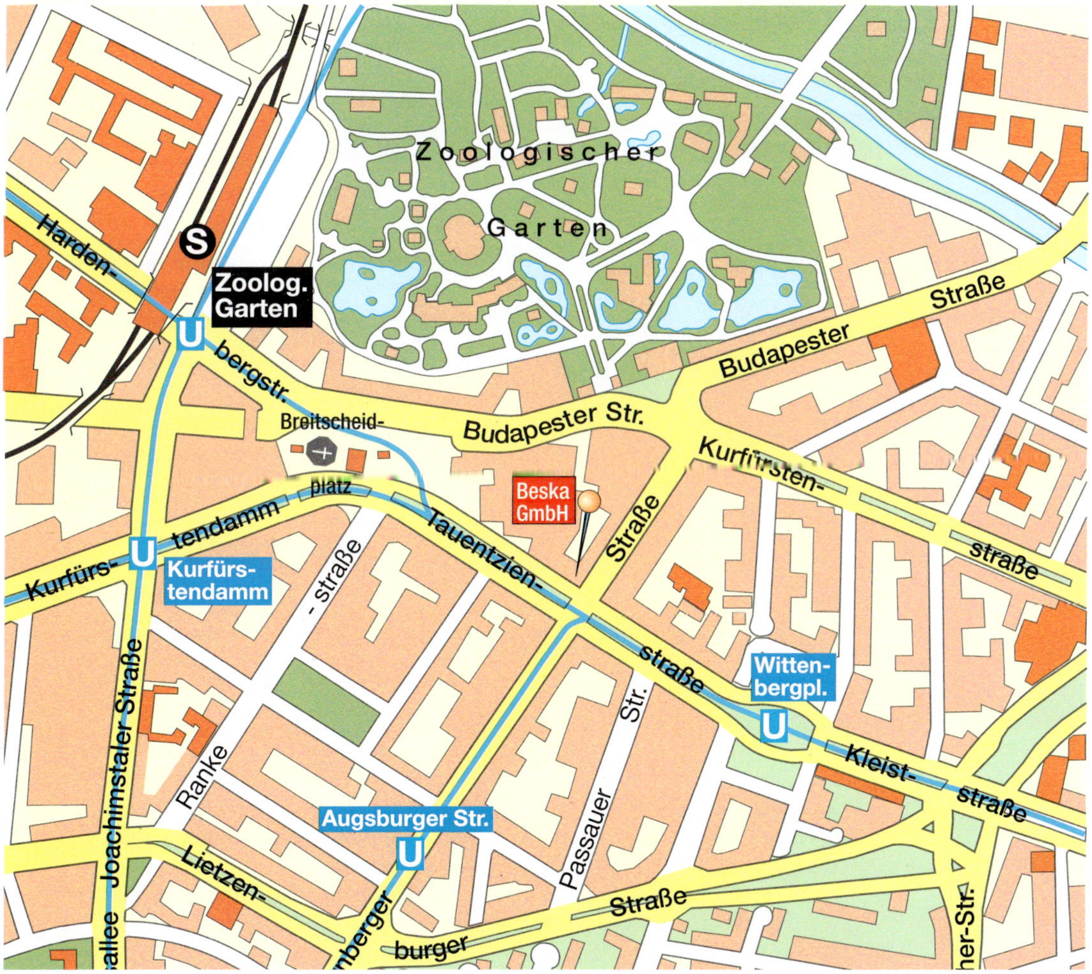

4 Marketinginstrumente

Aus den Ergebnissen der Marktforschung und der Standortentscheidung leitet der Einzelhändler seine Marketingentscheidungen ab. Dafür stehen ihm im Rahmen seines Marketings verschiedene Marketinginstrumente zur Verfügung. Diese Instrumente beziehen sich auf Maßnahmen im Bereich:

- der Sortimentsgestaltung → Sortimentspolitik
- der Preisfestlegung → Preispolitik
- der Serviceaktivitäten → Servicepolitik
- der Kommunikation mit allen im Geschäftsbereich des Einzelhändlers beteiligten Personen und Institutionen → Kommunikationspolitik

4.1 Sortimentspolitik

Der Einzelhändler nutzt die Sortimentspolitik, um eine bestmögliche und marktgerechte Gestaltung seines Warenangebots zu erreichen. Letztlich möchte er damit seine Unternehmensziele erreichen. Entscheidungen des Einzelhändlers, die die Gestaltung des Sortiments betreffen, bilden oft den Ausgangspunkt für die Planung anderer Marketinginstrumente.

Beispiel

4.1.1 Einflussfaktoren

Wie das Sortiment des Einzelhändlers bestmöglich zu gestalten ist, ist von verschiedenen Einflussfaktoren abhängig. Grundsätzliche Entscheidungen zum Sortimentsumfang und zum Sortimentsniveau werden von ihm schon durch die Wahl der **Betriebsform** getroffen.

Beispiel

- Die Beska GmbH bietet als SB-Warenhaus ein breites Sortiment mit einer Vielzahl von Warengruppen an. Während die Lebensmittelabteilung ein tiefes Sortiment aufweist, ist die Auswahl im Uhren- und Schmuckbereich flach.
- Das Uhren- und Schmucksortiment der Beska GmbH liegt im niedrigen bis mittleren Preisniveau. Eine exklusive Herrenarmbanduhr von Bolex im Wert von 30.000,00 Euro verträgt sich nicht mit dem Uhrensortiment des SB-Warenhauses.

Einfluss auf Sortimentsentscheidungen haben auch die **Lieferanten**. Der Einzelhändler kann nur die Artikel einkaufen, die er zu einem marktgerechten Preis wieder verkaufen kann. Listenpreise, Preisnachlässe und Bezugskosten geben den Ausschlag dafür, in welcher kalkulierten Höhe ein Gewinn am Markt durchsetzbar ist. Daneben können Lieferzeiten, Lieferzuverlässigkeit und Merchandisingmaßnahmen von Bedeutung sein.

Merchandising
Leistungen des Lieferanten für den Einzelhändler, wie z.B. Aufbau von Aktionsdisplays, Warenvorführungen usw.

Art, Umfang und Preise des Sortiments von **Mitbewerbern** beeinflussen ebenfalls die Sortimentsgestaltung des Einzelhändlers.

Beispiel

In der Nähe der Beska GmbH befindet sich ein Drogeriemarkt mit einem großen Angebot an Markenartikeln von Putz- und Reinigungsmitteln zu günstigen Preisen. Die Beska GmbH verstärkt in diesem Bereich den Verkauf von Eigenmarken.

Den größten Einfluss auf die Sortimentsentscheidung hat der **Kunde**. Der Einzelhändler wird nur die Produkte verkaufen, die den Kaufmotiven seiner Zielgruppen entsprechen.

Beispiel

Die Beska GmbH hat mit ihrem Standort in der Berliner Innenstadt viele Berufstätige als Kunden. Sie bietet in ihrem Lebensmittelsortiment Frischeartikel, wie z.B. Rohkostsalate, an. Diese Artikel sind zum Direktverzehr geeignet.

4.1.2 Sortimentskontrolle

Veränderungen am Markt erfordern eine **ständige Sortimentskontrolle**. Daten aus dem Warenwirtschaftssystem liefern dem Einzelhändler beispielsweise artikelgenaue Informationen über

- die Umsatz- und Absatzentwicklung innerhalb eines bestimmten Zeitraums,
- die Geschwindigkeit, mit der ein Artikel verkauft wird (Umschlagshäufigkeit),
- den Umsatz je m^2 in einzelnen Ladenzonen (Flächenproduktivität) und
- den Umsatz je Kunde (Durchschnittsbon).

Beispiel

Die Beska GmbH hat im Kassenbereich Süß- und Tabakwaren sowie Batterien, Kleinspielzeug, Zeitschriften und Saisonartikel platziert. Jeder zweite Kassenbon weist einen Artikel aus der Kassenzone auf.

effektiv = wirksam

Eine **effektive Sortimentskontrolle** geht über eine reine Bestandsaufnahme hinaus. Erst die Aufdeckung von Unterschieden, z. B. im Zeit-, Filial- und Branchenvergleich, und die Analyse der Ursachen bilden die Grundlage für geeignete Sortimentsentscheidungen.

Beispiel

- Im Vergleich zu anderen Ladenzonen hat die Kassenzone den größten Umsatz je m^2 und somit die höchste Flächenproduktivität.
- Der Verkauf von MP3-Playern ist im Vergleich zum Vorjahresmonat zurückgegangen. Mögliche Ursachen sind die Sättigung des Marktes oder neue Produktentwicklungen.

Renner-Penner-Listen zeigen die Artikel in der Reihenfolge ihrer Umschlaghäufigkeit auf.

Mit Hilfe von **Renner-Penner-Listen** aus dem Warenwirtschaftssystem können Statistiken über Rangordnungen verschiedener Artikel nach Umsatz, Absatz, Warenrohgewinn o. Ä. erstellt werden.

Beispiel

Beska
BERLINER SUPERKAUF GMBH

Renner-Penner-Liste nach **Umsatz**: 24. Woche
Artikelgruppe 14: Düfte

Art.Nr.	Bezeichnung	Wochenumsatz (€)
40160007589724	Salvador Thali, pleasure	948,00
40160023567883	Marousse pour femmes	885,00
40385761967665	Elisa Garden, Sunflower	790,00
40160007482416	Estelle, Love Hearts	690,00
46281937456251	Nessy Bartlay, Mystic Water	632,00

Beska
BERLINER SUPERKAUF GMBH

Renner-Penner-Liste nach **Absatz**: 24. Woche
Artikelgruppe 14: Düfte

Art.Nr.	Bezeichnung	Absatz Stück
40160023567883	Marousse pour femmes	15
40160007589724	Salvador Thali, pleasure	12
40160007482416	Estelle, Love Hearts	10
40385761967665	Elisa Garden, Sunflower	10
46281937456251	Nessy Bartlay, Mystic Water	8

Beska
BERLINER SUPERKAUF GMBH

Renner-Penner-Liste nach **Warenrohgewinn**: 24. Woche
Artikelgruppe 14: Düfte

Art.Nr.	Bezeichnung	Warenrohgewinn (€)
40385761967665	Elisa Garden, Sunflower	526,00
40160007589724	Salvador Thali, pleasure	474,00
40160007482416	Estelle, Love Hearts	460,00
40160023567883	Marousse pour femmes	442,00
46281937456251	Nessy Bartlay, Mystic Water	210,00

Die Erfassung von **Nichtverkaufs- oder Fehlverkaufskontrollen** kann durch Führung von Beschwerdelisten, Kundenbefragungen oder andere Maßnahmen innerbetrieblicher Markterhebungen systematisch erfasst werden.

Nichtverkauf = Gewünschter Artikel wird nicht im Sortiment geführt.

Fehlverkauf = Gewünschter Artikel ist zuzeit nicht vorrätig.

Beispiel

- Einer innerbetrieblichen Umfrage zufolge kaufen 18 % der Beska-GmbH-Kunden regelmäßig und 50 % gelegentlich Artikel aus der Kassenzone. Dabei spielt für 80 % der Kunden der Preis keine bzw. eine untergeordnete Rolle.
- An den Regaltischen für bespielte Bild- und Tonträger finden die Beska-GmbH-Kunden Hinweisschilder, auf denen sie aufgefordert werden, Fehlartikel auf dafür ausliegenden Zetteln zu notieren und diese an der Information abzugeben.

Arten der Sortimentskontrolle

- ständige Sortimentskontrolle
- effektive Sortimentskontrolle
- Renner-Penner-Listen
- Nichtverkaufs- oder Fehlverkaufskontrollen

4.1.3 Sortimentsanpassungen

Im Rahmen seiner Sortimentspolitik hat der Einzelhändler mit den unterschiedlichen Möglichkeiten der Sortimentskontrolle unter Umständen feststellen können, dass sein Sortiment nicht mehr optimal ist. Er muss deshalb sein Sortiment anpassen.

Gründe für eine Sortimentsanpassung

Zur Vermeidung von Über- und Untersortimenten wird das Sortiment schnell an aktuelle Nachfrageentwicklungen angepasst. Die Veränderungen der Nachfrage am Markt können verschiedene Ursachen haben. Nachfolgend werden einige Ursachen kurz erläutert.

Über- und Untersortiment zu großes / zu kleines Sortiment

Wandel von Kundenansprüchen

Die Kunden von heute kaufen anders als noch vor fünf Jahren. Der Anteil an anspruchsvollen Kunden mit Sorge um ihre Gesundheit und die Umwelt ist gewachsen und – im Zusammenhang damit – auch das Bedürfnis nach hochwertigen Biowaren. Auch das Interesse der Kunden an Verbraucherfreundlichkeit und Wohlbefinden ist gestiegen. Das hat in verschiedenen Branchen des Einzelhandels wie Lebensmittel, Bekleidung, Körperpflege und Kosmetik, Schmuck, Spielzeug, Farben, Lacken u. a. zu einem Boom von gesundheits- und wellnessorientierten Produkten geführt.

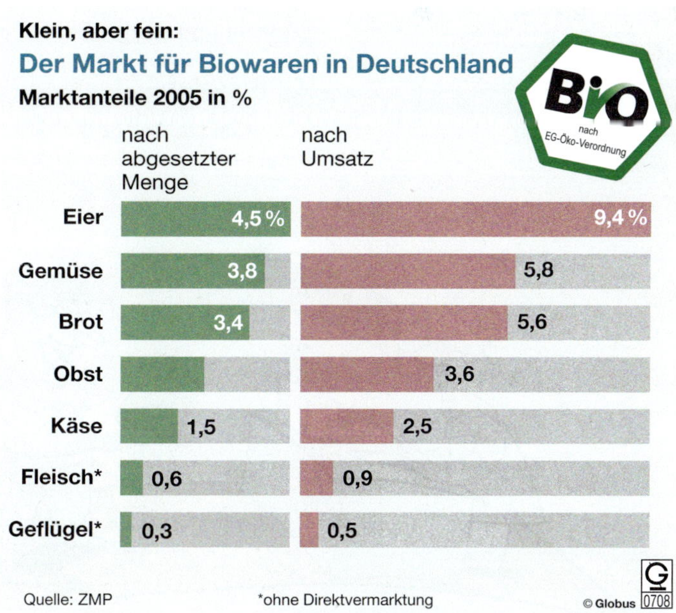

Beispiel

Die Beska GmbH hat eine Befragung ihrer Kunden in Auftrag gegeben. Danach sind 70 % ihrer Kunden bereit, viel Geld für wellnessorientierte Produkte auszugeben.

Veränderte Konkurrenzsituation
Einzelhändler verändern ihr Sortiment in der Regel auch, wenn sich Mitbewerber mit gleichem oder ähnlichem Sortiment am Markt positionieren.

Beispiel

In unmittelbarer Nähe der Beska GmbH lassen sich zwei bekannte Lebensmitteldiscounter nieder. Um sich nicht auf einen Preiskampf einzulassen, will sich die Beska GmbH im Lebensmittelsortiment von den Discountern deutlich abheben.

Veränderte Wirtschaftslage
Als Folge von Arbeitslosigkeit, höheren Belastungen aus Versicherungsbeiträgen, Gebühren und anderen Abgaben ist der Anteil an Personen in Haushalten mit geringem finanziellem Spielraum gestiegen. In Zeiten gesunkener Kaufkraft greifen viele Kunden nach preiswerten Artikeln.

Beispiel

Die Beska GmbH verzeichnete im vergangenen Jahr Umsatzrückgänge bei fast allen Artikeln von Traditionsmarken. Der Umsatz von Handels- und Eigenmarken nahm jedoch zu.

Produktinnovationen
Technische Entwicklungen, verstärktes Ernährungsbewusstsein und verändertes Freizeitverhalten der Verbraucher führen zu neuen Produktentwicklungen oder zu Veränderungen bei den Verpackungen von Produkten. Durch entsprechende Marketingaktivitäten der Hersteller werden solche Produktneuheiten schnell bekannt gemacht und einige Kunden möchten das neue Produkt testen.

Produktlebenszyklus → S. 70

Beispiel

Die Kunden der Beska GmbH fragen vermehrt nach Sport- und Funktionsbekleidung aus speziell entwickelten textilen Fasern.

Saisonale Einflüsse
Saison- oder witterungsbedingt sind kurzfristig Sortimentsanpassungen notwendig.

Beispiel

Mehr als die Hälfte des Beska-GmbH-Umsatzes in der Warengruppe Bürobedarf wird in der Schulanfangsphase von Juli bis September gemacht.

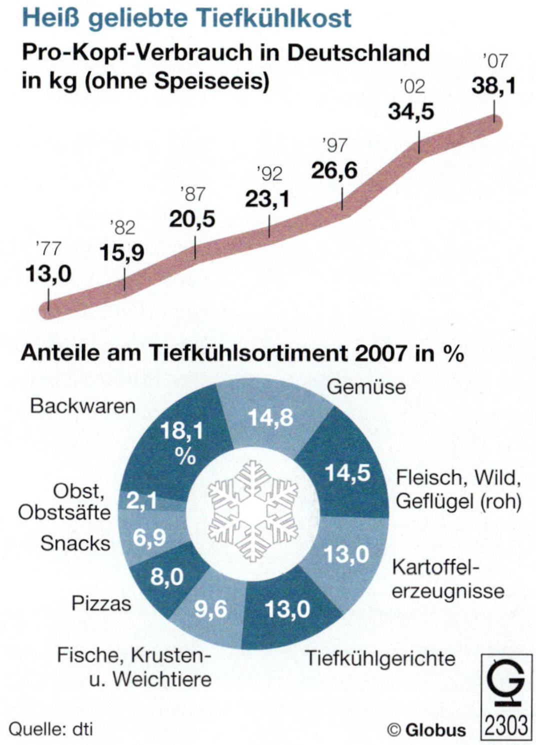

Wandel in der Bevölkerungsstruktur
Da die Anteile von Senioren- und Singlehaushalten in der gesamten Bevölkerung bedeutend zugenommen haben, muss der Einzelhändler das Sortiment den speziellen Bedürfnissen der Ein-Personen-Haushalte und der älteren Menschen anpassen.

Beispiel

Die Beska GmbH verzeichnet in den letzten zehn Jahren einen stetigen Nachfrageanstieg der nach kleinen Packungsgrößen und Convenienceprodukten im Lebensmittelsortiment.

Maßnahmen der Sortimentsanpassung (Modifikation)
Eine erfolgreiche Sortimentspolitik hängt davon ab, wie schnell und mit welchen Maßnahmen der Einzelhändler auf veränderte Bedingungen am Markt reagieren kann.

Von **Sortimentsmodifikation** wird gesprochen, wenn der Umfang des Sortiments verändert wird. Bei der **Sortimentsbereinigung** wird der Sortimentsumfang in seiner Breite und/oder Tiefe eingeschränkt, also das Sortiment in seinem Umfang verkleinert. Eine **Sortimentserweiterung** liegt vor, wenn zusätzliche Sortiment- oder Warengruppen in das Sortiment aufgenommen werden (Sortimentsdiversifikation) oder wenn bestehende Warengruppen durch weitere Artikel oder Artikelgruppen ergänzt werden (Sortimentsdifferenzierung).

Beispiel

- Sortimentsbereinigung: Wegen der geringen Nachfrage werden in der Warengruppe Glas/Haushalt/Porzellan Schnellkochtöpfe ausgelistet.
- Sortimentsdiversifikation: Der Anteil der Kunden, die 60 Jahre und älter sind, nimmt zu und damit auch die Nachfrage nach gesundheitsorientierten Artikeln. Deshalb nimmt die Beska GmbH freiverkäufliche Arzneimittel als neue Warengruppe in das Sortiment auf.
- Sortimentsdifferenzierung: Die Beska GmbH ergänzt ihr bisher geführtes Sortiment an Haarpflegeprodukten um die Produktserie „Reaktiv Haarpflege" gegen ergrautes Haar der Firma „Kuhl".

Bei der **Sortimentssubstitution** werden Artikelgruppen / einzelne Artikel durch andere Artikelgruppen / einzelne Artikel ersetzt bzw. ausgetauscht. Der Sortimentsumfang bleibt im Wesentlichen erhalten. Diese **Niveauanpassung** des Sortiments geschieht entweder durch

- qualitative Anhebung des Sortiments (diese Maßnahme bezeichnet man als Trading-up) oder
- durch qualitative Senkung des Sortiments (Trading-down).

Eine **Sortimentsverjüngung** ist notwendig, wenn Artikel technisch oder modisch veraltet sind. Sie hängt von dem **Produktlebenszyklus** und dem Akzeptanzverhalten der Kunden ab. Kein Produkt hält sich für unbegrenzte Zeit am Markt. Nach der Markteinführung wird das neu entwickelte Produkt eine gewisse Zeit lang gekauft. Nach Monaten oder Jahren veraltet das Produkt und wird weniger nachgefragt. Letztlich müssen die Unternehmen den Artikel dann auf Grund mangelnder Nachfrage vom Markt nehmen. Das Produkt durchläuft damit einen Lebenszyklus. Der Produktlebenszyklus stellt die **Umsatz- und Erfolgsentwicklung** eines Produktes von seiner Entwicklung über die Einführung bis zur Marktentfernung grafisch und in grundsätzlicher Form dar.

Break-even-Point
→ S. 41

Beispiel

- Trading-up: Die Beska GmbH ersetzt in der Abteilung Herrenoberbekleidung eine Marke im mittleren Preisniveau durch Artikel der Exklusivmarke POSS.
- Trading-down: Die Beska GmbH bietet statt der bisher geführten Marke Eulilly eine Eigenmarke bei Kinderjeans an.
- Sortimentsverjüngung: In der Warengruppe Bürobedarf werden keine Farbbänder für Schreibmaschinen mehr geführt, stattdessen werden Druck- und Tonerpatronen angeboten.

Produktlebenszyklus

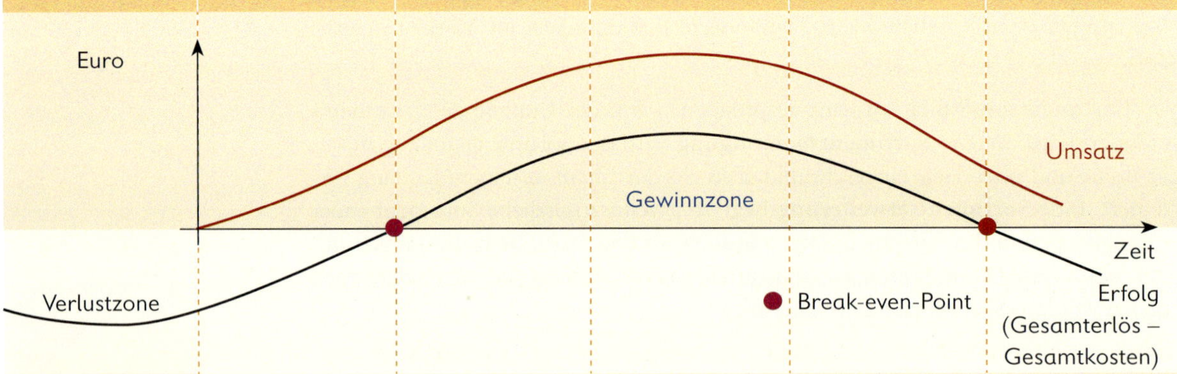

Entwicklung	Einführung	Wachstum	Reife	Sättigung	Abstiegsphase
Aufwendungen	sehr hoch	sinkend	sinkend	gering	gering
Umsatz	gering	steigend	Maximum	sinkend	stark sinkend
Gewinn/Verlust	Anfangsverluste	Gewinne steigend	Gewinnmaximum	Gewinn sinkend	Rückgang
Werbung	hoher Aufwand	normaler Aufwand	normaler Aufwand	hoher Aufwand	abnehmender Aufwand

Während der **Einführungsphase** finden sich relativ wenig neugierige, risikofreudige Käufer, die bereit sind, das Produkt zu testen. Eine geringere Risikobereitschaft weist die größere Anzahl von Käufern auf, die das Produkt in der **Wachstumsphase** kauft. In der **Reifephase** hat das Produkt einen hohen Bekanntheitsgrad, es ist in der Regel zu niedrigeren Preisen als in den ersten beiden Phasen erhältlich. Deshalb trifft man in dieser Phase auf die größte Nachfrage. Es folgt die **Sättigungsphase**, in der schon viele Haushalte mit dem Produkt versorgt sind und die Nachfrage infolgedessen wieder abnimmt. In der **Abstiegsphase** sinken die Umsätze rapide, weil neue, technisch verbesserte oder modisch aktuellere Produkte auf dem Markt sind.

Der **Umsatz** entwickelt sich im Laufe des Produktlebenszyklus parallel zu der Zahl der Käufer. Eine Steigerung der Zahl der Käufer führt in der Regel auch zu steigenden Umsätzen. Zu Beginn des Produktlebenszyklus wird der Einzelhändler in den meisten Fällen keinen oder nur einen sehr geringen Gewinn erwirtschaften, da die Ausgaben für die Produkteinführung sehr hoch sind, z. B. für Werbung. Mit steigender Zahl der Käufer steigt auch der **Gewinn**. Seinen Höhepunkt erreicht er in der Regel zum Ende der Wachstumsphase hin bzw. zu Beginn der Reifephase. In der Reifephase steigt der Umsatz noch, doch der Gewinn sinkt, da diese Umsatzsteigerung häufig durch eine Preisreduzierung erfolgt, die den Gewinn verringert.

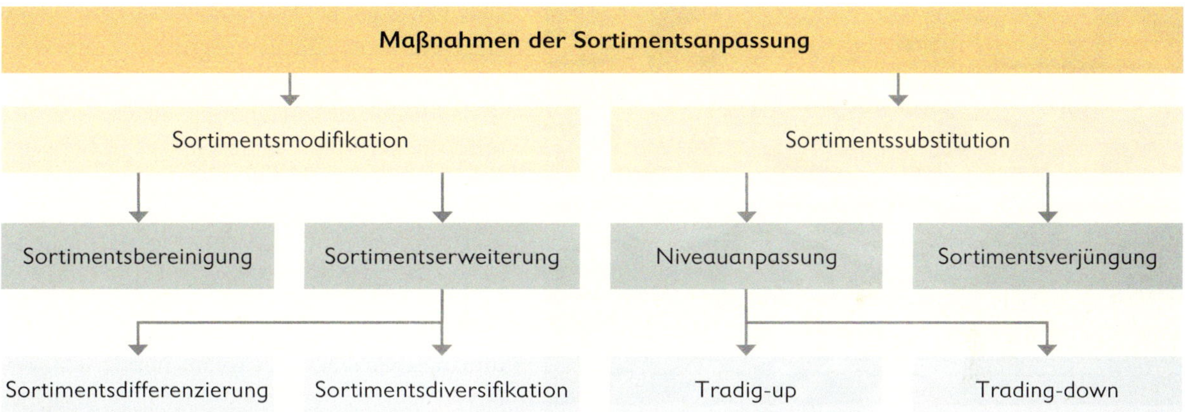

Die Notwendigkeit zur Sortimentsverjüngung ergibt sich aus der Zwangsläufigkeit des Produktlebenszyklus. Da bei jedem Produkt der Punkt erreicht wird, an dem die Nachfrage der Kunden rapide nachlässt, weil der Markt gesättigt ist, entwickeln die Hersteller für die Endverbraucher nach Möglichkeit rechtzeitig neue Artikel, die den Fortschritt in der Technik oder auch den Fortschritt in den Produktionsmethoden widerspiegeln. Werden diese Artikel in das Sortiment des Einzelhändlers aufgenommen und die Vorgängerartikel ausgelistet, so handelt es sich um eine Sortimentsverjüngung.

4.2 Preispolitik

Der Einzelhändler muss bei der Gestaltung seiner Preise verschiedene Einflussgrößen berücksichtigen, z. B. seine Kosten, die Preisvorstellungen seiner Kunden und die Preise seiner Mitbewerber. Die Beachtung dieser Einflussgrößen führt dann u. a. zu verschiedenen Preisstrategien, wie z. B. Niedrigpreispolitik und Mischkalkulation, die er im Rahmen seines Marketings verfolgen kann.

4.3 Servicepolitik

Durch die Servicepolitik entscheidet der Einzelhändler über die Art und den Umfang seiner Serviceleistungen. Vereinzelte Servicemaßnahmen des Einzelhändlers, z. B. Kartenzahlung, Lieferservice, Kinderspielecken u. Ä., reichen als Kundendienstleistungen nicht aus, um sich von den Mitbewerbern abzusetzen. Solche Serviceleistungen werden von den Kunden oft als selbstverständlich erachtet und tragen nur wenig zur Kundenbindung bei.

Beispiel

Die meisten Einzelhändler wickeln Kundenwünsche nach Umtausch einwandfreier Ware kulant ab. Viele Verbraucher sind deshalb der Meinung, dass sie ein Umtauschrecht hätten und empfinden demzufolge den Kulanzumtausch nicht als besondere Serviceleistung des Einzelhandels.

4.3.1 Einflussfaktoren

Der Einzelhändler verkauft nicht nur Produkte, sondern immer auch Dienstleistungen. Das Verkaufsgespräch ist so eine Dienstleistung, die inzwischen sogar bei Discounter wieder vermehrt eingesetzt wird, um sich gegen die Wettbewerber durchzusetzen. In Fachgeschäften dagegen ist das qualifizierte Beratungsgespräch eine Leistung, die der Kunde mit einem möglicherweise höheren Preis gerne honoriert. Schützt ihn die qualifizierte Beratung doch vor einem Fehlkauf und sorgt sie doch dafür, dass er das Produkt problemlos in Betrieb nehmen kann.

Für das Einzelhandelsunternehmen birgt ein umfangreiches Serviceangebot immer ein großes Dilemma. Serviceleistungen verursachen Kosten, die der Einzelhändler über seine Erlöse erwirtschaften muss. Serviceleistungen bringen aber Nutzen, denn neben dem Produktpreis ist die Serviceleistung der wohl wichtigste Maßstab für die Wahl einer Einkaufsstätte. Dieses Dilemma muss der Einzelhändler lösen, damit der seinen Unternehmenserfolg dauerhaft optimieren kann.

4.3.2 Servicekonzepte

Statt einzelner Serviceaktivitäten können umfangreiche Servicekonzepte eingesetzt werden, die für die Kunden den Einkauf erleichtern sollen, weil sie die Besonderheiten verschiedener Zielgruppen berücksichtigen.

Beschwerdemanagement

Das ganzheitliche, organisatorische Management von Kundenbeschwerden soll gewährleisten, dass

- stets Personal erreichbar ist, um die Beschwerden entgegenzunehmen,
- die Beschwerden unbürokratisch abgewickelt werden und
- die Beschwerden zeitnah erledigt werden.

Ein effizientes Beschwerdemanagement ist nur möglich, wenn das Personal entsprechend geschult ist. Meistens werden einzelne engagierte Mitarbeiter als Trainer für das Unternehmen ausgebildet. Die systematische Erfassung und Analyse von Kundenbeschwerden bildet die Grundlage für die Planung und Durchführung vorbeugender Maßnahmen.

Seniorenmarketing

Mit einem einheitlichen Servicekonzept für Senioren kann der Einzelhändler den besonderen Bedürfnissen der stetig wachsenden Gruppe der über 60-Jährigen entgegenkommen. Hier zeigt sich besonders, dass mit geschultem Personal Wettbewerbsvorteile erreicht werden können. Nur fachkompetente Mitarbeiter sind in der Lage, die anspruchsvolle Kundengruppe individuell zu beraten. Kundendienstleistungen, wie der Verleih von Lesebrillen, größere Preisschilder und Vergrößerungsgläser an den Regalen, ermöglichen älteren Kunden, sich ohne fremde Hilfe zurechtzufinden. Sitzecken mit Wasserspendern, wo geeignetes Lesematerial zur Verfügung steht, sorgen dafür, dass sich die Kunden wohl fühlen.

Ethnologie = Völkerkunde

Ethnomarketing

Das Ethnomarketing beschäftigt sich mit dem Kaufverhalten von Menschen fremder Kulturkreise. Mit Maßnahmen des Ethnomarketings bemüht sich der Einzelhändler, in Deutschland lebende Ausländer als Kunden zu gewinnen. Das Sortiment, das mit Spezialartikeln weit über das sonst übliche Standardsortiment hinausgeht, wird im Geschäft im Block platziert. Durch Regalhinweise und Produktdeklarationen in russischer, türkischer und asiatischer Sprache und Schrift und durch die Verwendung leicht verständlicher Symbole soll eine einfache Orientierung im Geschäft gewährleistet werden.

Kiosksysteme

Kioskterminals sind elektronische Systeme zur Kundeninformation. Die Terminals, die leicht zu bedienen und dadurch benutzerfreundlich sind, bieten umfassende Informationen und Beratung zu:

- Warengruppen
- einzelnen Marken
- Aktionsangeboten u. Ä.

Wenn ein Terminal mit einem Kundenmodul ausgestattet ist, kann der Kunde seinen persönlichen Punktestand auf seiner Bonuskarte abfragen.

Beispiel

Der Kunde kann bei dem „Weinführer" nicht nur alles Wissenswerte über Wein erfahren, sondern auf Wunsch erhält er auch Lagerhinweise.

Turboshopping

Nach einer Umfrage geben immer mehr Kunden an, weniger als drei Stunden Freizeit am Tag zu haben. Viele Kunden sind deshalb nicht bereit, viel Zeit für ihre Einkaufsverpflichtung aufzuwenden. Mit unterschiedlichen Serviceangeboten kann der Einzelhändler dem Kunden entgegenkommen.

Mobile Einsatzgeräte, die am Einkaufswagen befestigt werden, bieten durch akustische und optische Wegbeschreibung Hilfe bei der gezielten Suche nach einem bestimmten Artikel. Diese elektronische Einkaufshilfe macht außerdem auf Sonderaktionen aufmerksam, hält Einkaufslisten bereit und gibt Preisinformationen.

Selbstbedienungskassen (SB-Kassen), an denen Kunden den Einkauf selbst einscannen und mit Karte bezahlen, dienen einem schnelleren Kassiervorgang.

Bei einem anderen, neuen Bezahlsystem bestätigt der Kunde die Zahlung durch Auflegen seines Fingers auf einen **Fingerabdruckscanner**. Mit diesem Vorgang erhält der Einzelhändler von dem Kunden eine Einzugsermächtigung. Eine zeitaufwändige Zahlungsabwicklung mit Bargeld oder Kartenzahlung entfällt. Bedenklich scheint aber hier im Sinne des Datenschutzes, dass sehr persönliche Merkmale des Kunden gespeichert werden müssen.

Das Angebot von **Pre-Packings**, bei dem Wurst, Fleisch, Käse, Salate u. Ä. frisch zugeschnitten und verpackt wird, ist für alle Kunden interessant, die lange Wartezeiten im Bedienungsbereich vermeiden wollen.

Eine schnelle und bequeme Möglichkeit einzukaufen ist das **Drive-in-System**, das einige Baumärkte anbieten. Weil der Kunde nicht lange im Geschäft nach der gewünschten Ware suchen und auch keine Warteschlangen an der Kasse in Kauf nehmen muss, hat er gegenüber dem konventionellen Einkauf eine Zeitersparnis.

Drive-in-Baumarkt in Düsseldorf

4.4 Kommunikationspolitik

Voraussetzung jeder Kaufentscheidung eines Kunden ist die Notwendigkeit, mit dem Einzelhändler Informationen auszutauschen. Mit Hilfe der Kommunikationspolitik versucht der Einzelhändler deshalb, eine Verbindung zwischen den Kunden und sich selbst herzustellen. Ziel der Kommunikationspolitik ist es, das (Kauf-)Verhalten potenzieller Kunden zu beeinflussen. Dazu kann sich das Unternehmen verschiedener Instrumente bedienen.

Kommunikationspolitik

- Absatzwerbung
- Verkaufsförderung (Salespromotion)
- Öffentlichkeitsarbeit (Public Relations)
- Sonderformen

Absatzwerbung

Werbung ist ein Kommunikationsprozess mit dem Kunden. Nach einem bestimmten Werbeplan gibt der Einzelhändler seinen Kunden unter Beachtung der Werbegrundsätze Informationen über Produkte und Dienstleistungen seiner Unternehmung.

Verkaufsförderung (Salespromotion)

Die Maßnahmen der Verkaufsförderung haben im Gegensatz zur Werbung einen kurzfristigen Charakter und sind am Point of Sale (POS) zeitlich begrenzt. Salespromotions können die Werbung ergänzen oder manchmal sogar ersetzen, sind aber immer – wie auch die Werbung – auf das Produkt gerichtet.

4.4.1 Öffentlichkeitsarbeit (Public Relations)

Unter Öffentlichkeitsarbeit (Public Relations) versteht man Kommunikationsmaßnahmen, die Informationen zur Imagepflege des Unternehmens transportieren und nicht direkt auf eine Absatzerhöhung ausgerichtet sind. Diese Art der Kommunikation ist nicht auf bestimmte Warengruppen oder Artikel bezogen. Im Mittelpunkt steht **das Unternehmen als Ganzes**. Die Öffentlichkeitsarbeit hat damit eine eher indirekte Wirkung auf den Unternehmenserfolg.

Maßnahmen der Öffentlichkeitsarbeit können z. B. sein:
- Betriebsbesichtigungen
- Unterstützung gemeinnütziger Einrichtungen (Kindergarten, Seniorenwohnheim, Krankenhaus)
- Umweltschutzmaßnahmen
- Veröffentlichungen, Kundenzeitschriften, Pressemitteilungen
- Tag der offenen Tür
- Informationsmaterial für Schulen

Unabhängig von der konkreten Maßnahme soll die Öffentlichkeitsarbeit bei allen Marktpartnern ein positives Bild vom Unternehmen bewirken. Zu den Marktpartnern gehören z. B. Lieferanten, Banken, Versicherungen, Behörden und auch die Wettbewerber.

Beispiel

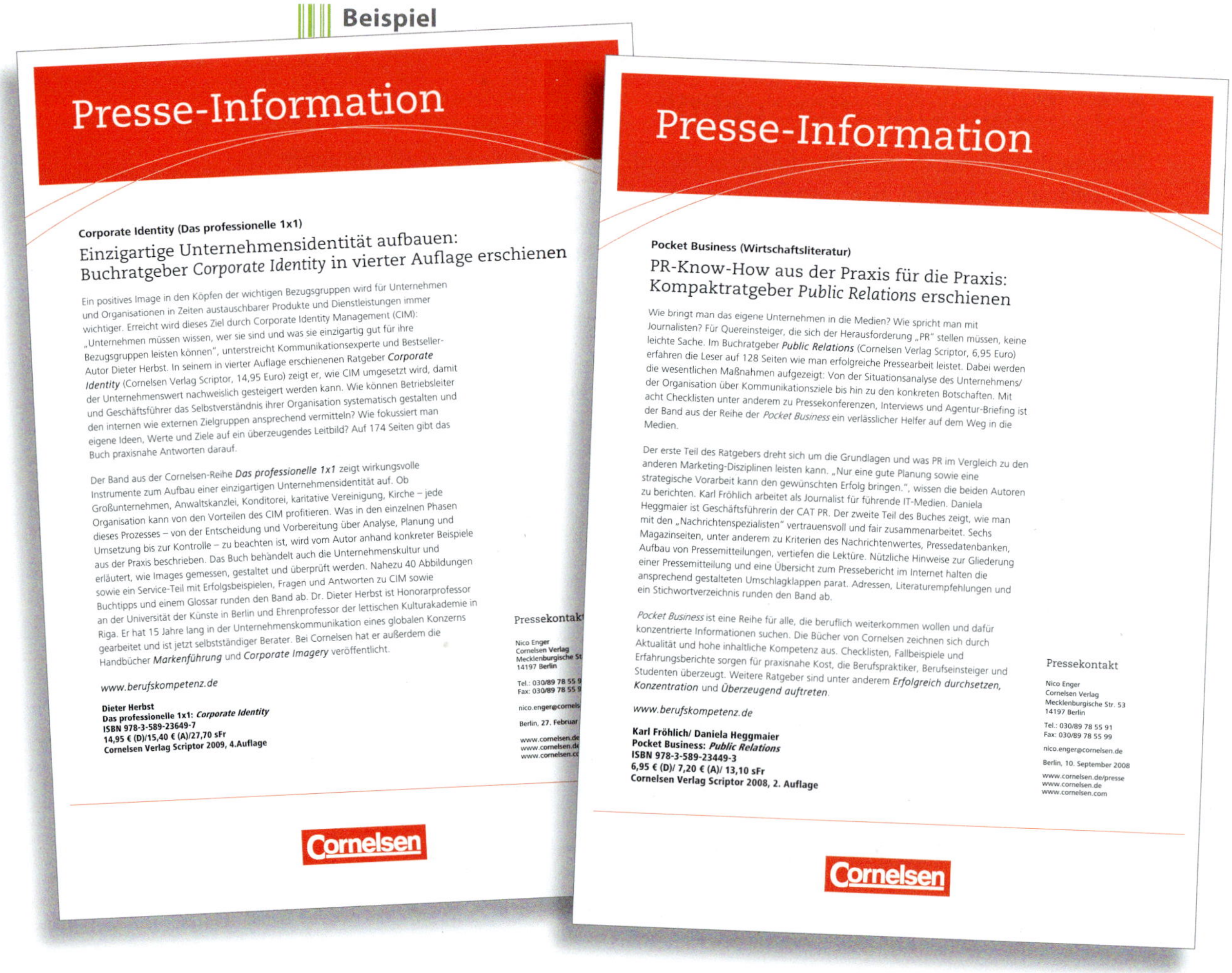

Presse-Information

Corporate Identity (Das professionelle 1x1)

Einzigartige Unternehmensidentität aufbauen: Buchratgeber *Corporate Identity* in vierter Auflage erschienen

Ein positives Image in den Köpfen der wichtigen Bezugsgruppen wird für Unternehmen und Organisationen in Zeiten austauschbarer Produkte und Dienstleistungen immer wichtiger. Erreicht wird dieses Ziel durch Corporate Identity Management (CIM): „Unternehmen müssen wissen, wer sie sind und was sie einzigartig gut für ihre Bezugsgruppen leisten können“, unterstreicht Kommunikationsexperte und Bestseller-Autor Dieter Herbst. In seinem in vierter Auflage erschienenen Ratgeber ***Corporate Identity*** (Cornelsen Verlag Scriptor, 14,95 Euro) zeigt er, wie CIM umgesetzt wird, damit der Unternehmenswert nachweislich gesteigert werden kann. Wie können Betriebsleiter und Geschäftsführer das Selbstverständnis ihrer Organisation systematisch gestalten und den internen wie externen Zielgruppen ansprechend vermitteln? Wie fokussiert man eigene Ideen, Werte und Ziele auf ein überzeugendes Leitbild? Auf 174 Seiten gibt das Buch praxisnahe Antworten darauf.

Der Band aus der Cornelsen-Reihe ***Das professionelle 1x1*** zeigt wirkungsvolle Instrumente zum Aufbau einer einzigartigen Unternehmensidentität auf. Ob Großunternehmen, Anwaltskanzlei, Konditorei, karitative Vereinigung, Kirche – jede Organisation kann von den Vorteilen des CIM profitieren. Was in den einzelnen Phasen dieses Prozesses – von der Entscheidung und Vorbereitung über Analyse, Planung und Umsetzung bis zur Kontrolle – zu beachten ist, wird vom Autor anhand konkreter Beispiele aus der Praxis beschrieben. Das Buch behandelt auch die Unternehmenskultur und erläutert, wie Images gemessen, gestaltet und überprüft werden. Nahezu 40 Abbildungen sowie ein Service-Teil mit Erfolgsbeispielen, Fragen und Antworten zu CIM sowie Buchtipps und einem Glossar runden den Band ab. Dr. Dieter Herbst ist Honorarprofessor an der Universität der Künste in Berlin und Ehrenprofessor der lettischen Kulturakademie in Riga. Er hat 15 Jahre lang in der Unternehmenskommunikation eines globalen Konzerns gearbeitet und ist jetzt selbstständiger Berater. Bei Cornelsen hat er außerdem die Handbücher ***Markenführung*** und ***Corporate Imagery*** veröffentlicht.

www.berufskompetenz.de

Dieter Herbst
Das professionelle 1x1: *Corporate Identity*
ISBN 978-3-589-23649-7
14,95 € (D)/15,40 € (A)/27,70 sFr
Cornelsen Verlag Scriptor 2009, 4.Auflage

Pressekontakt

Nico Enger
Cornelsen Verlag
14197 Berlin

Presse-Information

Pocket Business (Wirtschaftsliteratur)

PR-Know-How aus der Praxis für die Praxis: Kompaktratgeber *Public Relations* erschienen

Wie bringt man das eigene Unternehmen in die Medien? Wie spricht man mit Journalisten? Für Quereinsteiger, die sich der Herausforderung „PR“ stellen müssen, keine leichte Sache. Im Buchratgeber ***Public Relations*** (Cornelsen Verlag Scriptor, 6,95 Euro) erfahren die Leser auf 128 Seiten wie man erfolgreiche Pressearbeit leistet. Dabei werden die wesentlichen Maßnahmen aufgezeigt: Von der Situationsanalyse des Unternehmens/ der Organisation über Kommunikationsziele bis hin zu den konkreten Botschaften. Mit acht Checklisten unter anderem zu Pressekonferenzen, Interviews und Agentur-Briefing ist der Band aus der Reihe der *Pocket Business* ein verlässlicher Helfer auf dem Weg in die Medien.

Der erste Teil des Ratgebers dreht sich um die Grundlagen und was PR im Vergleich zu den anderen Marketing-Disziplinen leisten kann. „Nur eine gute Planung sowie eine strategische Vorarbeit kann den gewünschten Erfolg bringen.“, wissen die beiden Autoren zu berichten. Karl Fröhlich arbeitet als Journalist für führende IT-Medien. Daniela Heggmaier ist Geschäftsführerin der CAT PR. Der zweite Teil des Buches zeigt, wie man mit den „Nachrichtenspezialisten“ vertrauensvoll und fair zusammenarbeitet. Sechs Magazinseiten, unter anderem zu Kriterien des Nachrichtenwertes, Pressedatenbanken, Aufbau von Pressemitteilungen, vertiefen die Lektüre. Nützliche Hinweise zur Gliederung einer Pressemitteilung und eine Übersicht zum Pressebericht im Internet halten die ansprechend gestalteten Umschlagklappen parat. Adressen, Literaturempfehlungen und ein Stichwortverzeichnis runden den Band ab.

Pocket Business ist eine Reihe für alle, die beruflich weiterkommen wollen und dafür konzentrierte Informationen suchen. Die Bücher von Cornelsen zeichnen sich durch Aktualität und hohe inhaltliche Kompetenz aus. Checklisten, Fallbeispiele und Erfahrungsberichte sorgen für praxisnahe Kost, die Berufspraktiker, Berufseinsteiger und Studenten überzeugt. Weitere Ratgeber sind unter anderem ***Erfolgreich durchsetzen, Konzentration*** und ***Überzeugend auftreten***.

www.berufskompetenz.de

Karl Fröhlich/ Daniela Heggmaier
Pocket Business: *Public Relations*
ISBN 978-3-589-23449-3
6,95 € (D)/ 7,20 € (A)/ 13,10 sFr
Cornelsen Verlag Scriptor 2008, 2. Auflage

Pressekontakt

Nico Enger
Cornelsen Verlag
Mecklenburgische Str. 53
14197 Berlin

Tel.: 030/89 78 55 91
Fax: 030/89 78 55 99

nico.enger@cornelsen.de

Berlin, 10. September 2008

www.cornelsen.de/presse
www.cornelsen.de
www.cornelsen.com

4.4.2 Sponsoring

Fördern Unternehmen Veranstaltungen, Organisationen, Gruppen oder einzelne (prominente) Personen, so spricht man von Sponsoring. Unterstützt werden in der Regel

- kulturelle,
- sportliche,
- soziale oder
- umweltbezogene Projekte.

Neben der Förderung durch Geldmittel kann der Sponsor (Förderer) auch Sachmittel zur Verfügung stellen. Der Unterstützte muss dafür eine Gegenleistung erbringen, z. B. den Unternehmensnamen auf dem Hemd tragen. Beim Sponsoring steht vor allem das **langfristige Unternehmensimage** im Vordergrund. Eine direkte Absatzsteigerung wird nicht angestrebt.

In den letzten Jahren haben zwei Formen des Sponsorings immer mehr Bedeutung gewonnen:

- **Programmsponsoring im Fernsehen**: Die Ausstrahlung von einzelnen Sendungen und Serien wird von Unternehmen mitfinanziert.
  Als Gegenleistung wird vor und nach dem Programm das Logo und der Name des Sponsors eingeblendet.
- **Productplacement**: Unternehmen zahlen hierbei dafür, dass ihre Produkte in Filmen oder in Fernsehsendungen gezielt wiederholt im Bild gezeigt werden. Für den Zuschauer soll das Erscheinen des Produktes wie ganz selbstverständlich aussehen.

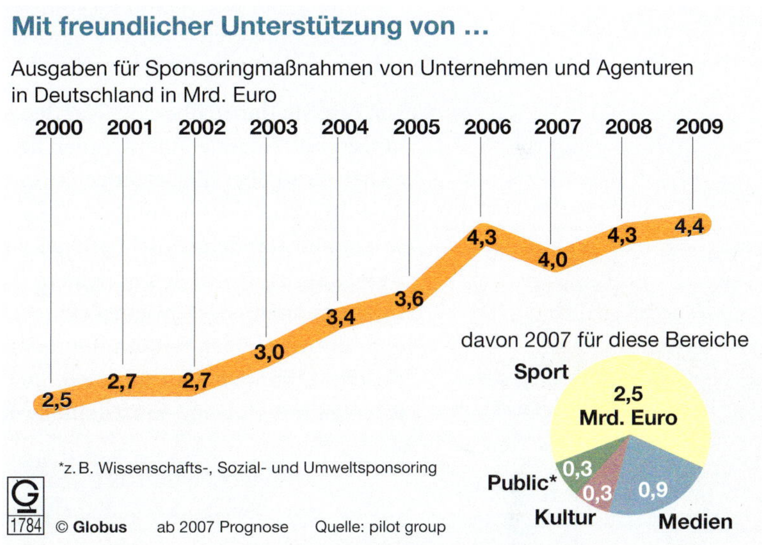

Beispiel

Ein Einzelhändler sagt dem örtlichen Handballverein jährlich eine bestimmte Summe zu. Dafür nennt der Hallensprecher an jedem Spieltag den Namen des Einzelhändlers immer im Zusammenhang mit einem Torerfolg der heimischen Mannschaft.

4.4.3 Direktmarketing

Beim Direktmarketing versucht der Einzelhändler durch die direkte Ansprache eines möglichen Kunden, sofort auch eine entsprechende Antwort zu erhalten. Das Direktmarketing ist eine Vorstufe zum Direktvertrieb und beinhaltet eine Vielzahl von Möglichkeiten zur Umsetzung. So ist z. B. der Einsatz von Callcentern ein praktikables Mittel, um von potenziellen Kunden im persönlichen Telefongespräch Informationen zu erhalten und auf spezielle Bedürfnisse einzugehen.

Allerdings hat der Gesetzgeber den Möglichkeiten des Direktmarketings rechtlich enge Grenzen gesetzt. So sind vom Kunden nicht genehmigte Anrufe von Callcentern seit 2009 grundsätzlich verboten.

4.5 Customer-Relationship-Management (CRM)

Customer-Relationship-Management
Kundenbeziehungsmanagement

CRM macht Marketing „persönlich"!

In jedem Einzelhandelsunternehmen gibt es tagtäglich viele Kundenkontakte. Die dabei entstehenden Informationen können zusammengefasst und den verschiedenen Unternehmensbereichen für die Entscheidungsfindung zur Verfügung gestellt werden. Customer-Relationship-Management pflegt alle Kundeninformationen und Kundenbeziehungen. Customer-Relationship-Management ist daher das entscheidende Argument für die Erzeugung einer festen Kundenbindung, aber es können auch neue Kunden geworben und gefunden werden. Trotz des englischen Namens ist Customer-Relationship-Management nichts Neues, sondern wurde vor etlichen Jahrzehnten von den Tante-Emma-Läden hervorragend eingesetzt. Die kümmerten sich auch über den Verkauf hinaus um ihre Kunden.

Beispiel

„Tante Emma" kannte ihre Kunden genau. Sie wurden mit ihrem Namen begrüßt und im Laufe des Verkaufsgespräches auf die Artikel aufmerksam gemacht, von denen „Tante Emma" wusste, dass sie den Kunden interessieren.

Callcenter
Servicetelefonnummer mit telefonischen Ansprechpartnern

Um Informationen über ihre Kunden und ihre Wünsche zu sammeln und zu pflegen, nutzen Einzelhandelunternehmen heute verstärkt Kundenkarten, aber auch das Internet, da so über die bisher getätigten Käufe genau Buch geführt werden kann. Auf diese Informationen kann jeder Unternehmensbereich (z. B. Marketing, Rechnungswesen und Kundendienst) bzw. jeder Mitarbeiter zugreifen und so eine persönliche Beziehung zum Kunden aufbauen. Jeder Kunde kann z. B. mit ganz persönlichen Informationen angeschrieben (Direct Mailing), aber auch per SMS informiert werden. Ein Callcenter als Kommunikationszentrale ist sicher mit hohen zusätzlichen Kosten verbunden. Es festigt aber die Kundenbindung und ermöglicht dem Kunden, jederzeit mit „seinem" Einzelhändler Kontakt aufzunehmen.

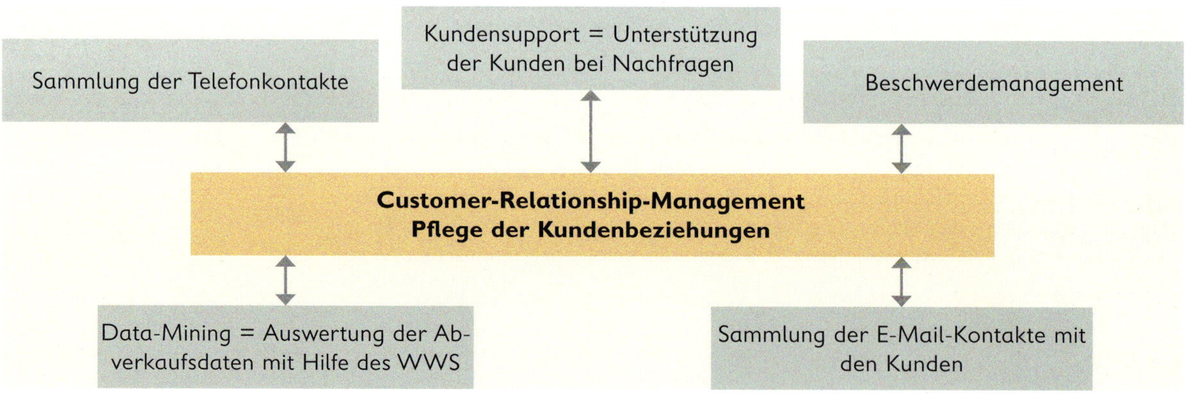

Alle Kundendaten werden in einer Datenbank mit einer entsprechenden Software gesammelt und sortiert. Diese Software kann anhand der gesammelten Kundendaten sogar Vorschläge für Direct Mailings oder Telefonaktionen machen. Auch wenn die Daten im Unternehmen erhoben und genutzt werden, muss bei der Speicherung und Verarbeitung der persönlichen Kundendaten der Datenschutz gewahrt werden.

Beschwerdemanagement → S. 72

Entscheidend im Zentrum der Kommunikation bleibt aber der Mensch: der engagierte Mitarbeiter, der sich mit seinem Unternehmen und seiner Tätigkeit identifiziert.

4.6 Corporate Identity (CI)

Corporate Identity
Unternehmensleitbild,
Unternehmenspersönlichkeit

Im Rahmen der Corporate Identity wird die Unternehmensidentität („Wer sind wir?") festgelegt. Dabei werden die Unternehmenspersönlichkeit und das äußere Erscheinungsbild eines Unternehmens (Image) bestimmt. Corporate Identity verbindet im günstigen Falle alle bisher genannten Marketingmaßnahmen zu einem einheitlichen Unternehmensleitbild. Die Corporate Identity wird von und durch die Mitarbeiter innerhalb und außerhalb des Unternehmens in einem einheitlichen Auftritt mitgeteilt und vermittelt. Alle Marketingmaßnahmen lassen sich immer auf die Unternehmensphilosophie, also die Leitidee der Unternehmung, zurückführen.

Die folgenden drei Sätze umschreiben die Idee der Corporate Identity sehr gut:
- Wir müssen das, was wir denken, auch sagen.
- Wir müssen das, was wir sagen, auch tun.
- Wir müssen das, was wir tun, dann auch sein.

Corporate Identity hat damit **nach außen** folgende Ziele:
- den Unternehmenserfolg sicherstellen und ausbauen
- das Unternehmen mit einem unverwechselbaren Profil versehen
- die Kompetenz des Unternehmens formulieren und hervorheben
- den Bekanntheitsgrad des Unternehmens erhöhen
- das Unternehmen im Wettbewerb deutlich abgrenzen

Corporate Identity hat damit **nach innen** folgende Ziele:
- das „Wir-Gefühl" des Unternehmens inhaltlich entwickeln und stärken (Mitarbeiterbindung)
- die Mitarbeiter durch Identifikation mit dem Unternehmen motivieren

Wenn es gelingt, dem Unternehmen neben dem Rechtsrahmen auch ein eigenes Profil zu geben, ihm sozusagen eine eigene Persönlichkeit zu verleihen, dann ist es nur folgerichtig, wenn diese Persönlichkeit in unserer Gesellschaft auch Verantwortung übernimmt und nicht nur für die Gewinnerwirtschaftung genutzt wird. Mit dem Konzept der **Corporate Responsibility** (unternehmerische Verantwortung) übernimmt das Unternehmen Aufgaben aus den Bereichen der Nachhaltigkeit: der Ökologie, der Ökonomie und dem Sozialen. Es engagiert sich für Klimaschutz, Ressourcenschonung, Mülltrennung, Chancengleichheit in der Gesellschaft und zum Beispiel Arbeitssicherheit. Corporate Social Responsibility (unternehmerische Sozialverantwortung) ist auf europäischer Ebene 2001 im „Grünbuch Europäische Rahmenbedingungen für die soziale Verantwortung der Unternehmen" schriftlich fixiert worden.

Beispiel

- Die Beska GmbH wird als Warenhaus mit einem Corporate-Responsibility-Konzept nie Teppiche anbieten, die unter Ausnutzung von Kinderarbeit hergestellt wurden.
- Da die Beska GmbH trotz des Einsatzes von energiesparender Beleuchtung und energiesparenden Warenträgern eine große Menge elektrischer Energie täglich verbraucht, wird bei der Stromerzeugung eine große Menge CO_2 freigesetzt. Die Beska GmbH nimmt ihre gesellschaftliche Verantwortung wahr, indem Sie finanzielle Mittel bereitstellt, die dazu genutzt werden, um auf brachliegenden Flächen Bäume zu pflanzen.

Corporate Identity bei der Beska GmbH

Die Beska GmbH hat als Logo eine Einkaufstasche gewählt. Diese Einkaufstasche ist nicht nur auf der Arbeitskleidung der Mitarbeiter zu finden, sondern auch in den Annoncen, der Außenreklame, den Direct Mailings, Rabattcoupons, Einkaufsgutscheinen und der Homepage. Sie wird auch bei den Sponsoraktionen verwendet.

basic
BESKA HANDELSMARKE

Beska
BERLINER SUPERKAUF GMBH

premium
BESKA HANDELSMARKE

Die Einkaufstasche quillt nicht vor Waren über, sondern es ist immer noch Platz in ihr für weitere Artikel der Beska GmbH. Auch die Farbwahl und die typografische Gestaltung aller Geschäftsbriefe, Geschäftsbereichte und Werbemittel sind bei der Beska GmbH einheitlich gewählt.

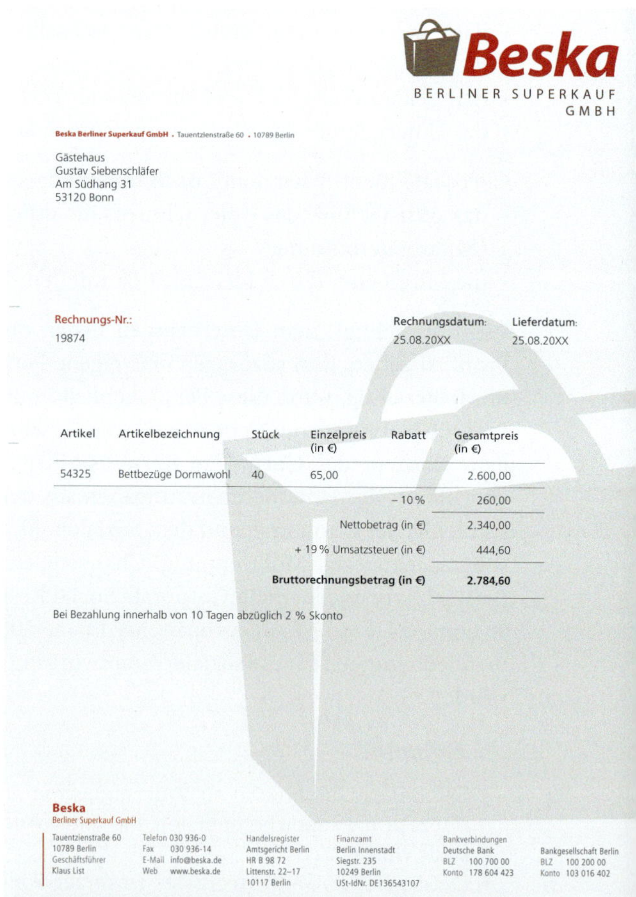

Beska
BERLINER SUPERKAUF GMBH

Beska Berliner Superkauf GmbH . Tauentzienstraße 60 . 10789 Berlin

Gästehaus
Gustav Siebenschläfer
Am Südhang 31
53120 Bonn

Rechnungs-Nr.:	Rechnungsdatum:	Lieferdatum:
19874	25.08.20XX	25.08.20XX

Artikel	Artikelbezeichnung	Stück	Einzelpreis (in €)	Rabatt	Gesamtpreis (in €)
54325	Bettbezüge Dormawohl	40	65,00		2.600,00
				– 10 %	260,00
				Nettobetrag (in €)	2.340,00
				+ 19 % Umsatzsteuer (in €)	444,60
				Bruttorechnungsbetrag (in €)	**2.784,60**

Bei Bezahlung innerhalb von 10 Tagen abzüglich 2 % Skonto

Beska
Berliner Superkauf GmbH

Tauentzienstraße 60
10789 Berlin
Geschäftsführer
Klaus List

Telefon 030 936-0
Fax 030 936-14
E-Mail info@beska.de
Web www.beska.de

Handelsregister
Amtsgericht Berlin
HR B 98 72
Littenstr. 22–17
10117 Berlin

Finanzamt
Berlin Innenstadt
Siegstr. 235
10249 Berlin
USt-IdNr. DE136543107

Bankverbindungen
Deutsche Bank
BLZ 100 700 00
Konto 178 604 423

Bankgesellschaft Berlin
BLZ 100 200 00
Konto 103 016 402

Das Verhalten aller Mitarbeiter und auch das Management der Beska GmbH sind nicht nur durch schriftliche Regelungen geprägt, sondern auch durch ungeschriebene Gesetze und Rituale. Der Umgangston untereinander und gegenüber den Kunden ist freundlich und offen. So wird die Beska GmbH zu einem Teil des Lebens der Mitarbeiter, aber auch der Kunden.

4.7 E-Business und E-Commerce

E-Business (Electronic Business) bedeutet für ein Unternehmen, alle Geschäftsprozesse über das Internet/Intranet abzuwickeln. Davon sind alle betrieblichen Funktionsbereiche wie Marketing (Absatz), Beschaffung und Lagerung betroffen. E-Commerce (Electronic Commerce) bezeichnet hingegen reine Handelsprozesse im weiterem Feld des E-Business. Häufig werden E-Business und E-Commerce synonym verwendet.

4.7.1 Business-to-Consumer

Für den Einzelhändler wird eine Internetpräsenz immer wichtiger. Die elektronische Abwicklung von Geschäftsbeziehungen zwischen Unternehmen (**Business**) und Kunden (**Consumer**) wird **Business-to-Consumer** (B2C) genannt. Dabei stellt das Einzelhandelsunternehmen z. B. das gesamte Sortiment oder Teile des Sortiments in einem Onlineshop zur Verfügung, sodass der Kunde direkt 24 Stunden am Tag bestellen kann. Der Kunde hat aber per E-Mail auch die Möglichkeit zu Beschwerden oder Anregungen.

Anteil der E-Commerce-Nutzer in %

Soziodemographisches Merkmal	2007	2008
Gesamtbevölkerung ab 14 Jahren	48,0	51,0
Altersklasse 14–29 Jahre	76,0	76,0
Altersklasse 30–39 Jahre	69,0	77,0
Altersklasse 40–49 Jahre	54,0	62,0
Altersklasse 50–59 Jahre	39,0	43,0
Altersklasse 60+ Jahre	15,0	19,0

Quelle: TNS Infratest, München; Bundesverband des Deutschen Versandhandels, Frankfurt am Main

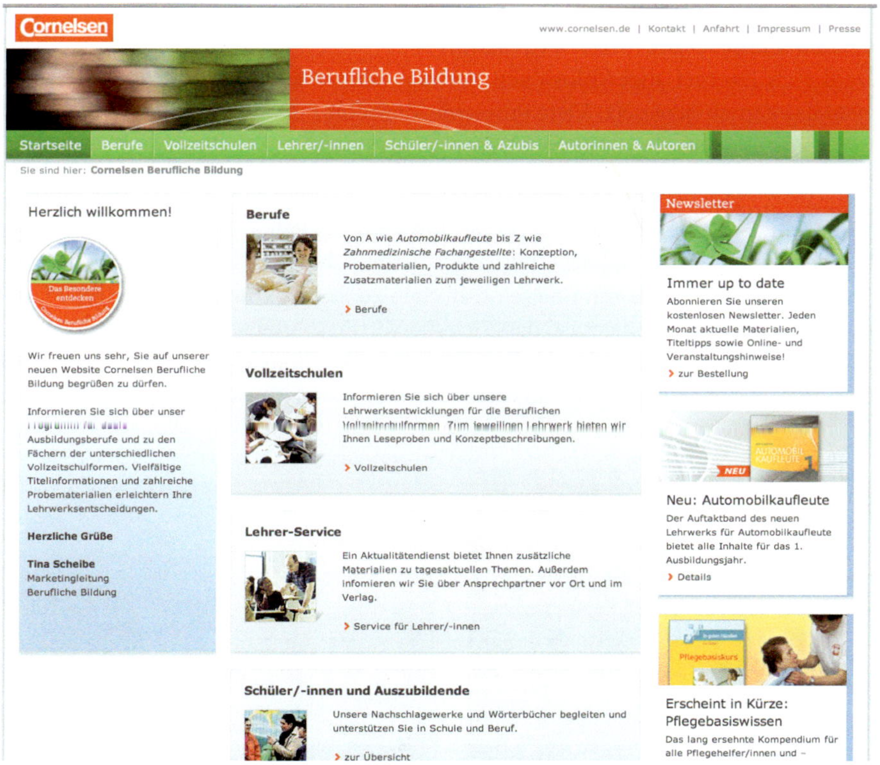

www.cornelsen.de/cbb

Diese Internetplattform ist in der Regel mit den Point-of-Sale-Daten des Warenwirtschaftssystems verknüpft, sodass die optimale Einstellung auf einen bestimmten Kunden erfolgen kann. Dabei muss jedoch beachtet werden, dass ein persönliches Lebensbild des Kunden entstehen kann, das dieser dem Einzelhändler in solch einer Vollständigkeit aber nie zur Verfügung stellen wollte.

Nicht nur der Datenschutz ist ein wichtiges Anliegen der Kunden, sondern auch die vertrauensvolle Abwicklung des abgeschlossenen Kaufvertrages; denn anders als beim Platzkauf beim örtlichen Einzelhändler gibt es beim Onlinekauf keine persönliche Verbindung zum Händler. Deshalb unterwerfen sich die Fernabsatzhändler häufig bestimmten **Qualitätskriterien** bezüglich

- der Zuverlässigkeit der Abwicklung des Warenversandes,
- der Zahlung und auch
- des Datenschutzes.

Ergibt die Überprüfung, dass die Unternehmen den Anforderungen genügen, kann der Händler mit einem Gütesiegel werben. Es handelt sich allerdings nicht um neutrale Prüfungen durch z. B. öffentliche Stellen, sondern um Selbstverpflichtungen der Unternehmen.

Empfohlene Onlinegütesiegel

www.internet-guetesiegel.de

Fernabsatzgeschäft (Internetgeschäfte)

Da die im Internet abgeschlossenen Verträge immer mehr zunehmen, gibt es seit 2000 das Fernabsatzgesetz. Viele Probleme, die beim E-Commerce bis dahin auftraten, konnten durch das BGB noch nicht geregelt werden. Seit 2002 sind die Inhalte des Fernabsatzgesetzes aber im BGB integriert.

Fernabsatzverträge → BGB 312b

Beim Fernabsatzvertrag handelt es sich um eine besondere Art des Kaufvertrages zwischen einem Einzelhänder und einem Verbraucher, der „unter ausschließlicher Verwendung von Telekommunikationsmitteln zu Stande kommt“. Wichtiges Merkmal des Fernabsatzvertrages ist, dass sich die Vertragsparteien bei Vertragsabschluss nicht körperlich gegenüberstehen. Zu den Fernkommunikationsmitteln gehören demnach Briefe, E-Mail, Telefongespräche, SMS, Kataloge, Rundfunk-, Tele-, oder Mediendienste.

Typische Formen des Fernabsatzhandels

Das BGB schreibt u. a. vor, dass der Unternehmer

- dem Verbraucher mitteilen muss, wer er ist und wo er seinen Geschäftssitz hat, damit ihn der Verbraucher notfalls auch verklagen kann.
- dem Verbraucher die Möglichkeit geben muss, die Vertragsbedingungen und die Allgemeinen Geschäftsbedingungen in wiedergabefähiger Form zu speichern.
- den Verbraucher über sein Widerrufsrecht aufklären muss, denn bei diesen Fernabsatzgeschäften gilt für den Verbraucher ein Widerrufs- und Rücktrittsrecht von 14 Tagen. Die Frist beginnt mit der Bekanntgabe an den Verbraucher, bei Warenlieferungen allerdings frühestens mit Lieferung der Ware. Extra nach Kundenwünschen angefertigte Produkte sind von diesem Recht ausgenommen, ebenso versiegelte Ware, deren versiegelte Verpackung geöffnet wurde.
- dafür sorgen muss, dass der Verbraucher vor Abgabe der Bestellung Fehler in der Bestellung erkennen und korrigieren kann.

Der Gesetzgeber will auf diese Weise verhindern, dass Verbraucher bei Onlinekäufen von den Verkäufern übervorteilt werden. Das Internet wird inzwischen von vielen Einzelhändlern als zusätzlicher Absatzkanal genutzt. Die meisten Händler haben deshalb selbst ein großes Interesse daran, den Verbraucher nicht durch unseriöses Verhalten zu verunsichern.

4.7.2 Business-to-Business

Das Internet ermöglicht nicht nur den Kontakt zum Kunden, sondern auch zum Lieferanten. Durch die Auswertung der durch das Warenwirtschaftssystem gesammelten Daten kann die direkte Beschaffung beim Lieferanten erfolgen. Wird der Meldebestand erreicht, wird eine Bestellung ausgelöst. Diese Online- oder Offlineverbindung zum Lieferanten wird als Business-to-Business (B2B) bezeichnet. Auf dem gleichen Wege kann der Lieferant dem Einzelhändler die Ware in Rechung stellen (Edifact). Die Daten werden also von einem Unternehmen (Business) zu einem anderen Unternehmen (Business) ausgetauscht.

4.7.3 Business-to-Administration

Sogar die elektronische Übermittlung der Steuererklärung ist heute möglich. Die Verbindung zur Verwaltung erspart dem Unternehmer durch den Einsatz des E-Business das mühsame Ausfüllen manches Formulars, so z. B. auch für die Anmeldung seiner Auszubildenden bei der Berufsschule. Diese Form der elektronischen Abwicklung wird Business-to-Administration (B2A) genannt.

Beispiel

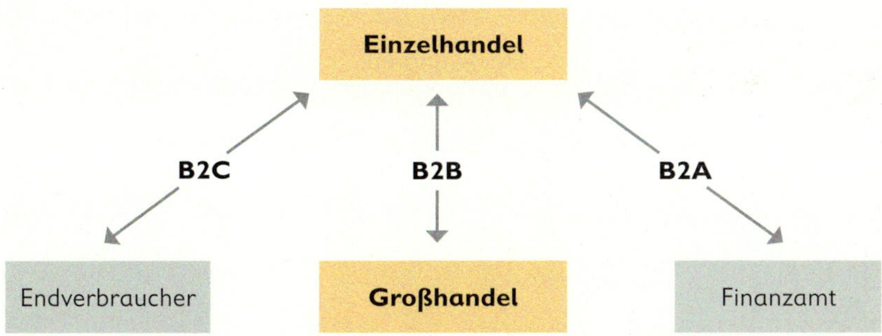

5 Marketingmix

Das oberste Ziel des Marketings ist in der Regel die Umsatz- und im besten Falle auch die Gewinnsteigerung. In Zeiten wirtschaftlichen Rückgangs kann auch Umsatzstagnation oder ein geringerer Umsatzrückgang als bei den Mitbewerbern als Marketingerfolg gewertet werden.

Es gibt verschiedene Möglichkeiten, wie dieses Ziel erreicht wird. Um dieses Oberziel zu erreichen, werden hierbei verschiedene Unterziele gesetzt. Folgende Unterziele sind beispielsweise denkbar und dienen langfristig der Umsatz- und Gewinnsteigerung:
- Kundenzufriedenheit schaffen
- Kundenbindung erhöhen
- neue Kunden gewinnen
- Ausweitung des Marktanteils
- Unternehmensimage verbessern
- Mitbewerber unter Druck setzen
- Präsenz im öffentlichen Bewusstsein sichern
- Marktnischen absichern
- neue Märkte schaffen

Nach Festlegung der Marketingziele durch die Geschäftsleitung erfolgt die kombinierte und aufeinander abgestimmte Auswahl der einzelnen Marketinginstrumente. Die Kombination der einzelnen Marketingmaßnahmen zu einem sich gegenseitig unterstützenden Maßnahmenbündel wird als Marketingmix bezeichnet. Bei der Auswahl der einzelnen Instrumente muss aber darauf geachtet werden, dass sie stets auf das gesetzte Marketingziel ausgerichtet sind.

Dabei muss sich der Einzelhändler stets vor Augen führen, dass nur durch die konsequente Verfolgung auch der jeweiligen Unterziele eine Umsatz- und Gewinnsteigerung möglich sein kann.

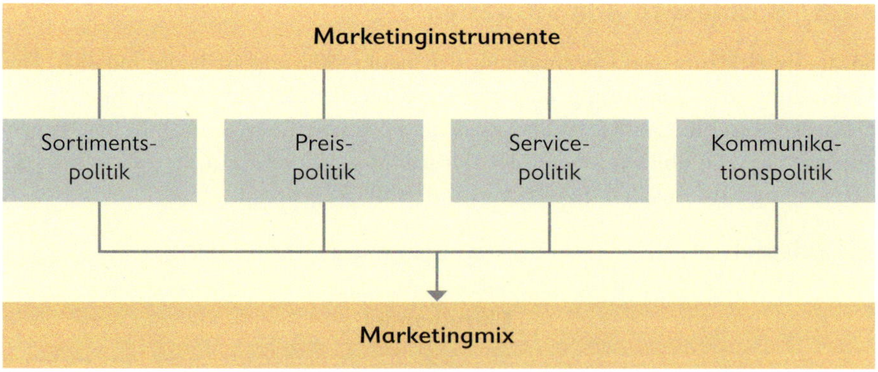

13

Personaleinsatz planen und Mitarbeiter führen

Personalwirtschaft

Personaleinsatzplanung

Personalbedarfsplanung

Personalbeschaffung

Lohn- und Gehaltsabrechnung

Leistungen des Staats und der Sozialkassen

Mitarbeitermotivation

Beendigung des Arbeitsverhältnisses

1 Personalwirtschaft

Die Mitarbeiter im Einzelhandel stellen heute in vielen Betriebsformen den größten Kostenfaktor des Unternehmens dar. Gleichzeitig bieten die gute Qualifikation und gute Motivation der Mitarbeiter bei zunehmender Qualität der Produkte einen entscheidenden Wettbewerbsvorteil für den Einzelhändler. Diese beiden Punkte zeigen die Bedeutung des Mitarbeiters für den Einzelhandel, sodass sich in vielen Unternehmen eigene „Personalwirtschaftsabteilungen" mit allen Belangen der Mitarbeiter beschäftigen. Sie wird damit zum Bindeglied zwischen der Unternehmensleitung und den Mitarbeitern.

Motivation
innerer Antrieb für eine Handlung

Die Personalabteilung ist somit nicht nur verantwortlich für die verwaltungsmäßige Abwicklung, wie die Führung der Personalakten und die Ausführung der Entgeltabrechnung (Lohn- und Gehaltsabrechnung), sondern kann auch Hilfestellungen für die Mitarbeiter anbieten, die sich in einer Notlage befinden. Auch die Beratung zu vermögenswirksamen Leistungen kann die Personalabteilung übernehmen.

Personalakte
Sammlung von personenbezogenen Unterlagen, z.B. Bewerbung, Lebenslauf, Zeugniskopien, Arbeitsvertrag, Beurteilungen, Weiterbildungsbescheinigungen. Jeder Arbeitnehmer hat das Recht, seine Personalakte einzusehen.

Die **Kernaufgaben** der Personalwirtschaft sind damit die Bereitstellung und der zielorientierte Einsatz von Personal. Die Personalwirtschaft lässt sich unter anderem in verschiedene Teilprozesse untergliedern:

- Personaleinsatzplanung
- Personalbedarfsplanung
- Personalbeschaffung
- Entgeltabrechnung
- Mitarbeitermotivation und Personalentwicklung
- Beendigung von Arbeitsverhältnissen

Zum Erfolg des Einzelhandelsunternehmens trägt ganz erheblich das Personal bei. Die Mitarbeiter müssen nicht nur für ihre Aufgaben unterschiedlich qualifiziert sein, sie müssen auch ausreichend vorhanden sein. Sind zu wenig Mitarbeiter eingestellt, leidet die Effizienz, sind aber zu viel Mitarbeiter eingesetzt bzw. in einer Abteilung zur gleichen Zeit beschäftigt, werden die Kosten in die Höhe getrieben. Deshalb ist sowohl eine verantwortungsvolle Personaleinsatzplanung als auch eine präzise Personalbedarfsplanung außerordentlich wichtig.

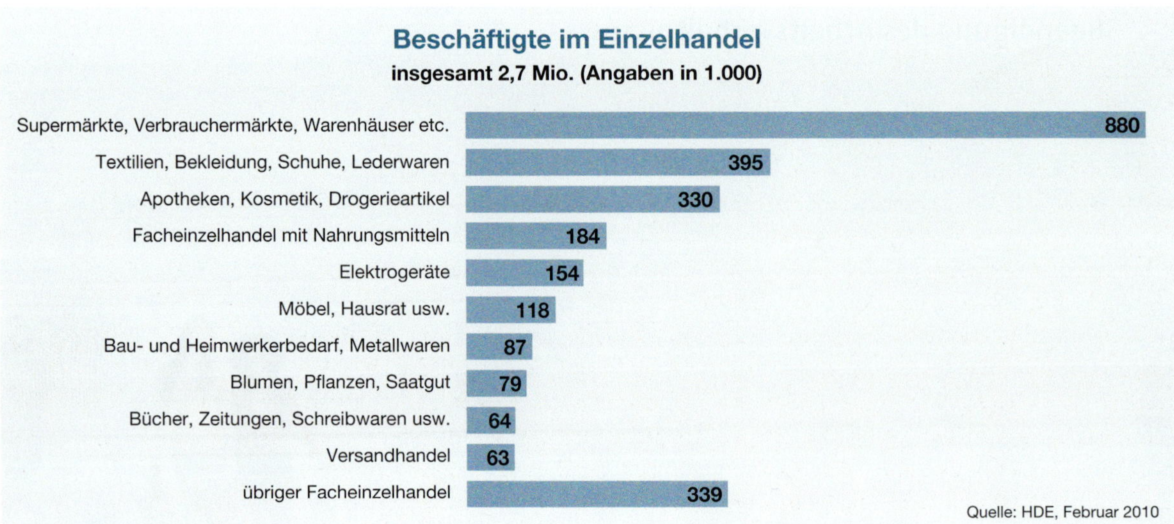

2 Personaleinsatzplanung

Personaleinsatzplan
Woche vom 08.02. bis 13.02.
Abteilung Spielwaren

Zeiten	Montag	Dienstag	Mittwoch	Donnerstag	Freitag	Samstag
9:00-10:00	Jansen Ebersbach Baumbach	Jansen Ebersbach Baumbach	Jansen Kronenberg Baumbach	Trautmohn Schugt Ebersbach	Trautmohn Kronenberg Ebersbach	Trautmohn Ebersbach Schugt
10:00-11:00	Jansen Ebersbach Baumbach	Jansen Ebersbach Baumbach	Jansen Kronenberg Baumbach	Trautmohn Schugt Ebersbach	Trautmohn Kronenberg Ebersbach	Trautmohn Ebersbach Schugt Kronenberg
11:00-12:00	Jansen Ebersbach Baumbach	Jansen Ebersbach Baumbach	Jansen Kronenberg Baumbach	Trautmohn Schugt Ebersbach	Trautmohn Kronenberg Ebersbach	Trautmohn Ebersbach Schugt Kronenberg
12:00-13:00	Jansen Ebersbach Baumbach	Jansen Ebersbach Baumbach	Jansen Kronenberg Baumbach	Trautmohn Schugt Ebersbach	Trautmohn Kronenberg Ebersbach	Trautmohn Ebersbach Schugt Kronenberg
13:00-14:00	Jansen Kronenberg Schugt	Jansen Ebersbach Baumbach	Jansen Kronenberg Baumbach	Trautmohn Schugt Ebersbach	Trautmohn Kronenberg Ebersbach	Trautmohn Ebersbach Schugt Kronenberg
14:00-15:00	Trautmohn Kronenberg Schugt	Trautmohn	Trautmohn	Jansen	Jansen	Trautmohn

Mit Hilfe der Personaleinsatzplanung versucht der Einzelhändler die Anwesenheit der Mitarbeiter zu planen bzw. festzulegen, die während der Ladenöffnungszeiten die anfallenden Arbeiten, wie z. B. die Beratung der Kunden, erledigen. Hierbei versucht er den Personaleinsatz so zu planen, dass auf der einen Seite ausreichend Personal vorhanden ist, auf der anderen Seite aber auch nicht die Kosten des Personaleinsatzes, z. B. durch eine Überbesetzung einer Abteilung, zu hoch werden. Bei der Personaleinsatzplanung sind folgende Punkte zu berücksichtigen:

Arbeitszeit des Mitarbeiters

Jeder Mitarbeiter steht dem Einzelhändler nur für einen begrenzten Zeitraum zur Verfügung. Dieser Zeitraum ergibt sich aus dem Arbeitsvertrag oder dem Tarifvertrag. Unter Umständen haben einige Mitarbeiter auch eine Teilzeitbeschäftigung in ihrem Arbeitsvertrag vereinbart, auch dies muss bei der Personaleinsatzplanung berücksichtigt werden. Eine Beschäftigung über die vertraglich festgelegte Arbeitszeit hinaus ist zwar prinzipiell möglich, kann aber beim Einzelhändler zu stark steigenden Personalkosten führen. Dies ist immer dann der Fall, wenn Überstunden nicht durch zusätzliche Freizeit, sondern durch Zuschläge zum Entgelt abgegolten werden.

Entgeltabrechnung → S. 103

Ladenöffnungszeiten

Im Rahmen der gesetzlichen Ladenöffnungszeiten der Länder steht es dem Einzelhändler frei, wann und wie lange er sein Geschäft öffnet. Er wird sich hierbei zum einen durch die Ladenöffnungszeiten seiner direkten Mitbewerber, zum anderen durch die Öffnungszeiten angrenzender Geschäfte beeinflussen lassen. Es ist selbstverständlich, dass während der gesamten Öffnungszeit ausreichend Personal vorhanden sein muss.

Kundenfrequenz

Der Besuch der Kunden in dem Geschäft des Einzelhändlers verteilt sich nicht gleichmäßig über den Tag. Tendenziell werden je nach Branche die frühen Morgenstunden, z. B. beim Bäcker, und die Abendstunden nach 17:00 Uhr, z. B. im Lebensmitteleinzelhandel, eher zu den Zeiten mit erhöhter Kundenfrequenz zählen. Innerhalb der Woche wird es wiederum je nach Branche unterschiedlich verkaufsstarke Tage geben. Grundsätzlich gilt in den meisten Geschäften des Einzelhandels der Samstag als sehr umsatzstarker Tag. Ähnliche Beobachtungen können auch im Verlauf des gesamten Kalenderjahres gemacht werden. Monate, in die die Sommerferien fallen, sind in der Regel durch einen geringeren Kundenandrang gekennzeichnet. Der Dezember ist auf Grund des anstehenden Weihnachtsfestes der Monat, der in vielen Einzelhandelsgeschäften die höchste Kundenfrequenz und den damit verbundenen höchsten Umsatz verzeichnet. Diese Schwankungen der Kundenfrequenz müssen ebenfalls in der Personaleinsatzplanung berücksichtigt werden. Dabei kann sich der Einzelhändler durch geeignete Softwarelösungen unterstützen lassen.

3 Personalbedarfsplanung

Lernsituation 87

Als Teilgebiet der Personalwirtschaft ist es die Aufgabe der **Personalbedarfsplanung** abzuschätzen, wie groß der Personalbedarf eines Unternehmens in der Zukunft sein wird. Dabei geht es im Rahmen der **Personalbedarfsermittlung** nicht nur um absolute Zahlen (Quantität), sondern auch um die notwendigen Qualifikationen (Qualität), die die Mitarbeiter haben müssen. Somit ergeben sich zwei Bereiche der Personalbedarfsplanung: die quantitative und die qualitative Bedarfsplanung.

3.1 Quantitative Personalbedarfsplanung

Die quantitative Personalbedarfsplanung beschäftigt sich mit der Anzahl des benötigten Personals. Ausgangspunkt hierfür ist der aktuelle Personalbestand. Der gegenwärtige Personalbestand kann sich durch vorhersehbare Ereignisse verändern.

Beendigung von Arbeitsverhältnissen → S. 124

Beispiel

- Ein Mitarbeiter erreicht die Altersgrenze und scheidet aus dem aktiven Erwerbsleben aus.
- Ein befristetes Arbeitsverhältnis läuft aus.
- Ein junger männlicher Mitarbeiter tritt seinen Grundwehrdienst an.

Diese Personalveränderungen sind vorhersehbar und daher gut planbar. Nicht planbar, sondern allenfalls schätzbar sind unvorhersehbare Personalveränderungen wie langfristige Krankheit, Kündigung oder gar Tod. Alle genannten Personalveränderungen führen dazu, dass bei gleich bleibender Geschäftslage ein Ersatzbedarf besteht, der rechtzeitig gedeckt werden muss. Das kann entweder durch Neueinstellungen geschehen oder auch durch geplante Zugänge, wie z. B. die Übernahme von eigenen Auszubildenden oder die Rückkehr einer Mitarbeiterin aus der Elternzeit. Darüber hinaus kann es auch einen Neubedarf geben, der sich aus der gesamtunternehmerischen Zielsetzung ergibt. Dieser Neubedarf wird von den jeweiligen Abteilungsleitern an die Personalbteilung gemeldet. Es kann aber auch gute Gründe für Personaleinschränkungen geben. Dieser **Minderbedarf** muss natürlich auch geplant werden.

Ersatzbedarf ergibt sich, wenn bei gleich bleibender Geschäftslage Personal ausscheidet.

Neubedarf ergibt sich bei Betriebserweiterung oder höherer Beschäftigung.

Beispiel

Neubedarf:
- Es werden weitere Geschäftsstellen eröffnet.
- Es werden neue Sortimentsbereiche angeboten.
- Das Kundenbindungskonzept hat Erfolg und die Kundenfrequenz steigt.

Minderbedarf:
- Rationalisierungsmaßnahmen (Arbeitsverdichtung)
- Kundenfrequenzrückgang durch Neueröffnung eines Wettbewerbers
- Strukturveränderungen beim Einkaufsverhalten, z.B. durch das Internet
- Umstellung der Verkaufsform, z.B. von Vollbedienung auf Vorwahlsystem

Rationalisierung zweckmäßige Anordnung von Arbeitsabläufen zur Effiziensteigerung

Nicht immer ist es möglich, diesen Minderbedarf durch natürliche Fluktuation aufzufangen. Ordentliche Kündigungen für die Mitarbeiter können die Folge sein. Zur Fluktuation (Schwankung) kommt es durch die freiwillige Aufgabe des Arbeitsplatzes, z. B. durch Umzug des Mitarbeiters oder durch ein besseres Arbeitsangebot.

ordentliche Kündigung → S. 126

Mit Hilfe des folgenden Schemas lässt sich der quantitative Personalbedarf für einen bestimmten Planungszeitraum ermitteln.

Der Ist-Personalbestand kann z.B. aus einem EDV-gestützten Personalinformationssystem oder aus den Personalakten ermittelt werden.

Personalbedarfsplan

	Ist-Personalbestand am Anfang der Planperiode
–	voraussichtliche Personalabgänge
+	erwartete Personalzugänge
+/–	Neubedarf/Minderbedarf
=	erforderlicher Personalbedarf (ggf. Personalabbau oder Neueinstellung)

3.2 Qualitative Personalbedarfsplanung

Die qualitative Personalplanung geht nicht von absoluten Zahlen aus, sondern von den **Qualifikationen der Mitarbeiter.** Der Abteilungsleiter braucht beispielsweise ein anderes Qualifikationsprofil als die Teilzeitkraft in der Telefonzentrale. Genauso braucht der Mitarbeiter an der Information andere Qualifikationen als der Mitarbeiter in der Warenannahme. Die jeweilige Stellenbeschreibung im Unternehmen gibt über diese erwarteten Qualifikationen Auskunft.

Eine **Stellenbeschreibung** ist innerbetrieblich ein wichtiges Organisationsmittel, denn sie enthält eine genaue Beschreibung der jeweiligen Stelle und ihre **Einordnung in den betrieblichen Prozessablauf**. Sie beschreibt, welche Kompetenz der Stelleninhaber hat, welchem anderen Mitarbeiter die Stelle unterstellt ist und wem gegenüber dieser Stelleninhaber weisungsbefugt ist. Sie legt aber auch fest, welche Anforderungen an den Stelleninhaber gestellt werden.

Beispiel

Anforderungen an Stelleninhaber:
- Schulbildung
- Berufsausbildung
- Praxiserfahrung
- Sprachkenntnisse
- EDV-Kenntnisse
- Kommunikationsfähigkeit
- Problemlösungsfähigkeit

Neben diesem eher tabellarischen Teil enthält die Stellenbeschreibung aber auch eine ausformulierte **Beschreibung der Tätigkeit**. Die Stellenbeschreibung dient als Grundlage z. B. für Stellenausschreibungen im Rahmen der Personalbeschaffung, ist aber auch eine wichtige Hilfe bei der Einarbeitung neuer Mitarbeiter.

Stellenausschreibung → S. 90

Beispiel

„Der Stelleninhaber muss in der Lage sein, in jeder Situation auf den Kunden freundlich und kundenorientiert zuzugehen und die Kaufmotive des Kunden zu erforschen. Er versteht es, im Rahmen eines Verkaufsgespräches zielgerichtet über die Warenvorlage und die kundenorientierte Argumentation den Verkaufsabschluss herbeizuführen. Dabei beachtet er die Möglichkeit des Zusatzverkaufs, ohne dass dies dem Kunden aufdringlich vorkommt ...“

4 Personalbeschaffung

Lernsituation 88

Will ein Unternehmen eine Stelle neu besetzen, versucht es auf jeden Fall die geeignete Person für diese Position zu finden, denn eine Fehlbesetzung verursacht unnötige Kosten und bringt Unruhe in das Betriebsklima, das dadurch empfindlich gestört werden kann.

Aus der bereits erläuterten Stellenbeschreibung ergibt sich dann die **Stellenausschreibung**, die notwendig ist, wenn neues Personal angeworben werden soll. Die Stellenausschreibung kann sowohl intern als auch extern erfolgen.

Grundsätzlich muss der zukünftige Bewerber der Stellenausschreibung Folgendes entnehmen können:

- Aufgabengebiet, für das der Mitarbeiter gesucht wird
- Einsatzort
- Anforderungen und Erwartungen des Unternehmens
- Schul- und Ausbildung
- Berufserfahrung
- Dauer der Beschäftigung
- mögliche Aufstiegschancen
- Hinweis auf tarifliche oder übertarifliche Bezahlung
- Ansprechpartner für die Bewerbung

4.1 Interne Personalbeschaffung

Die **innerbetriebliche (interne) Stellenausschreibung**, z. B. am schwarzen Brett, in der Unternehmenszeitung oder im Intranet des Unternehmens, hat den Vorteil, dass der zukünftige Mitarbeiter das Unternehmen schon kennt und nicht erst eingearbeitet werden muss. Die Fähigkeiten und Fertigkeiten des Mitarbeiters sind dem Unternehmen bekannt, sodass eine Fehlbesetzung weitgehend vermieden werden kann. Wenn es um einen Aufstieg geht, fördert das die Motivation anderer Mitarbeiter, sich innerbetrieblich einzusetzen. Teure Stellenanzeigen und Auswahlverfahren können so vermieden werden.

Mitarbeitermotivation → S. 120

Nachteile der internen Personalbeschaffung können eine zu geringe Bewerberauswahl und hohe Fortbildungskosten sein. Abgelehnte Bewerber können sich zurückgesetzt fühlen, was negative Auswirkungen auf die Mitarbeitermotivation und das Betriebsklima haben kann. Ein weiterer Nachteil der internen Stellenausschreibung ist, dass ggf. Führungskräfte, die aus den eigenen Reihen stammen, Akzeptanzprobleme bei den Mitarbeitern haben könnten oder alte Freundschaftsbande zu den alten Kollegen die Objektivität der neuen Führungskraft einschränken.

Sollte der Neubedarf durch eine interne Stellenausschreibung gedeckt werden, löst das weiterhin nicht grundsätzlich das Problem der Personalbeschaffung, denn meist wird das Problem der Personalbeschaffung in eine andere Abteilung verlagert.

4.2 Externe Personalbeschaffung

Bei der externen Suche nach geeigneten neuen Mitarbeitern stehen folgende Möglichkeiten zur Verfügung, die zeitgleich genutzt werden können.

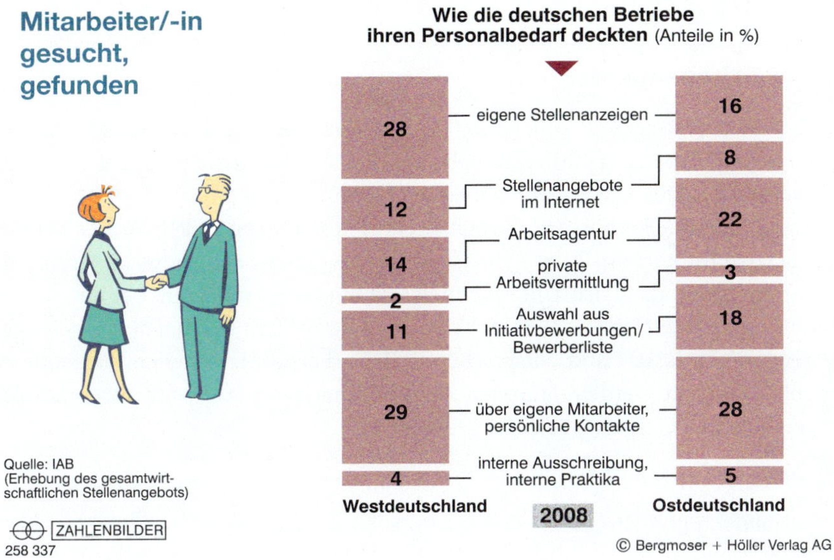

4.2.1 Stellenanzeigen

Der Stellenmarkt der regionalen und überregionalen Tageszeitungen oder Fachzeitschriften gibt eine gute Chance, möglichst viele Interessenten anzusprechen. Um die spätere Bewerberauswahl zu vereinfachen, sollte die Stellenanzeige ein genaues Profil der geforderten Qualifikationen aufweisen. Eine Bewerbung ist nur dann lohnenswert, wenn der Bewerber die in der Anzeige benannten Anforderungen erfüllen kann.

Als Informationen für die möglichen Bewerber gehören folgende Bestandteile zu einer Stellenausschreibung als Annonce:

- Name und Adresse des ausschreibenden Unternehmens
- Bezeichnung der Stelle
- Gründe für die Stellenanzeige
- Informationen zum Unternehmen oder Hinweise auf das suchende Unternehmen, z. B. Sortiment
- Anforderungen an den möglichen Bewerber
- eventuell Hinweise auf das Entgelt oder Sozialleistungen des Unternehmens
- Hinweise auf die Vorgehensweise bei Bewerbungen

4.2.2 Aushänge

Ein Stellengesuch auf einem Plakat z. B. in der eigenen Filiale hat den Vorteil, dass sich interessierte Bewerber gleich ein Bild von ihrem möglichen Arbeitsplatz machen können. Außerdem besteht die Chance, relativ schnell, kostengünstig und unkompliziert eine Stelle zu besetzen.

4.2.3 Arbeitsagentur

Die Bundesarbeitsagentur unterstützt bei der Suche nach neuen Mitarbeitern. Sie ist der größte Arbeitsvermittler. Daneben gibt es aber noch viele weitere private Arbeitsvermittler. Die Agentur für Arbeit nutzt immer stärker die Möglichkeiten des Internets. Über die Jobbörse der Arbeitsagentur können sich Stellen Suchende online oder bei den Infoterminals der Arbeitsagentur über offene Stellen informieren. Dazu ist es notwendig, dass sich Unternehmen, die einstellen möchten, bei der Arbeitsagentur registrieren lassen. Auch Arbeitssuchende können sich bei der Arbeitsagentur registrieren lassen und entsprechende Bewerberprofile erstellen. Passende Arbeitsplatzangebote werden dann den Arbeitssuchenden per E-Mail zugesandt oder im persönlichen Gespräch bekannt gegeben.

Wesentliche Aufgaben der Bundesagentur für Arbeit sind:

- Vermittlung in Ausbildungs- und Arbeitsstellen
- Berufsberatung
- Arbeitgeberberatung
- Förderung der Berufsausbildung
- Förderung der beruflichen Weiterbildung
- Förderung der beruflichen Eingliederung von Menschen mit Behinderung
- Leistungen zur Erhaltung und Schaffung von Arbeitsplätzen
- Entgeltersatzleistungen, wie zum Beispiel Arbeitslosengeld oder Insolvenzgeld

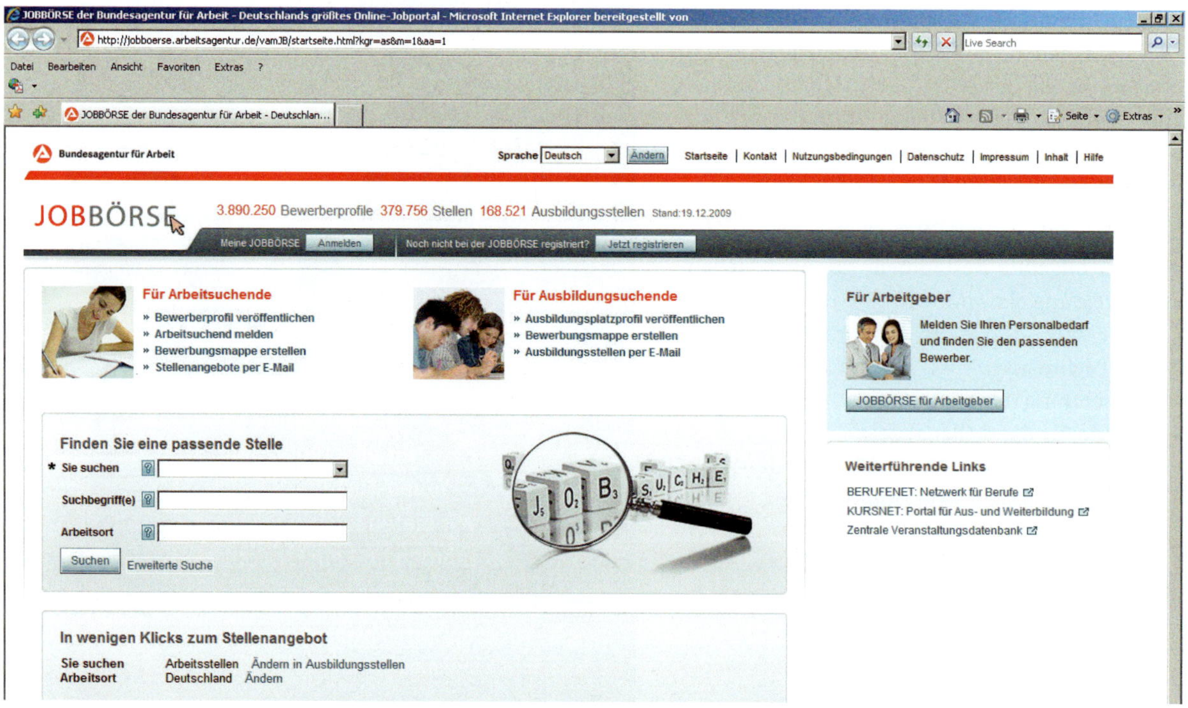

4.3 Bewerber auswählen und einstellen

Die in der Praxis gebräuchlichsten Methoden zur Bewerberauswahl sind die **Auswertung der Bewerbungsunterlagen** und das **Vorstellungs-** oder **Auswahlgespräch**. Daneben werden – seltener – auch Einstellungstests (Persönlichkeitstests) oder biografische Fragebögen eingesetzt. Für hoch dotierte Stellen kommt häufig das **Assessmentcenter** in Frage, ein Gruppenauswahlverfahren mit mehreren Beobachtern, bei dem unterschiedliche Auswahlinstrumente (z. B. Gruppendiskussionen, Rollenspiele, Vorträge, computergestützte Planspiele) angewendet werden. Häufig dauert ein Assessmentcenter zwei Tage, wobei auch in den Pausen das Verhalten der Bewerber beobachtet wird.

4.3.1 Einstellungsverfahren

Auf eine Annonce in der örtlichen oder überregionalen Tageszeitung oder dem Aushang im eigenen Unternehmen bewerben sich in der Regel viele Interessenten. Durch eine große Anzahl von Bewerbern wird es möglich und nötig, ein geeignetes Auswahlverfahren durchzuführen, mit dessen Hilfe für das Unternehmen der richtige Mitarbeiter gefunden werden kann.

Ein ernsthaft durchgeführtes Auswahlverfahren nimmt einige Zeit in Anspruch, daher ist es fair, den Bewerbern zunächst den Eingang ihrer Bewerbungsunterlagen zu bestätigen. Ebenso ist es fair, die Bewerbungsunterlagen von abgelehnten Bewerbern zurückzusenden. Aus Kostengründen wird dies aber häufig versäumt. Um den organisatorischen Aufwand möglichst gering zu halten, werden häufig Online-Bewerbungen erwünscht.

Ist die Stelle nur intern ausgeschrieben worden, wird in der Regel das hier beschriebene Verfahren – wenn überhaupt – nur sehr stark verkürzt Anwendung finden. Dies ergibt sich aus der Tatsache, dass der Mitarbeiter seinem Arbeitgeber durch seine bisherige Tätigkeit ja schon bestens bekannt ist.

4.3.2 Prüfung der Bewerbungsunterlagen

Zu einer schriftlichen Bewerbung gehören gewöhnlich nachstehende **Bewerbungsunterlagen**, die von jedem Bewerber erwartet werden können:
- Bewerbungsschreiben (Anschreiben)
- Lebenslauf
- Lichtbild
- Zeugniskopien (in logischer Reihenfolge)

Außerdem können entsprechend der Stellenausschreibung besondere Unterlagen verlangt werden:
- Zertifikate über besuchte Kurse und Schulungen
- Praktikumsbescheinigungen
- polizeiliches Führungszeugnis

Bewerbungsschreiben

Das Anschreiben oder Bewerbungsschreiben soll dem Personalbeauftragten die Informationen der gesamten Bewerbung auf einen Blick darstellen und die wesentlichen Dinge betonen. Es soll den bisherigen Berufsweg kurz erklären und Auskunft über Kenntnisse, Fähigkeiten und Erfahrungen geben, die für die angestrebte Stelle wichtig sind. Der Bewerber sollte genau begründen können, warum er für die ausgeschriebene Stelle besonders geeignet ist und auch, warum er sie haben möchte.

Das Anschreiben sollte vor allem im kaufmännischen Bereich den Normen für die Geschäftsbriefe nach **DIN 5008** genügen. Da es darum geht, die Qualität der eigenen Bewerbung gegenüber anderen Bewerbern herauszustellen, sollte auch beim Papier nicht gespart werden und mindestens 80 g Schreibpapier gewählt werden. Selbstverständlich müssen alle Schriftstücke in korrekter Rechtschreibung erfasst werden. Das Anschreiben und der Lebenslauf müssen **eigenhändig unterschrieben** werden.

Name und Anschrift des Absenders	Monika Korbmacher Schwalbacher Str. 6 12161 Berlin Tel: 030 8971586
Datum des Schreibens	1. Juni 20XX
Name und Anschrift des Unternehmens	Berliner Superkauf GmbH Herrn Ahmet Arslan Tauentzienstr. 60 10789 Berlin
Betreffzeile	**Bewerbung als Einzelhandelskauffrau in der Textilabteilung** Berliner Zeitung vom 30. Mai 20XX, Telefonat von heute
Anrede	Sehr geehrter Herr Arslan,
Text mit dem Grund der Bewerbung und Hinweis auf Kenntnisse und Fähigkeiten	über Ihr Interesse an meiner Bewerbung habe ich mich sehr gefreut. Zurzeit arbeite ich in der Textilabteilung der Kaufrausch GmbH in Berlin. In diesem Bereich verfüge ich über sechs Jahre Berufserfahrung. Meine Erfahrungen im Textilbereich würde ich gerne nutzen, um Ihre Kunden zu betreuen. Vor meiner jetzigen Position habe ich in Ihrem Unternehmen eine Ausbildung zur Einzelhandelskauffrau abgeschlossen. Im Anschluss war ich ein Jahr als Einzelhandelskauffrau in der Abteilung Körperpflege/Kosmetik bei Herrn Adams beschäftigt. Durch spezielle Schulungen in dieser Abteilung konnte ich mich beruflich weiterentwickeln. Besonders die Weiterbildung in der Farb- und Typberatung konnte ich bei meiner späteren Arbeit in der Textilabteilung nutzen. Über die Einladung zu einem Vorstellungsgespräch würde ich mich freuen.
Grußformel	Mit freundlichen Grüßen
Unterschrift	Monika Korbmacher
Hinweis auf Anlagen	Anlagen

Lebenslauf

Ein lückenloser Lebenslauf ist ein wichtiger Bestandteil einer aussagekräftigen und vollständigen Bewerbung. Er muss den Leser über den persönlichen Lebensweg des Bewerbers und über seine fachliche Eignung informieren. Ein **tabellarischer Lebenslauf**, der fehlerfrei mit einem Textverarbeitungsprogramm geschrieben ist, gilt als Standard. So lassen sich Informationen übersichtlich gliedern, damit wichtige Daten schnell erfasst werden können.

Für die **Prüfung der Vollständigkeit** eines tabellarischen Lebenslaufes kann man sich an nachstehender Grundform orientieren:

1. **Persönliche Angaben**
   - Vor- und Nachname
   - Anschrift
   - Telefonnummer und evtl. E-Mail-Adresse
   - Geburtsdatum und -ort
   - Familienstand
   - Zahl und Alter der Kinder
   - Staatsangehörigkeit

2. **Schulausbildung**
   - Schulform und -ort
   - Abschluss

3. **Berufsausbildung**
   - Ausbildungsdauer
   - Art der Berufsausbildung
   - Ausbildungsbetrieb
   - Abschluss

4. **Berufspraxis**
   - Zeitdauer
   - Stellenbezeichnung, Position
   - Unternehmen, Ort
   - Arbeitsgebiet

5. **Sonstige Kenntnisse**
   - Fremdsprachen
   - EDV-Kenntnisse

Lebenslauf

Persönliche Daten	
Name	Monika Korbmacher
Adresse	Schwalbacher Str. 6 12161 Berlin
Telefon	030 8971586
Geburtstag	13. April 1972
Geburtsort	Berlin
Familienstand	geschieden
Staatsangehörigkeit	deutsch
Schulausbildung	
1978–1984	Astrid-Lindgren-Grundschule, Berlin-Spandau
1984–1988	Wilhelm-Maybach-Schule, Realschule, Berlin-Spandau (Abschluss: mittlere Reife)
Berufstätigkeit	
1988–1991	Ausbildung zur Einzelhandelskauffrau, Berliner Superkauf GmbH, Berlin
1991–1999	Einzelhandelskauffrau in der Kosmetikabteilung, Berliner Superkauf GmbH, Berlin
1999–20XX	Einzelhandelskauffrau in der Textilabteilung, Kaufrausch GmbH, Bonn
Sonstiges	Kenntnisse mit dem MS-Office-Paket (Word, Excel, PowerPoint) gute Englisch- und Russischkenntnisse in Wort und Schrift

Berlin, 1. Juni 20XX

Monika Korbmacher

Lichtbild

Das Lichtbild ist zwar nicht objektiv zu beurteilen, aber gerade deswegen ein ausschlaggebendes Beurteilungskriterium. Wer auf dem Foto gut wirkt, hat gute Chancen, auch mit seiner Bewerbung Erfolg zu haben. Es sollten keine Urlaubsfotos, auf denen Bewerber sich besonders vorteilhaft getroffen fühlen, als Bewerbungsfotos genutzt werden. Das Format des Fotos beträgt 4,5 cm x 6 cm.

Das Gesicht sollte in allen Bereichen gut ausgeleuchtet, scharf abgebildet und kontrastreich sein. Reflexionen, Schatten oder gar rote Augen sind auf jeden Fall zu vermeiden. Insofern sollte in die Bewerbung investiert und kein Foto aus einem preiswerten Schnellfotoautomaten für die Bewerbung genommen werden. Die eigene Bewerbung soll besser sein als die der Mitbewerber.

Zeugnisse

Der Bewerbung liegen in der Regel Zeugniskopien von Ausbildungsabschlüssen und Arbeitszeugnissen in logischer, z.B. zeitlicher, Reihenfolge bei.

Zeugnisse haben häufig einen hohen Aussagewert bei der Beurteilung und Auswahl von Bewerbern, obwohl Zeugnisnoten nicht wirklich etwas über die Berufseignung aussagen. Außerdem wird die Aussagekraft von Zeugnissen noch dadurch vermindert, dass Leistungen nur in seltenen Fällen wirklich objektiv vergleichbar sind. So unterscheidet sich das Niveau von Ausbildungsabschlüssen oft und Arbeitszeugnisse sind unter Umständen Gefälligkeitsbeurteilungen.

Bewerbungsmappe

Die vollständigen Bewerbungsunterlagen sollten sich ungelocht in einem Klemmhefter befinden, wobei das Anschreiben obenauf liegt. Alles zusammen kommt in einem festen DIN-A4-Umschlag entweder mit der Post oder die Bewerber bringen ihre Unterlagen persönlich zum Briefkasten des Unternehmens.

4.3.3 Allgemeines Gleichbehandlungsgesetz (AGG)

Grundgesetz Artikel 3, Absatz 3

„Niemand darf wegen seines Geschlechts, seiner Abstammung, seiner Rasse, seiner Sprache, seiner Heimat und Herkunft, seines Glaubens, seiner religiösen oder politischen Anschauungen benachteiligt oder bevorzugt werden. Niemand darf wegen seiner Behinderung benachteiligt werden."

Das Allgemeine Gleichbehandlungsgesetz, das am 18.08.2006 in Kraft getreten ist, kann somit als eine Konkretisierung des Grundgesetzes verstanden werden. Die Forderung nach Kontrolle des Gleichheitsgrundsatzes im Grundgesetz und jetzt im AGG richtet sich in erster Linie an die öffentliche Gewalt, d.h. an den Gesetzgeber, die Behörden und die Gerichte. Kommt es zwischen Privatpersonen oder zwischen Privatperson und Unternehmer zu Benachteiligungen, muss der Betroffene rechtlichen Beistand suchen.

Durch das Allgemeine Gleichbehandlungsgesetz können Benachteiligungen in der Arbeitswelt oder im Geschäftsleben zur Anklage gebracht werden. Bei Verstoß gegen das Allgemeine Gleichbehandlungsgesetz besteht ein Rechtsanspruch auf Entschädigung für die benachteiligten/diskriminierten Menschen. Das Allgemeine Gleichbehandlungsgesetz will **Benachteiligungen aus Gründen** der ethnischen Herkunft, des Geschlechts, der Religion oder Weltanschauung, des Alters und der sexuellen Identität verhindern.

Es wird von **Benachteiligung** gesprochen, wenn eine Person in einer vergleichbaren Situation ohne sachlich gerechtfertigten Grund auf Grund eines der im Allgemeinen Gleichbehandlungsgesetz genannten Merkmale eine weniger günstige Behandlung als eine andere Person erhält. Unter Benachteiligung versteht das Allgemeine Gleichbehandlungsgesetz: Diskriminierung, (sexuelle) Belästigung und die Anweisung zur Diskriminierung.

Beispiel

Benachteiligung in Beschäftigung und Beruf:
- Über 50-Jährige werden ohne einen sachlich gerechtfertigten Grund in einer Stellenanzeige aufgefordert, sich nicht mehr zu bewerben.
- Die Bewerbung einer Stewardess wird auf Grund ihres Alters von 46 Jahren mit der Begründung des wesentlich höheren wirtschaftlichen Risikos krankheitsbedingter Ausfälle bei älteren Menschen abgelehnt.
- Ein Unternehmen schließt Teilzeitbeschäftigte von Weiterbildungsmaßnahmen aus.
- Bei der Beförderungsauswahl werden Mitarbeiter, die Elternzeit in Anspruch genommen haben, nicht berücksichtigt.
- In Anwesenheit eines homosexuellen Mitarbeiters werden wiederholt Schwulenwitze erzählt.
- ungewollte sexuelle Berührungen, Aufforderungen, Bemerkungen sowie das Zeigen von pornografischen Darstellungen
- Eine Kellnerin wird angewiesen, Menschen mit offensichtlichen Behinderungen nicht in das Lokal zu lassen.

Diskriminierung im allgemeinen Geschäftsleben:
- Einer Person mit Migrationshintergrund wird der Zutritt zu einer Diskothek verweigert.
- Eine Wohnungsbewerberin wird auf Grund ihrer Behinderung von einer Hausverwaltung zurückgewiesen.

Bei der Ausgestaltung des Allgemeinen Gleichbehandlungsgesetzes musste der Gesetzgeber verschiedene Gesetze und Ansprüche der Bürger gegeneinander abwägen. Beispielsweise besagt die Vertragsfreiheit, dass jeder Bürger grundsätzlich erst einmal einen Vertrag schließen kann – mit wem er möchte. Kommt es nun jedoch zu keinem Vertragsabschluss, weil ein möglicher Vertragspartner Träger eines der oben genannten Merkmale ist, so liegt der Tatbestand der Benachteiligung vor. Hier konkurrieren nun die Ansprüche/Gesetze „Vertragsfreiheit" und „allgemeine Gleichbehandlung miteinander und der Gesetzgeber hat entschieden, dass die allgemeine Gleichbehandlung höher zu bewerten ist als die Vertragsfreiheit. In Ausnahmefällen ist eine Ungleichbehandlung aber auch im Sinne des Allgemeinen Gleichbehandlungsgesetzes zulässig.

Beispiel

Ungleichbehandlung im Sinne des AGG ist zulässig, wenn
- es darum geht, bereits bestehende Nachteile auszugleichen oder zu verhindern: z.B. die bevorzugte Einstellung oder Beförderung behinderter Arbeitnehmer. Diese sind überdurchschnittlich arbeitslos oder unterrepräsentiert in der Führungsebene.
- berufliche Anforderungen dies erfordern: Z.B. wird eine weibliche Psychologin in einem Frauenhaus gesucht. Dies ist auf Grund der Rahmenbedingungen am Arbeitsplatz eine zulässige geschlechtliche Einschränkung.
- diese angemessen und durch ein legitimes Ziel gerechtfertigt ist: z.B. die Angabe eines Mindestalters, um Jugendliche zu schützen.

Der Arbeitgeber muss
- die Mitarbeiter über das Allgemeine Gleichbehandlungsgesetz informieren und ggf. auch weiterbilden.
- eine Beschwerdestelle einrichten, an die sich die Beschäftigten mit ihrer Beschwerde bezüglich Benachteiligung richten können.
- Benachteiligungen im Unternehmen unterbinden, indem er Arbeitsverträge, betriebliche Strukturen, Beförderungsrichtlinien hinsichtlich der Merkmale des Allgemeinen Gleichbehandlungsgesetzes überprüft.
- Mitarbeiter vor Benachteiligung durch Kollegen, Kunden und Lieferanten schützen.

Stellenausschreibung → S. 90

Im Zuge des Allgemeinen Gleichbehandlungsgesetzes ist aus Sicht des Arbeitgebers insbesondere das Bewerberauswahlverfahren ein sensibler Bereich geworden. Bereits bei der Stellenausschreibung sollte neutral formuliert werden, d. h., es sollten keine Fotos gefordert, keine Alters- und Geschlechtsangaben und keine Hinweise auf bevorzugte Altersgruppen oder Muttersprache gemacht werden. Die Bewerbungsgespräche sollten aus Beweisgründen möglichst nicht alleine geführt werden. Grundsätzlich sollte der Arbeitgeber seine Entscheidungen ohne Hinweise auf die Merkmale des Allgemeine Gleichbehandlungsgesetzes gut begründen und dokumentieren. Die Absagen sollten fachlich und sachlich formuliert werden.

Arbeitnehmer, die eine **Benachteiligung im Berufsleben** erfahren haben, haben das Recht, eine Beschwerde bei der vom Arbeitgeber einzurichtenden Beschwerdestelle einzulegen. Bei fortdauernder Belästigung oder sexueller Belästigung am Arbeitsplatz hat der Arbeitnehmer das Recht zur Leistungsverweigerung. Bei einem Verstoß gegen das Benachteiligungsverbot besteht kein Anspruch auf Einstellung, Berufsausbildung oder beruflichen Aufstieg. Jedoch besteht ein Schadensersatz- oder Entschädigungsanspruch. Für die Geltendmachung des Schadensersatz- und Entschädigungsanspruches gilt eine Frist von zwei Monaten.

4.3.4 Vorstellungsgespräch

Eine Einladung zu einem Vorstellungsgespräch ist eine erste Vorentscheidung für die eingeladenen Bewerber. Vorstellungsgespräche haben **zwei Aufgaben**: Teilweise dienen sie dem Unternehmen zur Vollendung des Gesamtbildes über den Bewerber durch die persönliche Vorstellung, andererseits dienen sie dem Bewerber zur Erkundigung über seinen möglichen Arbeitsplatz.

Der Arbeitgeber informiert sich im Vorstellungsgespräch über persönliche Eigenschaften wie
- Kontaktfähigkeit,
- Selbstbewusstsein,
- Entschlusskraft,
- Energie,
- Beharrlichkeit,
- Anpassungsfähigkeit

und über äußere Eigenschaften wie
- Aussehen und Benehmen,
- Körpersprache,
- Sprechweise,
- Kleidung und Frisur.

Mögliche Fragen an den Bewerber

Im Vorstellungsgespräch kann der Bewerber aufgefordert werden, nochmals seinen Werdegang zu erzählen und seine Zukunftspläne zu beschreiben. Viele Stelleninteressenten sind darauf nicht gefasst, weil sie der Meinung sind, dass sie das schon alles im Lebenslauf angegeben haben. Gerade in dieser Situation können sich Bewerber aber hervortun, indem sie die ihnen natürlich geläufigen Gegebenheiten des eigenen Lebens frei vortragen.

Folgender Fragenkatalog kann den Bewerber ein wenig „aus der Reserve locken" und aufschlussreiche Informationen bringen:

Fragen zur Bewerbung
- Weshalb haben Sie sich bei uns beworben?
- Was erwarten Sie von uns?
- Weswegen wollen Sie Ihre bisherige Stelle wechseln?
- Was hat Ihnen an unserer Stellenanzeige besonders gefallen?
- Was wissen Sie über unser Unternehmen?

Fragen zur Selbstkritik
- Was sind Ihre Stärken?
- Was sind Ihre Schwächen?
- Warum sollen wir Sie einstellen?

Fragen zu Ausbildung und Beruf
- Warum haben Sie Ihren Ausbildungsberuf gewählt?
- Was hat Ihnen an Ihrer Ausbildung besonders gefallen und was nicht?
- Welcher ist Ihr Traumberuf?
- Wie stellen Sie sich Ihre berufliche Zukunft vor?

Fragen zur Freizeitgestaltung
- Was tun Sie in Ihrer Freizeit?
- Welche Hobbys haben Sie?

Weitere Fragen können sich auf die wirtschaftliche Lage und den Gesundheitszustand des Bewerbers beziehen. **Nicht zulässig** sind jedoch Fragen nach Gewerkschaftszugehörigkeit, Betriebsratstätigkeit oder bei jungen Frauen die Frage nach einer bestehenden Schwangerschaft oder anstehender Familienplanung. Um Bewerber effektiv vor unzulässigen Fragen zu schützen, wird ihnen in diesen Fällen das „**Recht zur Lüge**" eingeräumt. Eine Schwangere darf also z. B. die Schwangerschaft leugnen, ohne dass der Arbeitgeber deshalb das Recht hat, den Arbeitsvertrag später wegen arglistiger Täuschung anzufechten.

Bei der **Bewertung von Vorstellungsgesprächen** ist zu berücksichtigen, dass der gewonnene Eindruck subjektiv ist und durch persönliche Sympathie oder Antipathie verzerrt werden kann. Daher wird häufig eine zweite Person (z. B. der zukünftige Vorgesetzte) zum Gespräch hinzugezogen. Zur Erhöhung der Objektivität und besseren Vergleichbarkeit der Bewerber werden strukturierte Interviews durchgeführt (d. h., der Gesprächsablauf wird im Voraus festgelegt).

4.3.5 Arbeitsvertrag

Am Ende eines erfolgreichen Bewerbungsgespräches werden bereits einige Rahmenbedingungen des Arbeitsvertrages mit dem neuen Mitarbeiter besprochen:

Stellenbeschreibung → S. 89

- die genaue Beschreibung der Tätigkeit, des Aufgabengebietes und der Kompetenzen
- Aufstiegsmöglichkeiten
- der genaue Eintrittstermin, Dauer der Probezeit, Festlegung der Vertragsdauer

Kündigungsfristen → S. 126

- Kündigungsfristen
- Höhe des Entgelts entsprechend dem Einzelhandelstarifvertrags
- vermögenswirksame Leistungen, Weihnachtsgeld, Urlaubsgeld
- Überstundenregelung
- Urlaubstage
- Sozialleistungen wie Jobticket und Kantinenzuschüsse

Mit dem Arbeitsvertrag gehen Arbeitgeber und Arbeitnehmer eine gegenseitige Verpflichtung ein. Er beinhaltet die Leistungspflicht des Arbeitnehmers und die Verpflichtung zur Zahlung eines Entgelts durch den Arbeitgeber. Wie andere Verträge auch kommt ein Arbeitsvertrag durch **zwei übereinstimmende Willenserklärungen** zu Stande.

Der Arbeitgeber muss dem neuen Arbeitnehmer spätestens einen Monat nach der Einstellung einen schriftlichen Vertrag vorlegen, es sei denn, der neue Arbeitnehmer arbeitet weniger als 400 Stunden pro Jahr für das Unternehmen.

Arbeitsvertrag für Angestellte
unter Verweisung auf den Tarifvertrag

Beska
BERLINER SUPERKAUF GMBH

Zwischen der Berliner Superkauf GmbH, Tauentzienstr. 60, 10789 Berlin (Arbeitgeber)

und ~~Herrn~~/Frau Monika Korbmacher geb. am 13.04.1972,
wohnhaft in 12161 Berlin,
Schwalbacher Str. 6 (Arbeitnehmer) wird folgender Arbeitsvertrag geschlossen.

§ 1 Inhalt und Beginn des Arbeitsverhältnisses
I. ~~Der~~/Die Arbeitnehmer(in) tritt ab 01.09.20XX als Verkäuferin auf unbestimmte Zeit in die Dienste des Arbeitgebers.
II. Der Arbeitsvertrag bezieht sich auf eine Tätigkeit in Berlin. Der Arbeitgeber behält sich vor, ~~dem~~/der Arbeitnehmer(in) im Rahmen des Unternehmens auch an einem anderen Ort eine andere oder zusätzliche, der Vorbildung und den Fähigkeiten entsprechende Tätigkeit zu übertragen.

§ 2 Arbeitszeit
I. Die Arbeitszeit richtet sich nach den für den Betrieb geltenden tariflichen und betrieblichen Bestimmungen.
II. ~~Der~~/Die Arbeitnehmer(in) ist verpflichtet, im Rahmen des AZG und des MTV Mehrarbeit zu leisten.

§ 3 Arbeitsvergütung und Urlaubsanspruch
I. ~~Der~~/Die Angestellte erhält eine monatliche Vergütung nach dem Gehalts-Tarifvertrag.
a) Gehalt nach der Tarifgruppe K2
b) eine außerordentliche monatliche Zulage in Höhe von 70,00 €.
II. Die Arbeitsvergütung ist jeweils am Monatsanfang auszuzahlen.
III. Der Urlaubsanspruch beträgt 25 Arbeitstage pro Kalenderjahr.

§ 4 Besondere Vergütungen
Neben dem in § 3 festgelegten Arbeitsentgelt werden noch folgende besondere Vergütungen gezahlt:
I. Urlaubsgeld 1.400,00 € II. Sonderzahlungen 500,00 €
III. Sonstiges VL 13,29 €

§ 5 Arbeitsfähigkeit
I. ~~Der~~/Die Arbeitnehmer(in) ist verpflichtet, im Falle der Dienstverhinderung den Grund und die voraussichtliche Dauer der Verhinderung vorher bzw. unverzüglich mitzuteilen und im Falle der Erkrankung diese bis zum Ablauf des 3. Werktages nach Eintritt der Dienstverhinderung nachzuweisen.

§ 6 Verschwiegenheitspflicht
~~Der~~/Die Arbeitnehmer(in) ist verpflichtet, über alle Betriebs- und Geschäftsgeheimnisse sowie über alle betriebsinternen vertraulichen Angelegenheiten Stillschweigen zu bewahren.

§ 7 Beendigung des Arbeitsverhältnisses
I. Das Arbeitsverhältnis endet mit Ablauf des Monats, in dem ~~der~~/die Arbeitnehmer(in) das 65. Lebensjahr vollendet.
II. Das Arbeitsverhältnis kann mit der Frist von 1 Monat zum Monatsende gekündigt werden.
Bei längerer Betriebszugehörigkeit verändert sich die Kündigungsfrist entsprechend (siehe MTV und KSchG).

§ 8 Änderungen des Arbeitsvertrages
Änderungen dieses Vertrages bedürfen der Schriftform.

§ 9 Bestandteile des Vertrages
Die Angaben im Einstellungsfragebogen und in den Bewerbungsunterlagen sind Bestandteil des Arbeitsvertrages.
Die unwahre Beantwortung der Fragen berechtigt zur Anfechtung oder außerordentlichen Kündigung des Arbeitsvertrages.

Berlin, den 27.5.20XX

List — Monika Korbmacher
Arbeitgeber — Arbeitnehmer(in)

Der Arbeitsvertrag, der zwischen Arbeitgeber und Arbeitnehmer geschlossen wird, ist die rechtliche Grundlage für das Arbeitsverhältnis. Wesentliche **Inhalte des Arbeitsvertrages** sind:

- Name und Anschrift der Vertragsparteien
- Art und Umfang der Tätigkeit
- Einsatzort
- Beginn und Dauer des Arbeitsverhältnisses
- Probezeit
- Kündigungsfristen
- Entgelt
- Dauer der Arbeitszeit
- Urlaub
- Hinweise auf anzuwendende Gesetze, Tarifverträge und Betriebsvereinbarungen

In einem Arbeitsvertrag können die Vertragsparteien aber nicht alles frei vereinbaren. Zunächst sind die **gesetzlichen Regelungen** des Arbeitsschutzes zu beachten, die in verschiedenen Gesetzen und Rechtsverordnungen sowie in den von den Trägern der Unfallversicherung erlassenen Unfallverhütungsvorschriften zu finden sind.

Unfallversicherung → S. 119

Wird ein Arbeitsvertrag zwischen Mitgliedern der Tarifvertragspartner (Gewerkschaften und Arbeitgeber bzw. Arbeitgeberverbände) geschlossen, so sind die Regelungen des **Tarifvertrages** auf das Arbeitsverhältnis anzuwenden. Grundsätzlich gelten Tarifverträge nur für die Mitglieder der Tarifparteien. Der Tarifvertrag für den Einzelhandel kann vom Wirtschaftsminister für den Einzelhandel allgemein verbindlich erklärt werden. Die Bestimmungen der Tarifverträge sind Mindestbedingungen. Abmachungen in Einzelarbeitsverträgen zwischen Arbeitgeber und Arbeitnehmer dürfen die Normen des Tarifvertrags nicht unterschreiten, sie dürfen den Arbeitnehmer aber besser stellen als die Tarifbestimmungen (**Günstigkeitsprinzip**).

Nach dem Inhalt werden Manteltarifvertrag (Laufzeit beträgt in der Regel mehrere Jahre) und Lohn- und Gehaltstarifvertrag (Laufzeit beträgt in der Regel ein Jahr) unterschieden.

Der **Manteltarifvertrag** im Einzelhandel regelt beispielsweise:
- Probezeit
- regelmäßige Arbeitszeit
- Mehr-, Nacht-, Sonntags- und Feiertagsarbeit
- Sonderzahlungen
- Urlaub
- Kündigung

Der **Lohn- und Gehaltstarifvertrag** im Einzelhandel regelt beispielsweise:
- Vereinbarungen über Lohn- und Gehaltshöhen
- Einteilung der Beschäftigungsgruppen, häufig nach Tätigkeitsmerkmalen, Beschäftigungsdauer

Mit dem Abschluss des Arbeitsvertrages übernehmen Arbeitgeber und Arbeitnehmer eine Reihe von Pflichten.

Pflichten des Arbeitgebers
- Vergütungspflicht
- Beschäftigungspflicht
- Urlaubsgewährungspflicht
- Fürsorgepflicht
- Zeugnispflicht

Pflichten des Arbeitnehmers
- Arbeitspflicht
- Verschwiegenheitspflicht
- Verbot der Annahme von Schmiergeldern
- Wettbewerbsverbot

5 Entgeltabrechnung

Lernsituation 89

Das Entgelt eines Arbeitnehmers kann aus zwei Perspektiven betrachtet werden:

Aus **Sicht des Einzelhandelsunternehmens** verursacht die Entgeltzahlung an den Arbeitnehmer Personalkosten. Diese Personalkosten werden über die Handlungskosten mit in die Preise einkalkuliert und letztendlich zahlt jeder Kunde mit seinem Einkauf einen Teil des monatlichen Entgelts eines jeden Angestellten im Einzelhandelsgeschäft.

Aus **Sicht des Arbeitnehmers** stellt die monatliche Entgeltzahlung das Einkommen, seine Lebensgrundlage, dar. Allerdings besteht ein wesentlicher Unterschied zwischen dem Bruttoentgelt, das in seinem Arbeitsvertrag festgeschrieben ist, und dem Nettoentgelt, das er am Monatsende tatsächlich zur Verfügung hat.

Stufen der Entgeltabrechnung

	Ermittlung des Bruttoentgelts lt. Arbeitsvertrag
+	Sonderzahlungen (z. B. Weihnachts- und Urlaubsgeld, vermögenswirksame Leistungen)
=	sozialversicherungspflichtiges Bruttoentgelt
–	Steuerfreibetrag
=	steuerpflichtiges Bruttoentgelt
–	steuerliche Abzüge
–	Sozialversicherungsbeiträge
=	Nettoentgelt
–	Vorschuss
–	vermögenswirksames Sparen (Arbeitgeber- + Arbeitsnehmeranteil)
=	Nettoauszahlungsbetrag

steuerpflichtiges Bruttoentgelt → S. 104

Berechnung der steuerlichen Abzüge → S. 105

Sozialversicherungsbeiträge → S. 108

Berechnung des Nettoauszahlungsbetrags → S. 108

5.1 Ermittlung des Bruttoentgelts

Die Höhe des Entgelts wird im Arbeitsvertrag schriftlich fixiert. Sind Arbeitnehmer und Arbeitgeber tariflich gebunden (Mitglied der Tarifparteien) oder wurde der Tarifvertrag für allgemein verbindlich erklärt, ist die Mindesthöhe des Entgelts abhängig von der Einstufung des Arbeitnehmers in eine **Beschäftigungsgruppe**. Diese richtet sich nach der Ausbildung und dem Aufgabengebiet des Arbeitnehmers.

Zudem ist die Entgeltshöhe abhängig von der **Beschäftigungsdauer** innerhalb der jeweiligen Gruppe (Beschäftigungsjahr). Trotz Tarifgebundenheit kann zwischen Arbeitnehmer und Arbeitgeber ein höhers Entgelt vereinbart werden als tariflich vorgeschrieben, ein niedrigerer Verdienst ist aber arbeitsrechtlich nicht möglich (Günstigkeitsprinzip). Sind Arbeitnehmer und Arbeitgeber tariflich nicht gebunden und wurde der Tarifvertrag vom Minister für Arbeit und Soziales nicht für allgemein verbindlich erklärt, so kann das Entgelt zwischen Arbeitgeber und Arbeitnehmer frei von tariflichen Vorgaben vereinbart werden.

5.2 Ermittlung des sozialversicherungspflichtigen Bruttoentgelts

Zum Bruttoentgelt gehören alle Leistungen, die dem Arbeitnehmer im Rahmen seines Arbeitsverhältnisses gezahlt werden. Auch die neben dem Bruttoentgelt gezahlten sonstigen Vergütungen, wie z B. Urlaubsgeld, Weihnachtsgeld, Prämien, Fahrtkostenerstattung, vermögenswirksame Leistungen und Sachwerte, erhöhen das Bruttoentgelt.

Sozialversicherung → S. 111

Das Bruttoentgelt ist Grundlage für die Berechnung der gesetzlichen Sozialversicherungsbeiträge und wird auch als sozialversicherungspflichtiges Bruttoentgelt bezeichnet.

5.3 Ermittlung des steuerpflichtigen Bruttoentgelts

Das steuerpflichtige Bruttoentgelt bildet die Grundlage für die Berechnung der steuerlichen Abzüge. Das sozialversicherungspflichtige Bruttoentgelt und das steuerpflichtige Bruttoentgelt können übereinstimmen. Nur wenn der Arbeitnehmer beim zuständigen Finanzamt einen Steuerfreibetrag beantragt hat, muss dieser vom sozialversicherungspflichtigen Bruttoentgelt abgezogen werden, um das steuerpflichtige Bruttoentgelt zu erhalten.

Steuerfreibeträge mindern das steuerpflichtige Arbeitsentgelt. Sie werden bisher direkt vom Finanzamt in die Lohnsteuerkarte eingetragen und damit direkt bei der monatlichen Berechnung der Steuern berücksichtigt. Ab 2011 werden die Steuerfreibeträge unter der Steueridentifikationsnummer des Arbeitnehmers in die Datenbank des Bundeszentralamtes für Steuern eingetragen. Die Steuerersparnis kann aber auch vom Arbeitnehmer am Jahresende durch die Einkommensteuererklärung zurückgefordert werden. Steuerfreibeträge können vom Finanzamt bei erhöhten Werbungskosten, Sonderausgaben oder außergewöhnlichen Belastungen eingetragen werden.

Werbungskosten sind Ausgaben, die für Erwerb, Sicherung und Erhalt der Einnahmen notwendig sind. **Sonderausgaben** sind Aufwendungen der Lebensführung, die aus sozialen, wirtschaftlichen und steuerpolitischen Gründen steuerlich begünstigt werden. Hierzu zählen insbesondere Vorsorgeaufwendungen.

Beispiel

Werbungskosten:
- spezielle Arbeitskleidung, wenn sie nicht vom Arbeitgeber gezahlt wird
- Aufwendungen für Fachliteratur
- Fortbildungskosten

Sonderausgaben:
- Beiträge zur gesetzlichen Renten- und Arbeitslosenversicherung
- Beiträge zu Kranken-, Unfall-, Lebens- und Haftpflichtversicherungen

Außergewöhnliche Belastungen sind Ausgaben, die eine zumutbare Eigenbelastung übersteigen und durch Krankheitskosten, Kurkosten, Anwaltskosten, Kinderbetreuungskosten u. a. entstehen.

5.4 Berechnung der steuerlichen Abzüge

Steuerklasse
→ S. 107

Die steuerlichen Abzüge setzen sich zusammen aus:
- Lohnsteuer/Einkommensteuer
- Kirchensteuer
- Solidaritätszuschlag

Grundlage für die Berechnung der steuerlichen Abzüge bilden das steuerpflichtige Bruttoentgelt und die individuellen Lebensverhältnisse eines jeden Arbeitnehmers:
- der Familienstand
- die Anzahl der Kinder
- der steuerliche Freibetrag

Der Staat erhebt auf die Einkommen aller natürlichen Personen im Inland **Einkommensteuer**. Diese stellt die wichtigste Einnahmequelle des Staates dar. Die **Lohnsteuer** ist eine Vorauszahlung auf die Einkommensteuer, die nur die Einkünfte aus nicht selbstständiger Arbeit besteuert.

Arbeitnehmer, die einer Steuer erhebenden Religionsgemeinschaft angehören, zahlen Kirchensteuer. Die derzeitige **Kirchensteuer** beträgt 9 % (in Bayern und Baden-Württemberg 8 %) von der zu zahlenden Lohnsteuer.

Als Maßnahme zur Bewältigung der finanziellen Erblasten im Zusammenhang mit der deutschen Wiedervereinigung und zur langfristigen Sicherung des Aufbaus in den neuen Ländern wird ein **Solidaritätszuschlag** (Soli) in Höhe von derzeit 5,5 % von der Einkommensteuer erhoben.

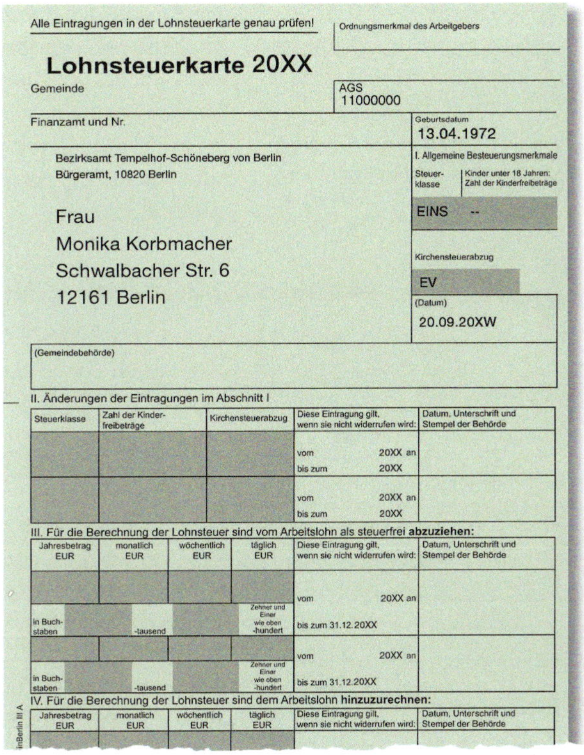
Alle Eintragungen in der Lohnsteuerkarte genau prüfen!
Ordnungsmerkmal des Arbeitgebers
Lohnsteuerkarte 20XX
Gemeinde
AGS 11000000
Finanzamt und Nr.
Geburtsdatum 13.04.1972
Bezirksamt Tempelhof-Schöneberg von Berlin
Bürgeramt, 10820 Berlin
I. Allgemeine Besteuerungsmerkmale
Steuer-klasse: EINS
Kinder unter 18 Jahren: Zahl der Kinderfreibeträge: --
Frau
Monika Korbmacher
Schwalbacher Str. 6
12161 Berlin
Kirchensteuerabzug: EV
(Datum) 20.09.20XW
(Gemeindebehörde)

II. Änderungen der Eintragungen im Abschnitt I

Steuerklasse	Zahl der Kinderfreibeträge	Kirchensteuerabzug	Diese Eintragung gilt, wenn sie nicht widerrufen wird:	Datum, Unterschrift und Stempel der Behörde
			vom 20XX an bis zum 20XX	
			vom 20XX an bis zum 20XX	

III. Für die Berechnung der Lohnsteuer sind vom Arbeitslohn als steuerfrei **abzuziehen:**

Jahresbetrag EUR	monatlich EUR	wöchentlich EUR	täglich EUR	Diese Eintragung gilt, wenn sie nicht widerrufen wird:	Datum, Unterschrift und Stempel der Behörde
				vom 20XX an	
in Buchstaben	-tausend		Zehner und Einer wie oben -hundert	bis zum 31.12.20XX	
				vom 20XX an	
in Buchstaben	-tausend		Zehner und Einer wie oben -hundert	bis zum 31.12.20XX	

IV. Für die Berechnung der Lohnsteuer sind dem Arbeitslohn **hinzuzurechnen:**

Jahresbetrag EUR	monatlich EUR	wöchentlich EUR	täglich EUR	Diese Eintragung gilt, wenn sie nicht widerrufen wird:	Datum, Unterschrift und Stempel der Behörde

Die Steuerkarte „zum Anfassen" gibt es letztmalig 2010. Sie gilt auch für das Jahr 2011.

Für die **Berechnung** der steuerlichen Vorauszahlung (Lohnsteuer) greift der Arbeitgeber vor allem auf zwei Hilfsmittel zurück. Zum einen benötigt er die Daten des Arbeitnehmers, zum anderen setzt er Lohnsteuertabellen ein.

Bisher entnahm der Arbeitgeber folgende Daten aus der **Lohnsteuerkarte**:
- die Steuerklasse
- die Zahl der Kinder
- den zu berücksichtigenden Steuerfreibetrag
- die Religionszugehörigkeit

Ab 2011 werden keine Lohnsteuerkarten mehr an die Arbeitnehmer versendet. Die Lohnsteuerkarte wird durch ein elektronisches System ersetzt. Künftig wird der Arbeitnehmer mit Hilfe der **Steueridentifikationsnummer** und dem **Geburtsdatum des Arbeitnehmers** die für den Lohnsteuerabzug notwendigen Daten bei der Finanzverwaltung abgerufen können. Diese Daten werden in der so genannten ELStAM-Datenbank beim Bundeszentralamt für Steuern zentral verwaltet.

ELStAM
Elektronische Lohnsteuerabzugsmerkmale

Die Steueridentifikationsnummer wurden im Laufe des Jahres 2008 flächendeckend eingeführt und ist seither von der Geburt des Steuerpflichtigen lebenslänglich gültig. Auch wenn der Arbeitnehmer umzieht, behält er seine Steuernummer.

Ziel des elektronischen Systems ist die Erleichterung und die papierlose Organisation der Kommunikation zwischen Arbeitgebern, Arbeitnehmern und dem Finanzamt. Für den Arbeitnehmer bedeutet dieses neue elektronische Verfahren, dass er zukünftig seinem Arbeitgeber nur einmalig seine Steueridentifikationsnummer und sein Geburtsdatum mitteilen muss.

Die Höhe der steuerlichen Abzüge ermittelt der Arbeitgeber z. B. mit Hilfe der **Lohnsteuertabellen**. Aus diesen Tabellen lässt sich in Abhängigkeit der Steuerklasse und der Anzahl der Kinder für jedes Bruttoentgelt die jeweilige Höhe der Lohn- und Kirchensteuer sowie des Solidaritätszuschlags ablesen. Auch EDV-gestützte Lohn- und Gehaltsabrechnungsprogramme ermitteln die Steuerabzüge nach amtlich anerkannten Formeln.

Der Grundfreibetrag beträgt bei Ledigen 2010: 8.004 Euro.

Arbeitnehmer, deren Jahresverdienst unter dem steuerlichen **Grundfreibetrag** liegt, zahlen keine Lohnsteuer, denn der Grundfreibetrag stellt das rechnerische Existenzminimum dar.

Monat von 2 157,00 € bis 2 201,99 €

Lohn/ Gehalt bis	Steuerklasse	Lohn-steuer	ohne Kinderfreibetrag			mit 0,5 Kinderfreibetrag			mit 1,0 Kinderfreibetrag			mit 1,5 Kinderfreibeträgen			mit 2,0 Kinderfreibeträgen		
			SolZ 5,5%	Kirchensteuer 8%	Kirchensteuer 9%	SolZ 5,5%	Kirchensteuer 8%	Kirchensteuer 9%	SolZ 5,5%	Kirchensteuer 8%	Kirchensteuer 9%	SolZ 5,5%	Kirchensteuer 8%	Kirchensteuer 9%	SolZ 5,5%	Kirchensteuer 8%	Kirchensteuer 9%
2 159,99	I	264,00	14,52	21,12	23,76	10,19	14,82	16,67	6,06	8,90	10,01	0,00	3,59	4,04	0,00	0,00	0,00
	II	234,08	12,87	18,72	21,06	8,64	12,57	14,14	0,78	6,79	7,64	0,00	1,97	2,21	0,00	0,00	0,00
	III	66,50	0,00	5,32	5,98	0,00	1,37	1,54	0,00	0,00	0,00	0,00	0,00	0,00	0,00	0,00	0,00
	IV	264,00	14,52	21,12	23,76	12,32	17,92	20,16	10,19	14,82	16,67	8,12	11,82	13,29	6,06	8,90	10,01
	V	501,66	27,59	40,13	45,14												
	VI	532,16	29,26	42,57	47,89												
2 162,99	I	264,75	14,56	21,18	23,82	10,23	14,88	16,74	6,16	8,96	10,08	0,00	3,64	4,09	0,00	0,00	0,00
	II	234,75	12,91	18,78	21,12	8,68	12,62	14,20	0,90	6,84	7,69	0,00	2,00	2,25	0,00	0,00	0,00
	III	67,00	0,00	5,36	6,03	0,00	1,41	1,58	0,00	0,00	0,00	0,00	0,00	0,00	0,00	0,00	0,00
	IV	264,75	14,56	21,18	23,82	12,36	17,98	20,22	10,23	14,88	16,74	8,16	11,87	13,35	6,16	8,96	10,08
	V	502,83	27,65	40,22	45,25												
	VI	533,16	29,32	42,65	47,98												
2 165,99	I	265,41	14,59	21,23	23,88	10,26	14,93	16,79	6,19	9,01	10,13	0,00	3,68	4,14	0,00	0,00	0,00
	II	235,50	12,95	18,84	21,19	8,71	12,68	14,26	1,03	6,89	7,75	0,00	2,04	2,30	0,00	0,00	0,00
	III	67,66	0,00	5,41	6,08	0,00	1,45	1,63	0,00	0,00	0,00	0,00	0,00	0,00	0,00	0,00	0,00
	IV	265,41	14,59	21,23	23,88	12,40	18,04	20,29	10,26	14,93	16,79	8,19	11,92	13,41	6,19	9,01	10,13
	V	503,66	27,70	40,29	45,32												
	VI	534,16	29,37	42,73	48,07												
2 168,99	I	266,16	14,63	21,29	23,95	10,30	14,99	16,86	6,22	9,06	10,19	0,00	3,72	4,18	0,00	0,00	0,00
	II	236,25	12,99	18,90	21,26	8,75	12,73	14,32	1,16	6,94	7,81	0,00	2,08	2,34	0,00	0,00	0,00
	III	68,16	0,00	5,45	6,13	0,00	1,48	1,66	0,00	0,00	0,00	0,00	0,00	0,00	0,00	0,00	0,00
	IV	266,16	14,63	21,29	23,95	12,43	18,09	20,35	10,30	14,99	16,86	8,23	11,98	13,47	6,22	9,06	10,19
	V	504,66	27,75	40,37	45,41												
	VI	535,16	29,43	42,81	48,16												
2 171,99	I	266,91	14,68	21,35	24,02	10,34	15,04	16,92	6,26	9,11	10,25	0,00	3,76	4,23	0,00	0,00	0,00
	II	236,91	13,03	18,95	21,32	8,79	12,78	14,38	1,28	6,99	7,86	0,00	2,12	2,38	0,00	0,00	0,00
	III	68,66	0,00	5,49	6,17	0,00	1,52	1,71	0,00	0,00	0,00	0,00	0,00	0,00	0,00	0,00	0,00
	IV	266,91	14,68	21,35	24,02	12,48	18,15	20,42	10,34	15,04	16,92	8,27	12,03	13,53	6,26	9,11	10,25
	V	505,66	27,81	40,45	45,50												
	VI	536,16	29,48	42,89	48,25												
2 174,99	I	267,66	14,72	21,41	24,08	10,38	15,10	16,98	6,30	9,16	10,31	0,00	3,80	4,28	0,00	0,00	0,00
	II	237,66	13,07	19,01	21,38	8,82	12,84	14,44	1,41	7,04	7,92	0,00	2,15	2,42	0,00	0,00	0,00
	III	69,16	0,00	5,53	6,22	0,00	1,56	1,75	0,00	0,00	0,00	0,00	0,00	0,00	0,00	0,00	0,00
	IV	267,66	14,72	21,41	24,08	12,51	18,20	20,48	10,38	15,10	16,98	8,30	12,08	13,59	6,30	9,16	10,31
	V	506,66	27,86	40,53	45,59												
	VI	537,33	29,55	42,98	48,35												
2 177,99	I	268,33	14,75	21,46	24,14	10,41	15,15	17,04	6,33	9,21	10,36	0,00	3,84	4,32	0,00	0,00	0,00
	II	238,33	13,10	19,06	21,44	8,86	12,89	14,50	1,53	7,09	7,97	0,00	2,19	2,46	0,00	0,00	0,00
	III	69,83	0,00	5,58	6,28	0,00	1,58	1,78	0,00	0,00	0,00	0,00	0,00	0,00	0,00	0,00	0,00
	IV	268,33	14,75	21,46	24,14	12,55	18,26	20,54	10,41	15,15	17,04	8,34	12,14	13,65	6,33	9,21	10,36
	V	507,83	27,93	40,62	45,70												
	VI	538,33	29,60	43,06	48,44												
2 180,99	I	269,08	14,79	21,52	24,21	10,45	15,21	17,11	6,37	9,26	10,42	0,00	3,89	4,37	0,00	0,00	0,00
	II	239,08	13,14	19,12	21,51	8,90	12,94	14,56	1,66	7,14	8,03	0,00	2,23	2,51	0,00	0,00	0,00
	III	70,33	0,00	5,62	6,32	0,00	1,62	1,82	0,00	0,00	0,00	0,00	0,00	0,00	0,00	0,00	0,00
	IV	269,08	14,79	21,52	24,21	12,59	18,32	20,61	10,45	15,21	17,11	8,38	12,19	13,71	6,37	9,26	10,42
	V	508,66	27,97	40,69	45,77												
	VI	539,33	29,66	43,14	48,53												
2 183,99	I	269,83	14,84	21,58	24,28	10,49	15,26	17,17	6,40	9,32	10,48	0,00	3,93	4,42	0,00	0,00	0,00
	II	239,75	13,18	19,18	21,57	8,93	13,00	14,62	1,80	7,20	8,10	0,00	2,26	2,54	0,00	0,00	0,00
	III	70,83	0,00	5,66	6,37	0,00	1,66	1,87	0,00	0,00	0,00	0,00	0,00	0,00	0,00	0,00	0,00
	IV	269,83	14,84	21,58	24,28	12,63	18,38	20,67	10,49	15,26	17,17	8,41	12,24	13,77	6,40	9,32	10,48
	V	509,83	28,04	40,78	45,88												

Die **Steuerklassen** spiegeln die familiären Lebensverhältnisse der Arbeitnehmer wider und führen zu einem unterschiedlichen Steuerabzug. Die geringsten steuerlichen Abzüge müssen bei der Steuerklasse III, die höchsten Abzüge bei Steuerklasse VI hingenommen werden.

Steuerklassen

Steuerklasse	Arbeitnehmer
I	ledige und geschiedene Arbeitnehmer sowie verwitwete Arbeitnehmer, sofern sie nicht in die Steuerklasse II oder III fallen
II	ledige, geschiedene und verwitwete Arbeitnehmer, denen der Entlastungsbetrag für Alleinerziehende zusteht; der Entlastungsbetrag für Alleinerziehende steht grundsätzlich einem im Übrigen alleinstehenden Arbeitnehmer zu, in dessen Haushalt mindestens ein Kind mit Haupt- oder Nebenwohnung gemeldet ist, das auf der Lohnsteuerkarte dieses Arbeitnehmers unter der Kinderfreibetragszahl zu berücksichtigen ist oder für das er Kindergeld erhält
III	Verheiratete, wenn der Ehepartner keine Einkünfte erzielt oder der arbeitende Ehepartner die Steuerklasse V gewählt hat verwitwete Arbeitnehmer für das dem Todesjahr des Ehepartners folgende Kalenderjahr
IV	Verheiratete, wenn beide Ehepartner Arbeitslohn beziehen und an Stelle der Steuerklasse III + V die Steuerklassen IV + IV gewählt haben
V	Verheiratete, wenn der Ehepartner die Steuerklasse III gewählt hat
VI	Arbeitnehmer, die gleichzeitig von mehreren Arbeitgebern Arbeitslohn erhalten, mit ihren zweiten und weiteren Lohnsteuerkarten

Verheiratete können seit 2010 die Kombination IV/IV mit Faktor wählen. Dadurch wird die Lohnsteuer besser an die tatsächliche Steuerschuld angepasst.

www.bundesfinanzministerium.de
Stichwort: Faktorverfahren

Die Lohnsteuer, Kirchensteuer und der Solidaritätszuschlag werden vom Arbeitgeber bei jeder Lohnzahlung vom Bruttoentgelt einbehalten und an das Finanzamt bis spätestens zum 10. des Folgemonats abgeführt. Der Arbeitgeber ist somit der Steuerschuldner, der Arbeitnehmer ist der **Steuerträger**. Am Jahresende erhält der Arbeitnehmer vom Arbeitgeber eine **Lohnsteuerbescheinigung** für das abgelaufene Kalenderjahr. Diese Bescheinigung dient dem Arbeitnehmer als Nachweis über das erhaltene Jahresbruttoentgelt, die darauf gezahlten Steuern und Sozialversicherungsbeiträge. Der Arbeitnehmer benötigt diese Information für eine mögliche Einkommensteuererklärung.

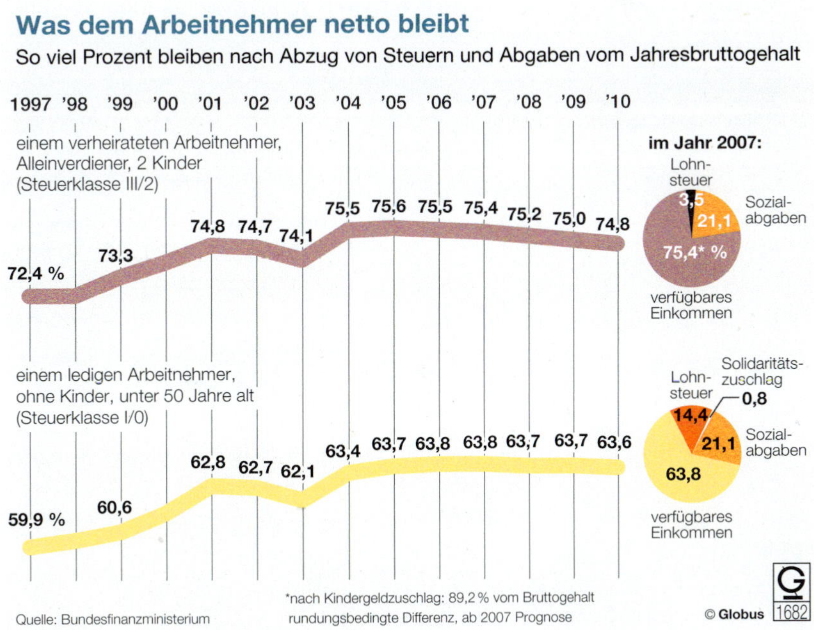

5.5 Gesetzliche Sozialversicherungsbeiträge des Arbeitnehmers

Neben den steuerlichen Abzügen sind die gesetzlichen Sozialversicherungsbeiträge der zweite große Block an Abzügen, die der Arbeitnehmer zahlen muss. Der Arbeitnehmer zahlt in folgende Sozialversicherungskassen ein:

- Krankenversicherung
- Pflegeversicherung
- Rentenversicherung
- Arbeitslosenversicherung.

Aber nicht nur der Arbeitnehmer zahlt für seine soziale Absicherung in diese Sozialversicherungskassen ein, sondern **auch der Arbeitgeber**, der noch einmal fast die gleichen Beiträge einzahlt. Mit anderen Worten: Arbeitgeber und Arbeitnehmer teilen sich die Kosten der sozialen Absicherung des Arbeitnehmers. Dies ist natürlich zum einen eine bemerkenswerte soziale Errungenschaft unseres Landes, zum anderen erhöht dieses System aber auch die Personalkosten aus Sicht des Unternehmers. Diese setzen sich somit zusammen aus den Entgeltzahlungen und dem Arbeitgeberanteil zu den Sozialversicherungen (Lohnnebenkosten).

Sozialversicherungen → S. 111

Die Beitragssätze für die Sozialversicherungen beziehen sich auf das sozialversicherungspflichtige Bruttoentgelt. Je mehr ein Arbeitnehmer verdient, desto höhere Beiträge muss er entrichten, obwohl alle Mitglieder unabhängig von der Höhe ihrer Beiträge die gleiche Versichertenleistung erhalten. Diese Umverteilung wird in der Fachsprache mit dem **Solidaritätsprinzip** bezeichnet.

Das sozialversicherungspflichtige Bruttoentgelt wird für die Berechnung der Sozialversicherungsbeiträge aber nur bis zu den jeweiligen **Beitragsbemessungsgrenzen** herangezogen. Liegt das Bruttoentgelt über der jeweiligen Beitragsbemessungsgrenze, so zahlen die Versicherten nur bis dieser Grenze Beiträge. Einkünfte, die darüber liegen, sind beitragsfrei.

<table>
<tr><th rowspan="2">Versicherungszweig</th><th rowspan="2">Gesamtbeitragssatz</th><th rowspan="2">Arbeitgeberanteil</th><th rowspan="2">Arbeitnehmeranteil</th><th colspan="2">Bemessungsgrenzen (Monat)</th></tr>
<tr><th>West</th><th>Ost</th></tr>
<tr><td>Rentenversicherung</td><td>19,9 %</td><td>9,95 %
(50 % des jeweiligen Beitragssatzes)</td><td>9,95 %
(50 % des jeweiligen Beitragssatzes)</td><td rowspan="2">5.500,00 €</td><td rowspan="2">4.650,00 €</td></tr>
<tr><td>Arbeitslosen-versicherung</td><td>2,8 %</td><td>1,4 %
(50 % des jeweiligen Beitragssatzes)</td><td>1,4 %
(50 % des jeweiligen Beitragssatzes)</td></tr>
<tr><td>Krankenversicherung</td><td>14,0 %</td><td>7 %
(50 % des jeweiligen Beitragssatzes)</td><td>7 % (50 % des jeweiligen Beitragssatzes) + Sonderbeitrag 0,9 %[1]</td><td colspan="2" rowspan="2">3.750,00 €</td></tr>
<tr><td>Pflegeversicherung</td><td>1,95 % [2]</td><td>0,975 %
(50 % des jeweiligen Beitragssatzes)</td><td>0,975 % (50 % des jeweiligen Beitragssatzes) + Zuschlag für Kinderlose ab 23 Jahren 0,25 % (= 1,225 %)</td></tr>
</table>

[1] Weitere Zusatzbeiträge einzelner Kassen sind möglich (bis 36 €/Monat).
[2] Sonderregelung für Sachsen, vgl. S. 474

Stand: März 2010

Beispiel

Ein verheirateter Arbeitnehmer mit einem Kind verdient brutto 3.800,00 Euro im Monat. Der Krankenkassenbeitragssatz beträgt 14,0 %. Die Beiträge zur Kranken- und Pflegeversicherung werden nun nicht von den 3.800 Euro berechnet, sondern von der Beitragsbemessungsgrenze 3.750,00 € (Grundwert).

Krankenversicherung

Arbeitnehmeranteil: $\frac{14{,}0\,\%}{2} + 0{,}9\,\% = 7{,}9\,\%$

Beitrag: 7,9 % von 3.750,00 € = 296,25 €

Pflegeversicherung

Arbeitnehmeranteil: $\frac{1{,}95\,\%}{2} = 0{,}975\,\%$

Beitrag: 0,975 % von 3.750,00 € = 36,56 €

Arbeitnehmer, die gegen Entgelt oder zu ihrer Berufsausbildung beschäftigt sind, sind grundsätzlich in der gesetzlichen Kranken-, Renten-, Arbeitslosen und Pflegeversicherung **pflichtversichert**. Ab einem gewissen Einkommen steht es aber einem Arbeitnehmer frei, die gesetzliche Kranken- und Pflegekasse zu verlassen und sich privat zu versichern. Voraussetzung ist aber, dass der Arbeitnehmer mit seinem Einkommen drei Jahre in Folge über der **Versicherungspflichtgrenze** liegt.

Versicherungspflichtgrenze
Stand 2010:
49.950 Euro/Jahr

Für die Renten- und Arbeitslosenversicherung besteht eine solche Möglichkeit nicht. Hier bleibt jeder abhängig Beschäftigte, unabhängig von seinem Verdienst, pflichtversichert.

Genau wie die Steuerabzüge werden auch die vom Arbeitnehmer zu tragenden Sozialversicherungsbeiträge direkt vom Arbeitgeber einbehalten. Der Arbeitgeber führt die Arbeitnehmer- und Arbeitgeberanteile an die Krankenkasse des jeweiligen Arbeitnehmers bis zum drittletzten Bankarbeitstag des jeweiligen Monats ab. Die jeweilige Krankenkasse hat dann die Aufgabe, die einzelnen Sozialversicherungsbeiträge an die entsprechenden Träger zu überweisen.

Bankarbeitstag
Montag bis Freitag

5.6 Berechnung des Nettoauszahlungsbetrags

Zieht man vom sozialversicherungspflichtigen Bruttoentgelt die vom Arbeitnehmer zu tragende Lohnsteuer, Kirchensteuer und den Solidaritätszuschlag sowie die Sozialversicherungsbeiträge (Kranken-, Renten-, Pflege- und Arbeitslosenversicherung) ab, so erhält man das Nettoentgelt. Das Nettoentgelt stellt nicht zwangsläufig auch den Nettoauszahlungsbetrag dar. In vielen Fällen wird das Nettoentgelt um persönliche Abzugsbeträge gekürzt, wie z. B. vermögenswirksame Sparleistung und Vorschüsse.

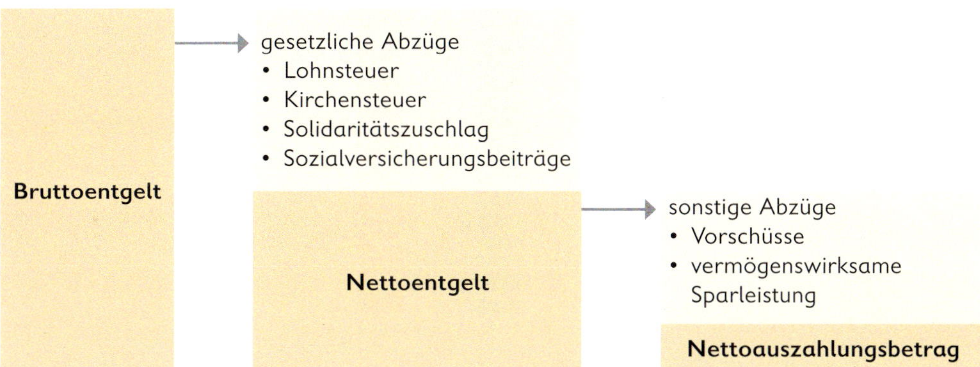

6 Leistungen des Staats und der Sozialkassen

Die Gesamtabzüge vom Bruttoentgelt einschließlich der Sozialbeiträge eines Arbeitnehmers liegen je nach persönlichem Steuersatz zwischen 30 % und 50 %. Keine Frage, bei einem Blick auf die Entgeltabrechnung fragt sich der Arbeitnehmer, ob das richtig ist. Aber er zahlt dieses Geld nicht vergebens. Er bekommt dafür vom Staat und von den Sozialversicherungen eine Gegenleistung.

Entgeltabrechnung → S. 103

6.1 Leistungen des Staats

Der Staat erfüllt eine ganze Reihe von öffentlichen Aufgaben. Beispielsweise finanziert er unseren Rechtsstaat, unterhält Krankenhäuser, baut Straßen, finanziert die Bildung und sorgt für die innere Sicherheit durch Polizei und Feuerwehr sowie für die äußere Sicherheit durch die Bundeswehr. Damit der Staat diese öffentlichen Aufgaben erfüllen kann, benötigt er entsprechende Einnahmen.

Der Staat finanziert seine Ausgaben aus verschiedenen Quellen:
- **Steuern** sind Geldleistungen des Steuerpflichtigen, ohne dass dieser eine konkrete Gegenleistung beanspruchen kann.
- **Beiträge** sind Geldleistungen, durch die sich der Beitragszahler einen Anspruch erwirbt, die Leistungen der beitragserhebenden Institution zu nutzen.
- **Gebühren** werden für bestimmte Leistungen des Staates oder öffentlicher Einrichtungen erhoben, z. B. für die Müllabfuhr oder für die Beantragung eines Reisepasses.

Steuern sind mit Abstand die wichtigste Einnahmequelle des Staates. Die Lohn- und Einkommensteuer stellt dabei eine wichtige Größe dar. Welche weiteren Einnahmequellen der Staat hat und wofür er dieses Geld verwendet, stellt folgende Grafik übersichtlich dar.

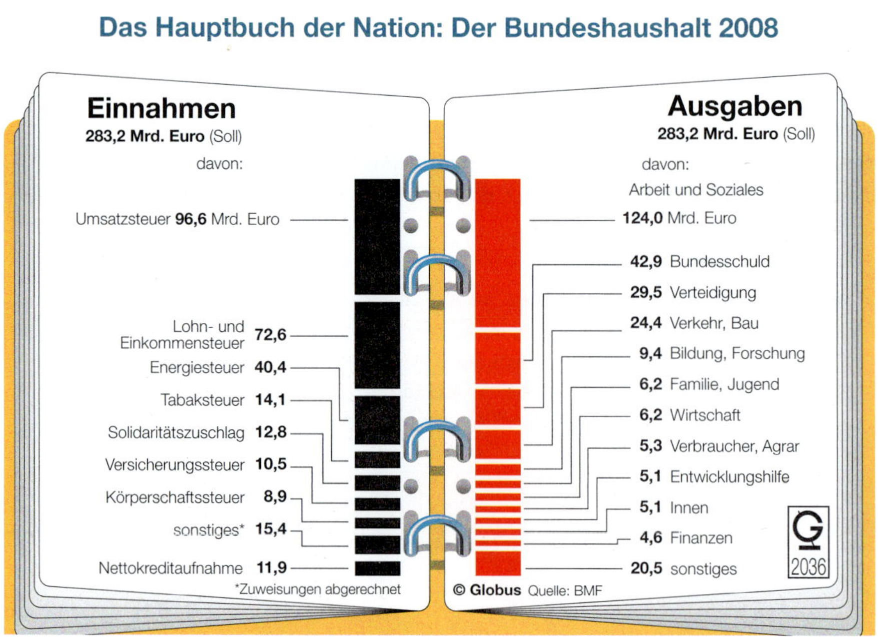

6.2 Leistungen der Sozialversicherungen

Im Rahmen der sozialen Absicherung spricht man in Deutschland auch von dem **Fünf-Säulen-System**. Die fünf Säulen symbolisieren dabei jeweils eine Sozialversicherung, die den Arbeitnehmer im Bedarfsfall absichert:

- Krankenversicherung
- Pflegeversicherung
- Rentenversicherung
- Arbeitslosenversicherung
- gesetzliche Unfallversicherung

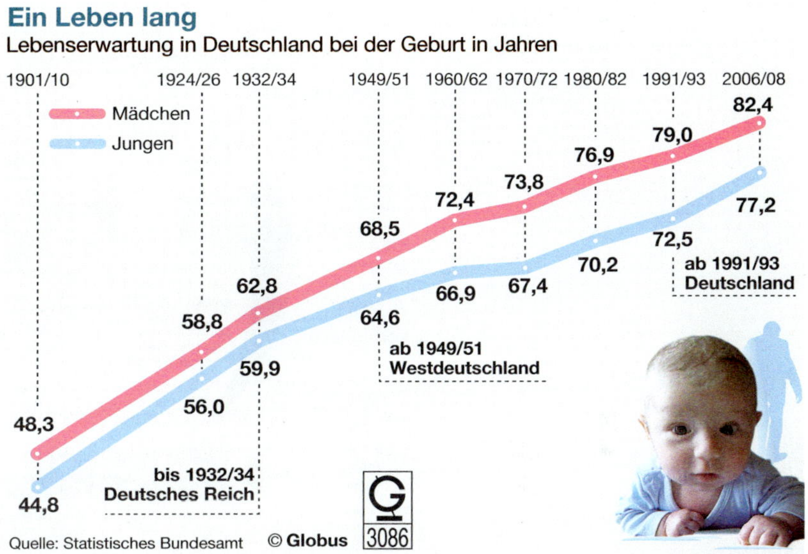

Das System der Sozialversicherung beruht auf dem so genannten **Versicherungsprinzip**: Nur derjenige hat Anspruch auf eine Versicherungsleistung, der vorher auch seinen Beitrag gezahlt hat. Doch angesichts immer steigender Lebenserwartung und hoher Arbeitslosenzahlen beginnt dieses Säulensystem zu bröckeln. Die Ausgaben der Sozialversicherungen sind häufig nicht mehr durch die Beitragszahlungen gedeckt.

Bei finanziellen Engpässen springt immer häufiger der Staat ein und bezuschusst die Sozialkassen, damit diese die zugesagten Leistungen auch erfüllen können. Gleichzeitig steigen die Sozialversicherungsbeiträge und belasten Arbeitnehmer und Arbeitgeber in zunehmendem Maße. Angesichts der schwerwiegenden Finanzierungsprobleme des Sozialversicherungssystems werden aber auch immer wieder Leistungskürzungen, private Zuzahlungen oder sogar die Reduzierung auf ein Grundsicherungssystem diskutiert.

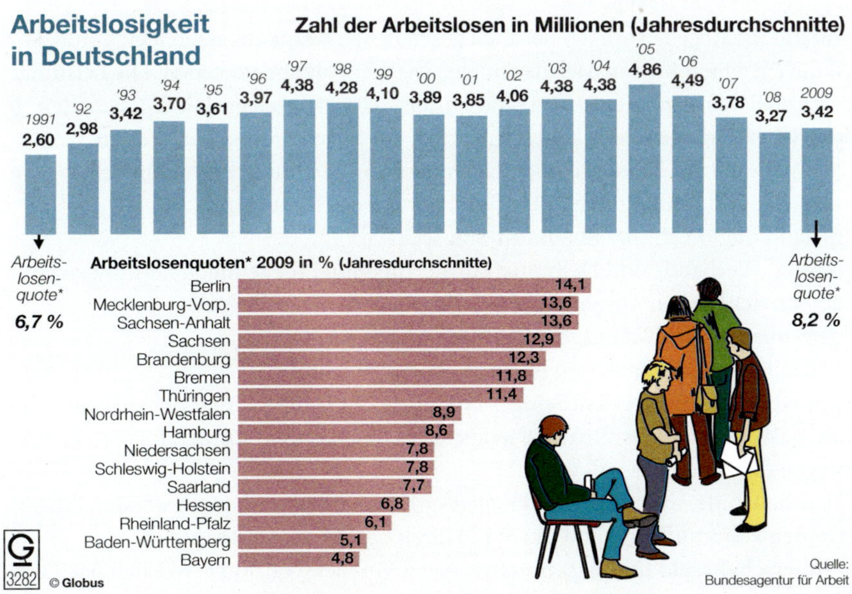

6.2.1 Gesetzliche Krankenversicherung

www.bmg.bund.de
Unter dieser Internetadresse finden Sie weitere Informationen zum Thema gesetzliche Krankenversicherung sowie zur Gesundheitsreform, zur Pflegeversicherung und zur Rente.

Aufgabe der gesetzlichen Krankenversicherung (KV) ist es, Arbeitnehmer und ihre Familien für den Krankheitsfall abzusichern. **Träger** der gesetzlichen Krankenversicherung sind Orts-, Betriebs- und Innungskrankenkassen sowie die Ersatzkassen, denen ein Versicherter beitreten kann.

Jedes Mitglied der gesetzlichen Krankenkasse kann frei wählen, bei welcher Krankenkasse es sich versichern lassen möchte. Beim Wechsel der Krankenkasse sind Fristen und Regeln einzuhalten. Nach einer Mindestmitgliedschaft von 18 Monaten ist der Wechsel zu einer anderen gesetzlichen Krankenkasse möglich und zwar zum Ende des übernächsten Kalendermonats. Vor Ablauf der 18-Monats-Frist ist eine Kündigung nur dann möglich, wenn die Kasse einen Zusatzbeitrag erhebt. In diesem Fall besteht ein Sonderkündigungsrecht und die Krankenkasse kann gewechselt werden, ohne dass der Zusatzbeitrag fällig wird.

Während die Regelleistungen bei allen gesetzlichen Krankenkassen gleich sind, können die einzelnen Kassen Mehrleistungen in ihrer Satzung vorsehen. Die Leistungen der gesetzlichen Krankenkassen sind zu über 90 % festgelegt. Die Versicherten der gesetzlichen Krankenkasse haben Anspruch auf folgende **Regelleistungen**:

- Maßnahmen zur Vorsorge und Früherkennung bestimmter Krankheiten
- ärztliche und zahnärztliche Behandlung mit freier Arztwahl
- Behandlung im Krankenhaus mit Transport
- Arznei-, Verband- und Heilmittel sowie Hilfsmittel (bei einigen Leistungen ist der Versicherte zur Übernahme von Eigenanteilen verpflichtet)
- Betreuung bei Schwangerschaft und im Mutterschutz
- Rehabilitationsmaßnahmen in entsprechenden Kliniken
- Krankengeld: nach sechswöchiger Lohnfortzahlung durch den Arbeitgeber zahlt die Kasse 70 % des Bruttoarbeitsentgelts als Krankengeld für maximal 78 Wochen wegen derselben Erkrankung
- Haushaltshilfe, wenn bei Krankheit oder Kur der Haushalt nicht weitergeführt werden kann und ein Kind unter 12 Jahren betreut werden muss
- Mutterschaftsgeld für die Schutzfrist von 6 Wochen vor und 8 Wochen nach der Geburt

Die Leistungen der Krankenversicherung werden überwiegend durch die Beiträge der Versicherten finanziert. Allerdings werden die Beiträge nur bis zu Beitragsbemessungsgrenze erhoben. Der Beitragssatz der Krankenkasse wird nicht individuell kalkuliert sondern ist gesetzlich vorgegeben und wird in einen **Gesundheitsfonds** eingezahlt. Der **Beitragssatz** beträgt zur Zeit 14 % vom sozialversicherungspflichtigen Bruttoentgelt. Arbeitnehmer und Arbeitgeber zahlen diesen Beitragssatz je zur Hälfte. Zusätzlich muss der Arbeitnehmer einen **Sonderbeitrag** in Höhe von 0,9 % zahlen.

Beitragsbemessungsgrenze → S. 108

Zielsetzung des Sonderbeitragssatzes für Arbeitnehmer in Höhe der 0,9 % war die Senkung der Lohnnebenkosten für die Arbeitgeber.

Im Rahmen der Lohn- und Gehaltsabrechnung überweist der Arbeitgeber sowohl den Krankenkassenbeitrag der Arbeitnehmer und des Arbeitgebers zusammen mit allen anderen Sozialversicherungsbeiträgen an die Krankenkassen. Diese leiten die Krankenversicherungsbeiträge am selben Tag an den Gesundheitsfonds weiter. Neben den Beiträgen der Arbeitnehmer und Arbeitgeber zahlt auch der Staat einen Zuschuss, finanziert aus Steuergeldern, in den Gesundheitsfonds ein. Dieses Geld wird nun vom Gesundheitsfonds wieder an die Krankenkassen verteilt. Grundsätzlich bekommen alle Krankenkassen für jeden Versicherten einen einheitlichen Geldbetrag aus dem Gesundheitsfonds zugewiesen. Zusätzlich erhalten jedoch die Krankenkassen Zu- und Abschläge – nach Alter, Geschlecht und Krankenstand der Versicherten. Durch diesen so genannten Risikostrukturausgleich zwischen den Krankenkassen soll verhindert werden, dass Krankenkassen mit einer hohen Zahl überdurchschnittlich kranker Versicherter Nachteile im Wettbewerb haben, denn manche Krankenkassen haben vorwiegend junge, gesunde Mitglieder, die wenig kosten, während andere Krankenkassen überwiegend ältere und behandlungsintensivere Mitglieder haben.

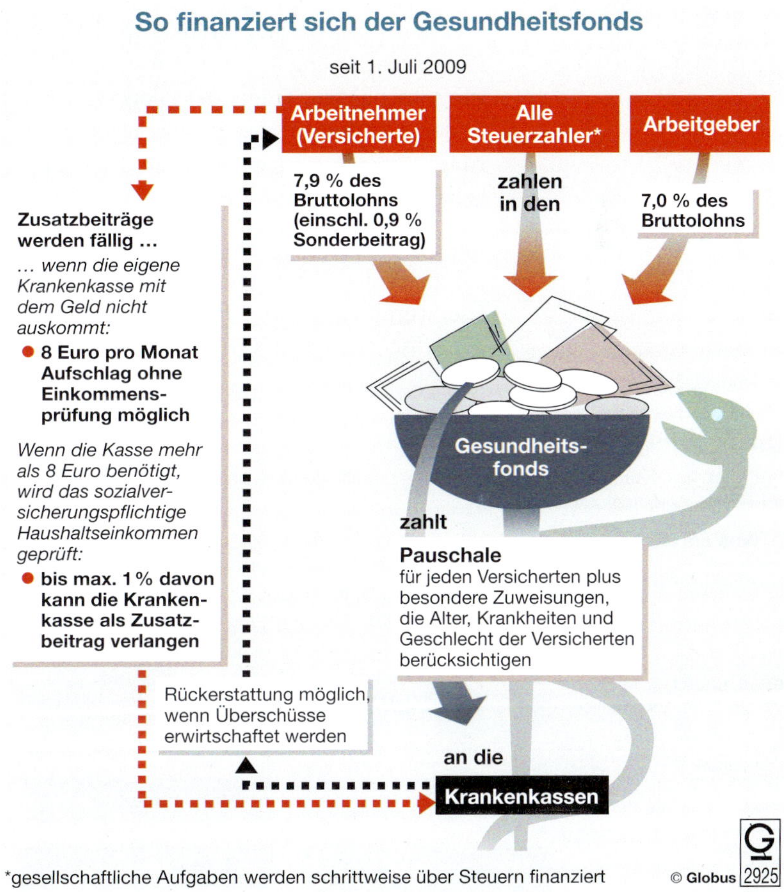

Kommen die Krankenkassen mit dem zugewiesenen Geld aus dem Gesundheitsfonds nicht aus, muss die Krankenkasse einen Zusatzbeitrag von ihren Mitgliedern erheben. Die Höhe des Zusatzbeitrages ist aber begrenzt, er darf höchstens ein Prozent des Bruttoeinkommens betragen. Dieser Zusatzbeitrag wird ausschließlich von den Arbeitnehmern bezahlt. Wenn die Krankenkassen gut wirtschaften, können Sie Überschüsse als Prämie an ihre Mitglieder auszahlen.

6.2.2 Pflegeversicherung

Viele ältere Menschen leiden an Alterskrankheiten, die ihre physische und psychische Gesundheit stark beeinträchtigen und die deshalb Pflege benötigen. Pflege im Alter ist teuer und für viele Mitbürger sogar unbezahlbar. Seit 1995 bezuschusst die Pflegeversicherung die Pflege im Hause des Pflegebedürftigen oder im Heim. Die Pflegeversicherung verfolgt u. a. folgende Ziele:

- Jeder soll sich darauf verlassen können, im Bedarfsfall ausreichende Pflegeleistungen zu erhalten.
- Pflegebedürftige Menschen sollen nicht auf Sozialhilfe angewiesen sein.
- Pflegekosten sollen nicht dem Staat aufgebürdet werden.
- Pflege durch Angehörige soll finanziell honoriert werden.

Wer in der gesetzlichen Krankenversicherung versichert ist, gehört der gesetzlichen Pflegeversicherung an. Wer privat versichert ist, muss eine private Pflegeversicherung abschließen. **Träger** der Pflegeversicherung sind die Pflegekassen der Krankenkassen und der privaten Krankenversicherung. Die **Leistungen** der Pflegeversicherung richten sich nach dem Grad der Bedürftigkeit, d. h., sie ist abhängig von der so genannten Pflegestufe.

Bei der Einführung der Pflegeversicherung wurde ein gesetzlicher Feiertag zum Ausgleich der Arbeitgeberkosten gestrichen. In **Sachsen** gilt eine **Sonderregelung**. Hier wurde auf die Streichung des Feiertags verzichtet. Dafür trägt der Arbeitnehmer in Sachsen 1,35 % und der Arbeitgeber 0,35 % des Beitragsatzes zur Pflegeversicherung.

Die Pflegeversicherung

Seit dem 1.4.1995 gibt es Leistungen aus der Pflegeversicherung für die häusliche Pflege und seit dem 1.7.1996 für Pflegebedürftige in Heimen.

Was sie leistet:

Häusliche Pflege

	Übernahme der Kosten für ambulante Pflegedienste (Sachleistungen) monatlich	Zuschuss für pflegende Angehörige, Nachbarn oder Freunde (Geldleistungen) monatlich
Pflegestufe I (erheblich Pflegebedürftige; mind. 1,5 Std./Tag)	**440 Euro**	**225 Euro**
Pflegestufe II (schwer Pflegebedürftige; mind. 3 Std./Tag)	**1.040 Euro**	**430 Euro**
Pflegestufe III (Schwerstpflegebedürftige; mind. 5 Std./Tag)	**1.510 Euro** (Härtefälle 1.918 Euro)	**685 Euro**

Sach- und Geldleistungen können auch kombiniert in Anspruch genommen werden. Daneben gibt es ergänzende Leistungen bei Ausfall der Pflegepersonen, bei Tages- und Nachtpflege sowie Kurzzeitpflege.

Stationäre Pflege in Heimen

	monatlich
Pflegestufe I (erheblich Pflegebedürftige; mind. 1,5 Std./Tag)	**1.023 Euro**
Pflegestufe II (schwer Pflegebedürftige; mind. 3 Std./Tag)	**1.279 Euro**
Pflegestufe III (Schwerstpflegebedürftige; mind. 5 Std./Tag)	**1.510 Euro** (Härtefälle 1.825 Euro)

Was sie kostet:

Die Pflegeversicherung ist Pflicht für alle krankenversicherten Bürger.

- Beitragsbemessungsgrenze: **3.750 Euro**
  Versicherungspflichtgrenze: **4.162,50 Euro**
- Beitragssatz:
  1,95 % vom Arbeitsentgelt, davon tragen **Arbeitnehmer** und **Arbeitgeber** jeweils die Hälfte, also **0,975 %**
- Beitragszuschlag für Kinderlose:
  0,25 %, trägt allein **der Arbeitnehmer**
  Vom Zuschlag ausgenommen:
  - Rentner, geboren vor dem 1.1.1940
  - Jugendliche bis 23 Jahre
  - Wehr- u. Zivildienstleistende
  - Empfänger von Arbeitslosengeld II

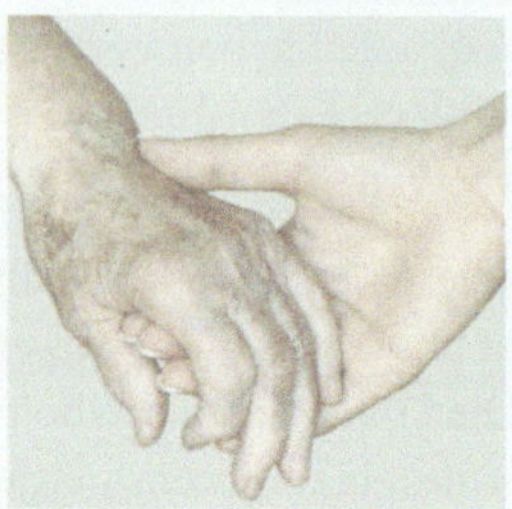

Stand Januar 2010 Quelle: BMG © Globus 2628

6.2.3 Rentenversicherung

Aufgabe der gesetzlichen Rentenversicherung (RV) ist die finanzielle Sicherung der Arbeitnehmer und ihrer Familien bei Berufs- und Erwerbsunfähigkeit, Alter und Tod. **Träger** der Rentenversicherung ist die Deutsche Rentenversicherung. Leistungen aus der Rentenversicherung werden nur gewährt, wenn ihr der Versicherte eine Mindestanzahl von Versicherungsjahren (so genannte Wartezeit) angehört hat. Die **Leistungen** der Rentenversicherung lassen sich in die vier großen Bereiche untergliedern: Altersrente, Erwerbsminderungsrente, Hinterbliebenenrente und sonstige Leistungen.

www.deutsche-rentenversicherung.de

Altersrente

Anspruch auf Altersrente hat der Versicherte, wenn er ein bestimmtes Lebensalter (Altersgrenze) erreicht hat. Beim Erreichen der Altersgrenze erhält der ehemalige Arbeitnehmer eine Altersrente, die sich u. a. berechnet aus der Höhe seiner Rentenversicherungsbeiträge und der Dauer seiner Beitragszahlung.

Das Renteneintrittsalter steigt zurzeit Schritt für Schritt an. Ab der Mitte des Jahres 2029 gilt das Renteneintrittsalter von 67 Jahren. Dann erhalten die Versicherten erst mit dem Erreichen des 67. Lebensjahres ihre Altersrente. Versicherte können jedoch vorzeitig in Rente gehen, müssen allerdings dann Abzüge bei ihrer Rentenzahlung in Kauf nehmen. Mit der Verschiebung des Renteneintrittsalters von 65 Jahren auf 67 Jahre wird dem Umstand Rechnung getragen, dass immer weniger Menschen arbeiten und immer mehr Menschen sich im Rentenalter befinden.

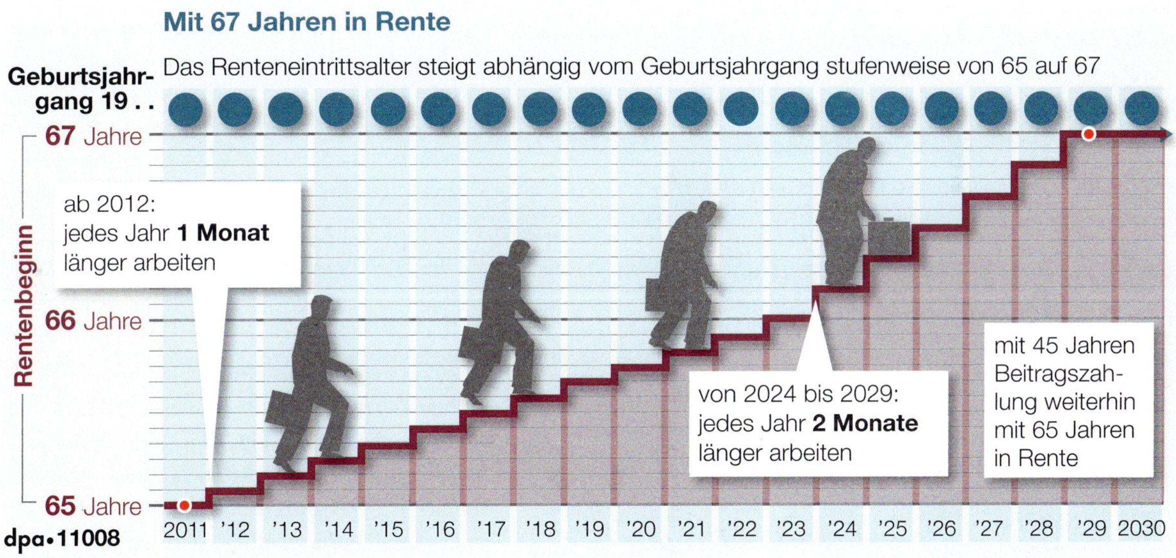

Erwerbsminderungsrente

Können Arbeitnehmer auf Grund einer gesundheitlichen Einschränkung gar nicht mehr oder nur noch weniger als drei Stunden täglich arbeiten, erhalten sie aus der Rentenkasse die volle Erwerbsminderungsrente (ca. 35 % des letzten Bruttoeinkommens). Die halbe Erwerbsminderungsrente erhält der Versicherte, wenn er noch mindestens drei und maximal sechs Stunden täglich arbeiten kann (ca. 17 % des letzten Bruttoeinkommens).

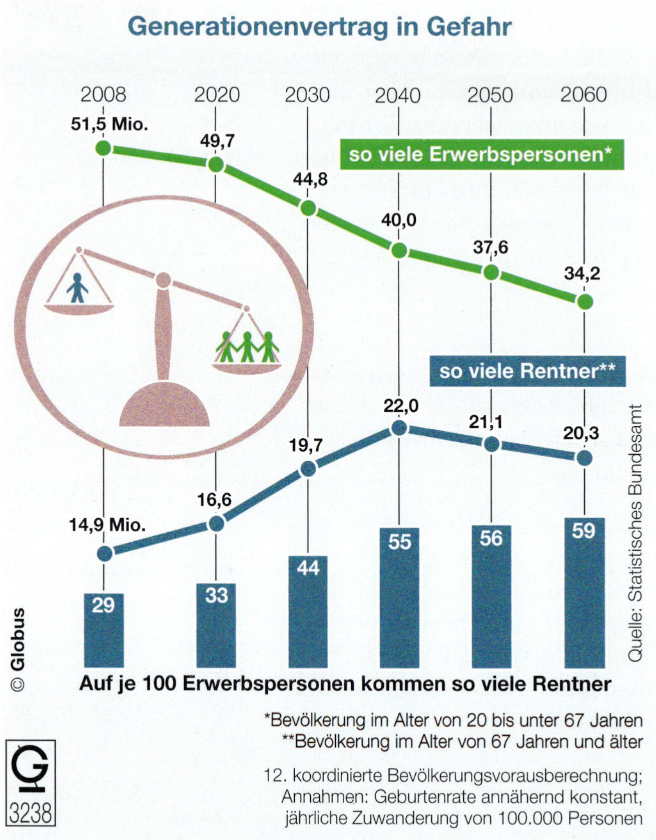

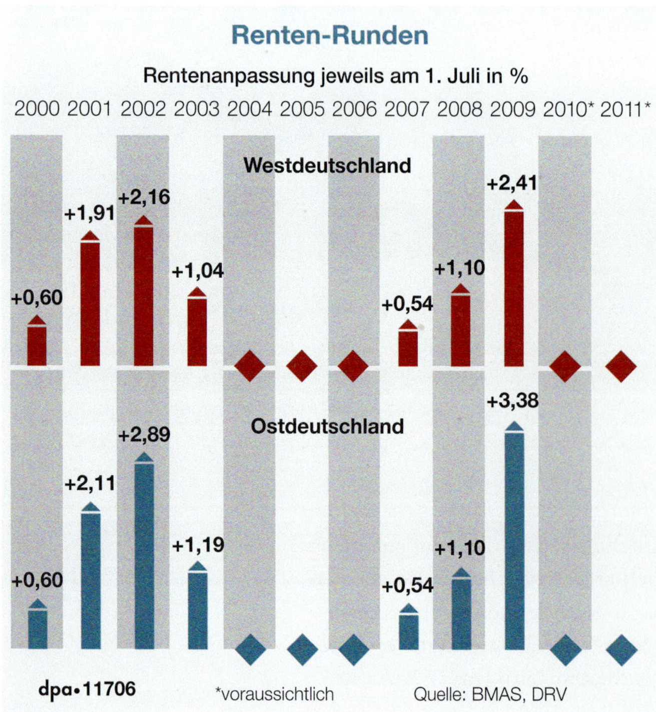

Hinterbliebenenrente

Stirbt ein Versicherter, zahlt die Deutsche Rentenversicherung an den hinterbliebenen Ehepartner und/oder die Kinder eine Rente. Hinterbliebene Ehepartner erhalten eine Witwen-/Witwerrente in Höhe von maximal 60 % der Rente des Verstorbenen. Allerdings wird ein etwaiges eigenes Einkommen des Partners angerechnet. Hinterbliebene Kinder erhalten eine Waisenrente bis zur Vollendung des 18. Lebensjahres. Sollten sie sich noch in der Ausbildung befinden (Berufsausbildung, Studium), verlängert sich ihr Anspruch bis zur Vollendung ihres 25. Lebensjahres.

Sonstige Leistungen

Neben der Zahlung von Renten hat die Deutsche Rentenversicherung weiterhin die Aufgabe, die Erwerbsfähigkeit der Versicherten zu erhalten, zu verbessern oder ggf. wiederherzustellen. Dies tut sie, indem sie Heilbehandlungen und Berufsförderungsmaßnahmen bei Bedarf für die Versicherten finanziert.

Der gesetzlichen Rentenversicherung liegt das Prinzip des **Generationenvertrages** zu Grunde. Durch die Beitragszahlungen der Erwerbstätigen werden die Rentenzahlungen der nicht mehr erwerbstätigen Generation finanziert. Dies setzt aber voraus, dass es genügend Erwerbstätige gibt, die in die Rentenkasse einzahlen. Angesichts sinkender Geburtenraten und hoher Arbeitslosigkeit steht die Rentenversicherung vor großen finanziellen Problemen und langfristig sicherlich vor weitreichenden Veränderungen.

In der Regel werden die Renten den jährlichen Lohn- und Gehaltssteigerungen der rentenversicherungspflichtigen Arbeitnehmer angepasst. Steigt also das durchschnittliche Nettoentgelt aller versicherungspflichtigen Arbeitnehmer, so steigen die Renten im darauffolgenden Jahr im gleichen prozentualen Verhältnis an (**dynamische Rente**).

Der aktuelle **Beitragssatz** zur Rentenversicherung beträgt 19,9 % (Stand: 2010) und wird je zur Hälfte vom Arbeitnehmer und vom Arbeitgeber gezahlt.

6.2.4 Arbeitslosenversicherung

Die Arbeitslosenversicherung versichert das Risiko der Arbeitslosigkeit. **Träger** der Arbeitslosenversicherung ist die Bundesagentur für Arbeit. Die Bundesagentur für Arbeit erbringt z. B. folgende **Leistungen** im Rahmen der Arbeitslosenversicherung:

- Zahlung von Entgeltersatzleistungen (Arbeitslosengeld, Kurzarbeitergeld, Winterausfallgeld, Insolvenzausfallgeld und Beiträge zur Soziaversicherung für Arbeitslose)
- Berufsberatung
- Förderung der beruflichen Aus- und Weiterbildung
- Kindergeldzahlung aus der Familienkasse

Als arbeitslos gilt, wer
1. keine Beschäftigung hat, d. h. weniger als 15 Stunden in der Woche arbeitet,
2. Arbeit sucht,
3. dem Arbeitsmarkt zur Verfügung steht und
4. arbeitslos gemeldet ist.

Nur wer diese vier Kriterien erfüllt, wird in den offiziellen **Arbeitslosenstatistiken** geführt und hat unter bestimmten Voraussetzungen Anspruch auf Arbeitslosengeld I (ALG I).

Arbeitslosengeld I erhält, wer
- wie oben beschrieben arbeitslos ist,
- in den letzten zwei Jahren vor der Arbeitslosigkeit mindestens zwölf Monate gearbeitet hat und dabei in die Arbeitslosenversicherung eingezahlt hat,
- sich persönlich arbeitslos gemeldet hat. Diese persönliche Meldung über die Beendigung des Arbeitsverhältnisses oder eines sonstigen Versicherungspflichtverhältnisses, z. B. Grundwehrdienst, muss unmittelbar nach Kenntnis über die Beendigung des Arbeitsverhältnisses (z. B. bei Erhalt der Kündigung) persönlich erfolgen. Handelt es sich um einen befristeten Vertrag, muss die Meldung drei Monate vor Ablauf des Vertrages erfolgen. Diese Regelung gilt nicht für betriebliche Ausbildungsverhältnisse. Erfolgt die Meldung nicht rechtzeitig, so kommt es zu Kürzungen des Arbeitslosengeldes.

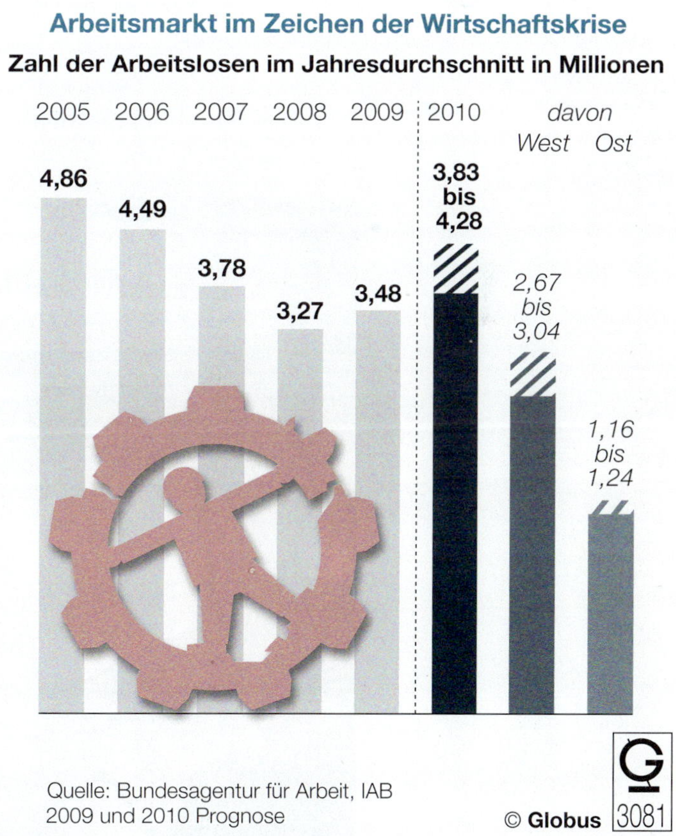

Die **Höhe des Arbeitslosengeldes** beläuft sich auf 60 % (bzw. 67 % für Arbeitslose mit Kind) des Nettoentgelts, das in der letzten Beschäftigung vor der Arbeitslosigkeit durchschnittlich erzielt wurde. Wie lange ein Arbeitsloser Anspruch auf Arbeitslosengeld hat, ist abhängig von seinem Alter und davon, wie lange er in den letzten sieben Jahren bei der Arbeitsagentur (auch Bundesagentur für Arbeit) versicherungspflichtig war.

Ansprüche auf Arbeitslosengeld I

Zeiten eines Versicherungsverhältnisses in der Rahmenfrist		Anspruchsdauer in Monaten/Kalendertagen			
von Monaten	von Kalendertagen	unter 50	ab 50	ab 55	ab 58
12 Monate	360 Kalendertage	6/180	6/180	6/180	6/180
16 Monate	480 Kalendertage	8/240	8/240	8/240	8/240
20 Monate	600 Kalendertage	10/300	10/300	10/300	10/300
24 Monate	720 Kalendertage	12/360	12/360	12/360	12/360
30 Monate	900 Kalendertage	12/360	15/450	15/450	15/450
36 Monate	1080 Kalendertage	12/360	15/450	18/540	18/540
48 Monate	1440 Kalendertage	12/360	15/450	18/540	24/750

Bei der Feststellung der Anspruchsdauer können nur die Versicherungszeiten berücksichtigt werden, die in den letzten drei Jahren zurückgelegt wurden.
In Fällen, in denen „Rest"-Ansprüche zu berücksichtigen sind, ist als (Höchst-) Anspruchsdauer mindestens die Anspruchsdauer des „Rest"-Anspruches zu berücksichtigen. *Quelle: www.Arbeitsagentur.de (Stand: Februar 2009)*

Spätestens mit Ablauf des Monats, in dem das 65. Lebensjahr vollendet wird, endet die Zahlung von Arbeitslosengeld. Der aktuelle **Beitragssatz** zur Arbeitslosenversicherung beträgt zurzeit 2,8 % (Stand: 2010) und wird je zur Hälfte vom Arbeitgeber und Arbeitnehmer gezahlt.

Nach den gesetzlichen Bestimmungen erhalten Arbeitslose nach ihrer Entlassung Arbeitslosengeld.

Nach Ablauf des Anspruchs auf Arbeitslosengeld hat der Arbeitslose die Möglichkeit, bei der Bundesagentur für Arbeit **Arbeitslosengeld II** (ALG II) zu beantragen. Das Arbeitslosengeld II ist allerdings keine Leistung der Arbeitslosenversicherung. Es ist eine staatliche Transferleistung, die durch Steuergelder finanziert wird.

6.2.5 Unfallversicherung

Die Unfallversicherung ist die Sozialversicherung mit den meisten Versicherten. Neben allen Arbeitnehmern sind u. a. auch Schüler und Studenten pflichtversichert. Unternehmer können sich selbst freiwillig versichern.

Die **Beiträge** zur gesetzlichen Unfallversicherung werden vom Arbeitgeber allein gezahlt. Die **Beitragshöhe** richtet sich nach der Gefahrenzone (z. B. muss ein Dachdeckerbetrieb wegen der größeren Unfallgefahr höhere Beiträge zahlen als ein Einzelhandelsunternehmen) und nach der Unternehmensgröße (Lohn- und Gehaltssummen der Unternehmen). Die **Träger** der Unfallversicherung sind die Berufsgenossenschaften der unterschiedlichen Branchen (beim Einzelhandel: Berufsgenossenschaft Handel und Warendistribution) oder bei Schülern die Gemeindeunfallversicherung.

Zur Berufsgenossenschaft Handel und Warendistribution gehört auch der Großhandel.

www.bghw.de

Leistungsbereiche der Unfallversicherung

Unfallverhütung	Milderung oder Beseitigung von Unfallfolgen bei Arbeitsunfällen
• Erlass und Überwachung von Unfallverhütungsmaßnahmen • Sicherstellung einer wirksamen Ersten Hilfe bei Arbeitsunfällen • Auskunft- und Beratungswesen	• Zahlung der Heilbehandlung • Berufshilfe für den Unfallverletzten und Erkrankten (z.B. Umschulung) • finanzielle Entschädigung für Unfallfolgen • Berufserkrankungen (z.B. Rentenzahlungen)

Unter **Arbeitsunfällen** sind Unfälle zu verstehen, die im Zusammenhang mit der Berufsausübung eintreten, wie Unfälle während der Arbeit, Unfälle auf dem Weg von der oder zu der Arbeit und Berufskrankheiten. **Berufskrankheiten** entstehen durch besonders schädigende Einflüsse am Arbeitsplatz (z. B. Schadstoffe und Lärm).

Die gesetzliche Unfallversicherung

Versicherungsschutz

bei Arbeitsunfällen
- Wegeunfällen
- Berufskrankheiten

für alle Beschäftigten und Auszubildenden
- Landwirte
- Kinder in Kindertagesstätten, Schüler, Studenten
- Retter, Helfer, Blutspender
- Pflegepersonen
- freiwillig versicherte Unternehmer

Aufgaben und Leistungen

Prävention Verhütung von
- Arbeitsunfällen
- Berufskrankheiten
- arbeitsbedingte Gesundheitsgefahren

Rehabilitation
- Heilbehandlung
- berufliche und soziale Rehabilitation

Entschädigung
- Verletztengeld
- Übergangsgeld, Renten

Versicherungsträger
- Gewerbliche Berufsgenossenschaft
- Landwirtschaftliche Berufsgenossenschaft
- Versicherungsträger der öffentlichen Hand

7 Mitarbeitermotivation

Lernsituation 90

Loyalität (franz.) Anständigkeit, Treue

Unternehmensleitbild → S. 79

Mitarbeiter, die ihre Arbeit mit Lust und Laune erledigen, arbeiten nicht nur besser und schneller, sondern sie sind zufriedener, zeigen mehr Loyalität dem Unternehmen gegenüber. Durch ihre Leistungsbereitschaft tragen motivierte Mitarbeiter entscheidend zum Erfolg des Einzelhandelsunternehmens bei. Sie arbeiten selbstständig, sind hilfsbereit und freundlich und binden damit die Kunden an das Unternehmen.
Das **Unternehmensleitbild der Kundenorientierung** setzt also eine mitarbeiterorientierte Personalführung voraus. Zur Optimierung des Unternehmenserfolges muss deshalb die Mitarbeitermotivation zur „Chefsache" gemacht werden.

Optimierung des Unternehmenserfolges

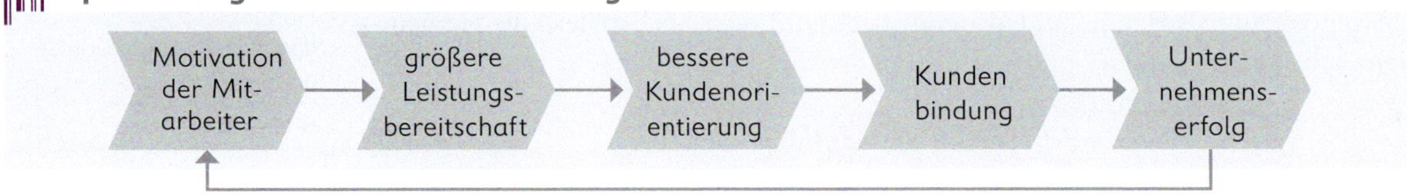

Zufriedenheit und Engagement der Mitarbeiter sind besonders mit
- einer guten Arbeitsatmosphäre,
- dem kollegialen Verhalten,
- dem Arbeitseinsatz im Unternehmen und der damit verbundenen Freude an der Arbeit,
- der Anerkennung der Arbeitsleistung durch Vorgesetzte,
- einer angemessenen Bezahlung und
- der Möglichkeit, sich weiterzuqualifizieren,

verbunden.

materielle Motivation
Motivation durch finanzielle Anreize

immaterielle Motivation
Motivation durch geistige, ideelle Vorteile

Zur Erreichung dieser Ziele steht ein breites Spektrum an Möglichkeiten der materiellen und immateriellen Motivation und deren Mischformen zur Verfügung. Obwohl es situationsabhängig ist, welche Motivationsart angewandt wird, sollte die Unternehmensführung grundlegend dafür Sorge tragen, dass
- ein angenehmes Arbeitsklima herrscht,
- regelmäßige Gespräche mit Mitarbeitern stattfinden,
- Perspektiven zur Weiterbildung und zum Erwerb von Zusatzqualifikationen aufgezeigt werden,
- Mitarbeiter die Möglichkeit zur Mitgestaltung des Arbeitsumfeldes haben und
- eine leistungsgerechte Bezahlung gewährleistet wird.

Welche Maßnahmen zum Erfolg führen, hängt von der Struktur und Situation des Betriebes ab. Einige Einzelhandelsunternehmen führen Mitarbeiterbefragungen durch, um Ursachen und Zusammenhänge mangelnder Mitarbeitermotivation zu erkennen und um daraus die richtigen Konsequenzen für effektive Veränderungen aus den Ergebnissen abzuleiten. Mit solchen Befragungen signalisiert man den Mitarbeitern Interesse und Wertschätzung, sie haben das Gefühl, „ernst genommen" zu werden. Die Mitarbeiter haben außerdem den Eindruck, Einfluss auf die Gestaltung ihrer Arbeitsbedingungen nehmen zu können. Nachhaltige Verbesserungen können nur erreicht werden, wenn die Geschäftsleitung bereit ist, die Befragungsergebnisse umzusetzen, wobei bei den Mitarbeitern keine unrealistischen Erwartungen geschürt werden dürfen. Die Befragungen müssen auf anonymer und freiwilliger Basis unter Wahrung des Datenschutzes durchgeführt werden, denn nur so kann man Vertrauen aufbauen und mit einem aussagekräftigen Rücklauf der Befragungen rechnen.

7.1 Immaterielle Mitarbeitermotivation

7.1.1 Arbeitsklima

Mitarbeiter fühlen sich in einer guten und stabilen Arbeitsatmosphäre wohl. Dazu müssen die passenden Rahmenbedingungen geschaffen werden, z. B. wirkt sich eine Arbeitsumgebung mit lichtdurchfluteten, luftigen und farbenfreundlichen Räumen positiv auf die Motivation aus. Mitarbeiter möchten ihre Arbeit ohne unnötige Störungen verrichten können, deshalb sollten funktionierende Arbeitsgeräte sauber und ordentlich an ihrem Platz stehen. Mit der Einrichtung von Betriebskindergärten ermöglicht man den Eltern ein Arbeiten mit weniger Stress und einen flexibleren Arbeitseinsatz. Das Arbeitsklima wird von Mitarbeitern dann als besonders angenehm empfunden, wenn der **Teamgeist** stimmt.

Erfolgreiche Führungspersonen wirken mit einem kooperativen Umgang mit Mitarbeitern als Vorbild. Durch gemeinsame Aktivitäten wie Betriebsausflüge, Betriebssport, ein gemeinsames Frühstück o. Ä. wird das Zusammengehörigkeitsgefühl der Mitarbeiter gestärkt. Zu einem guten Betriebsklima gehört auch, dass Vorgesetzte ein „offenes Ohr" für die Ängste und Bedürfnisse der Mitarbeiter haben und deren Anliegen ernst nehmen.

kooperativer Umgang
Mitarbeiter werden durch ihren Chef z.B. in Entscheidungsprozesse einbezogen.

Beispiel

Die Beska GmbH stellt eine „Meckerbox" bereit, wo jeder Mitarbeiter anonym aufschreiben kann, was ihm nicht passt. Die Schreiben werden von der Geschäftsleitung regelmäßig gelesen und ziehen, wenn möglich, entsprechende Konsequenzen nach sich.

7.1.2 Mitarbeitergespräch

Das persönliche Gespräch bietet dem Führungspersonal und den Mitarbeitern Gelegenheit zum gegenseitigen Informationsaustausch. Formelle und informelle Gespräche ermutigen den Mitarbeiter, eigene Ideen und konstruktive Verbesserungsvorschläge zu aktuellen Fragen der Arbeit zu machen. Mitarbeiter honorieren, wenn Vorgesetzte Interesse zeigen und sich die Zeit nehmen, ihnen zuzuhören. Vorgesetzte nutzen ihrerseits die Chance, Informationen über das Unternehmen, wie z. B. über geplante Änderungen, weiterzugeben.

formelle Gespräche
Gespräche mit ausdrücklichem Gesprächstermin

informelle Gespräche
Gelegenheitsgespräche

konstruktiv
aufbauend

In **Beurteilungsgesprächen**, die gleichzeitig Beratungsgespräche sein sollen, erhalten Mitarbeiter ein Feedback zu ihrer Arbeitsleistung und damit auch eine Orientierung darüber, mit welcher Arbeitsleistung die Unternehmensführung zufrieden ist. Lob, besonders wenn es zeitnah ausgesprochen wird, verstärkt positive Verhaltensweisen.

Beispiel

Die Abteilungsleiter der Beska GmbH führen mindestens einmal im Jahr oder bei Bedarf mehrmals im Jahr ein Gespräch mit jedem Mitarbeiter der jeweiligen Abteilung. Die Ergebnisse dieses Gespräches halten sie in einem Protokoll fest. In diesen Gesprächen werden auch Möglichkeiten aufgezeigt, wie der jeweilige Mitarbeiter in seiner beruflichen und betrieblichen Entwicklung gefördert werden kann.

7.1.3 Personalentwicklung

Bei der Vertikalisierung ist die Aufeinanderfolge der Wirtschaftsstufen (→ S. 28) Industrie und Handel aufgehoben. Das ist bei der Produktentwicklung und Vermarktung von Eigenmarken der Fall. Diese Aufgaben muss bei Eigenmarken der Handel selbst organisieren.

Neue technische Entwicklungen, Produktneuheiten, Vertikalisierung und Internationalisierung der Märkte im Einzelhandel erfordern **Qualifikationsanpassungen** der Mitarbeiter und stellen hohe Anforderungen an deren Flexibilität. Qualifizierte Mitarbeiter sind für das Unternehmen eine entscheidende Voraussetzung, um im Wettbewerb erfolgreich bestehen zu können.

Aufgabe der Personalentwicklung ist es, talentierte Mitarbeiter, vom Auszubildenden bis hin zum Abteilungsleiter, für die neuen Herausforderungen zu gewinnen und sie in ihrer beruflichen Entwicklung zu fördern. Außerdem müssen alle Mitarbeiter auf veränderte Bedingungen ihres Arbeitsplatzes vorbereitet werden. Dies geschieht durch betriebsinterne und externe Weiterbildungsmaßnahmen. Die Weiterbildung der Mitarbeiter kommt sowohl dem Erfolg des Unternehmens zugute als auch der individuellen Karriere des Mitarbeiters.

Beispiel

Die Beska GmbH fördert leistungsorientierte Mitarbeiter bei ihrem Wunsch zur Aufstiegsweiterbildung, z.B. als Handelsfachwirt, indem sie diese Weiterbildung finanziell oder durch Freistellung von der Arbeit unterstützt.

7.1.4 Mitgestaltung durch Arbeitnehmer

Delegation
Übertragung von Befugnissen und Verantwortung

Mitarbeiter, die eigenverantwortlich entscheiden können, sind in der Regel motivierter als jene, die nur auf Anweisung handeln. Die erfolgreiche Delegation von Aufgaben und Entscheidungsbefugnissen (**Empowerment**) erfordert von den Führungskräften nicht nur Mut zum „Loslassen", sondern sie setzt voraus, dass Führungskräfte

- eine positive Einstellung und Vertrauen zu ihren Mitarbeitern haben,
- Informationen für die Mitarbeiter jederzeit verfügbar machen,
- eine offene Atmosphäre schaffen, in der die Mitarbeiter sich trauen, für Fehler geradezustehen und
- die Ziele präzise vorgeben und gleichzeitig den Mitarbeitern genügend Freiraum für den Lösungsweg geben.

Als motivierend wird von den Mitarbeitern empfunden, wenn sie auch an den eigenen Arbeitsbedingungen, wie z.B. der **Arbeitszeitverteilung**, mitwirken können.

Beispiel

Die Beska GmbH gibt innerhalb einer Abteilung einem Team von gewählten Mitarbeitern die Möglichkeit, Arbeitszeiten mitzubestimmen. Der Abteilungsleiter gibt die Anzahl der benötigten Wochenstunden vor, das Team verteilt die wöchentliche Arbeitszeit auf die Mitarbeiter.

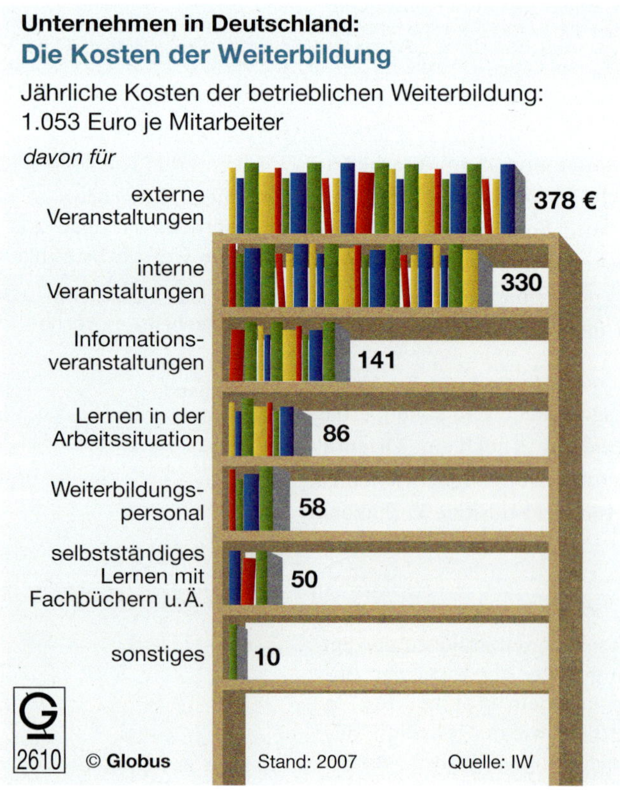

7.2 Materielle Mitarbeitermotivation

Die Beteiligung der Mitarbeiter am Unternehmenserfolg ist eine wirksame Motivation für größere Leistungsbereitschaft und kommt letztlich dem Unternehmen zugute. Es gibt verschiedene **Mitarbeiterbeteiligung**.

Neben einem tariflich vereinbarten, erfolgsunabhängigen Grundentgelt wird in Abhängigkeit der erbrachten Leistung eine **Prämie** bezahlt. Solche Zusatzzahlungen werden für konkret feststellbare Leistungen gewährt. Die Wirkung der Prämie als Leistungsanreiz hängt von der Höhe der Prämienspanne ab. Prämien dürfen nicht dazu führen, dass das Personal „Powerselling" um jeden Preis macht, um das eigene Einkommen zu erhöhen. Das kann zu einem qualitativen Leistungsabfall führen und dann bleibt die Kundenorientierung auf der Strecke.

Prämienspanne
mögliche Gehaltssteigerung

Powerselling
„Verkaufen um jeden Preis"

Beispiel

- Das Verkaufspersonal der Beska GmbH erhält in verschiedenen Abteilungen Prämien für erbrachte Umsätze.
- Auf einen Tagesmindestabsatz einer bestimmten Aktionsware erhalten die Mitarbeiter der jeweiligen Abteilung eine Verkaufsprämie.

Betriebliche Sozialleistungen unterstreichen den Fürsorgegedanken des Unternehmens für seine Mitarbeiter. Ein in der Praxis häufig anzutreffendes Beispiel ist die betriebliche Altersvorsorge.

Bei der Vergabe von **Mitarbeiterdarlehen** erhalten Betriebsangehörige Kredite zu günstigen Konditionen und können hauseigene Waren auf Raten zu besonders günstigen Zinskonditionen kaufen. **Belohnungen** (Incentives) werden für einen guten Arbeitseinsatz oder für allgemeines Engagement in Form von kleinen Geschenken gegeben.

Beispiel

Für gute Zusammenarbeit und Engagement bei der Organisation einer Aktionswoche erhalten die Mitarbeiter einen Warengutschein.

Die Mitarbeiter von Aktiengesellschaften können sich bei dieser Unternehmensform durch **Belegschaftsaktien** am Eigenkapital des Unternehmens und somit am Erfolg des Unternehmens beteiligen. Diese Belegschaftsaktien sind im Verhältnis zu den sonstigen Aktien des Unternehmens in der Regel wesentlich günstiger zu erwerben.

Aktiengesellschaft
→ S. 145

Beispiel

Die Mitarbeiter der Kaufgut AG können bis zu drei Anteile pro Jahr zu je 150 Euro erwerben.

8 Beendigung des Arbeitsverhältnisses

Lernsituation 91

Ein Arbeitsverhältnis kann aus verschiedenen Gründen beendet werden:
- wenn ein **befristeter Arbeitsvertrag** vorliegt, endet das Arbeitsverhältnis mit Vertragsablauf
- wenn zwischen dem Arbeitgeber und Arbeitnehmer der Arbeitsvertrag im gegenseitigen Einvernehmen – durch einen so genannten **Auflösungsvertrag** – gelöst wird
- wenn eine **Kündigung** durch den Arbeitgeber oder den Arbeitnehmer ausgesprochen wird

Besonders wenn der Arbeitgeber kündigt, kommt es häufig zu Interessenkonflikten. Der unternehmerischen Entscheidungsfreiheit des Arbeitgebers, die auch die Entscheidung für oder gegen einen bestimmten Mitarbeiter beinhaltet, steht das dringende Interesse des Arbeitnehmers am Erhalt seines Arbeitsplatzes gegenüber. Das Kündigungsschutzgesetz versucht hier einen Ausgleich zwischen den Beteiligten zu schaffen. Es gelten besondere Anforderungen an die ordentliche und außerordentliche Kündigung.

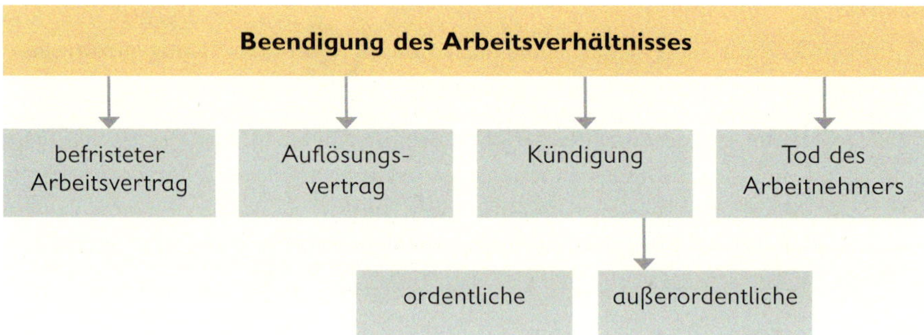

8.1 Allgemeine Anforderungen an eine Kündigung

Formvorschrift für die Kündigung → § 623 BGB

Anhörung des Betriebsrats → S. 130

Je nach Art der Kündigung müssen sich beide Parteien an gesetzliche Vorgaben halten. Unabhängig davon, wer das Arbeitsverhältnis gekündigt hat, ist für die Kündigung grundsätzlich die **Schriftform** vorgeschrieben. Ein Verstoß gegen diese Vorschrift lässt die Kündigung unwirksam werden. Außerdem ist es für die Wirksamkeit der Kündigung erforderlich, dass die Anhörung des Betriebsrates erfolgt, sofern ein solcher in dem Unternehmen vorhanden ist.

Rechtsgrundlage für den allgemeinen Kündigungsschutz ist das **Kündigungsschutzgesetz**. Es gilt seit dem 1. Januar 2004 für Unternehmen mit mehr als zehn Arbeitnehmern. In Unternehmen mit fünf bis zehn Mitarbeitern gilt der Kündigungsschutz nur für Arbeitsverhältnisse, die bereits vor diesem Datum bestanden. Für Kleinunternehmen mit weniger als fünf ständigen Mitarbeitern wurde die Wirksamkeit einiger Vorschriften aufgehoben. Außerdem gilt das Gesetz nur, wenn der betreffende Arbeitnehmer dem Unternehmen mehr als sechs Monate ohne Unterbrechung angehört hat.

Für folgende Arbeitnehmergruppen gilt ein **besonderer Kündigungsschutz**:

Arbeitnehmerinnen während des Mutterschutzes: Die Kündigung einer Mitarbeiterin während ihrer Schwangerschaft und bis zum Ablauf von vier Monaten nach ihrer Entbindung ist unzulässig, sofern dieser Umstand dem Arbeitgeber zum Zeitpunkt der Schwangerschaft oder Entbindung bekannt war.

Elternzeit: Ab dem Zeitpunkt, von dem an Elternzeit verlangt wird, darf der Arbeitgeber nicht mehr kündigen. Dies gilt somit während der Elternzeit und höchstens acht Wochen vor Beginn der Elternzeit.

Schwerbehinderte: Besteht das Arbeitsverhältnis eines Schwerbehinderten länger als sechs Monate, kann er nur gekündigt werden, wenn die Zustimmung des Integrationsamtes vorliegt. Das gilt sowohl für die ordentliche als auch für die außerordentliche Kündigung. Die Kündigungsfrist bei der ordentlichen Kündigung beträgt mindestens vier Wochen. Als schwerbehindert in Deutschland gilt, wer einen Grad der Behinderung von mindestens 50 % hat. Das Versorgungsamt nimmt die jeweilige Anerkennung vor und die betreffende Person erhält einen Schwerbehindertenausweis.

Mitglieder des Betriebsrates und der Jugend- und Auszubildendenvertretung: Bei den genannten Personen ist eine ordentliche Kündigung während ihrer Amtszeit und innerhalb eines Jahres nach Beendigung der Amtszeit generell unzulässig. Aus wichtigem Grund kann jedoch eine außerordentliche Kündigung ausgesprochen werden, wenn der Betriebsrat dieser zugestimmt hat.

8.2 Arten der Kündigung

8.2.1 Ordentliche Kündigung

Von einer ordentlichen oder auch **fristgerechten Kündigung** wird gesprochen, wenn der Kündigende das Arbeitsverhältnis unter Einhaltung einer Kündigungsfrist beenden will. Eine ordentliche Kündigung ist eine einseitige empfangsbedürftige Willenserklärung. Sie wird daher erst dann rechtswirksam, wenn sie dem Vertragspartner zugeht. Beendet der Arbeitgeber das Arbeitsverhältnis, muss im Kündungsschreiben darauf hingewiesen werden, dass sich der Arbeitnehmer unverzüglich bei der Arbeitsagentur als Arbeit suchend melden muss.

Arbeitsagentur
→ S. 92

Der Arbeitgeber hat bei der ordentlichen Kündigung je nach Betriebszugehörigkeit des Mitarbeiters unterschiedlich lange Kündigungsfristen einzuhalten. So beträgt die Grundkündigungsfrist während der ersten zwei Beschäftigungsjahre vier Wochen zum 15. des Monats oder zum Monatsende und kann sich je nach Dauer der Betriebszugehörigkeit auf bis zu sieben Monate verlängern. Während einer Probezeit beträgt die beidseitige Kündigungsfrist zwei Wochen. In Tarifverträgen können abweichende Kündigungsfristen vereinbart werden.

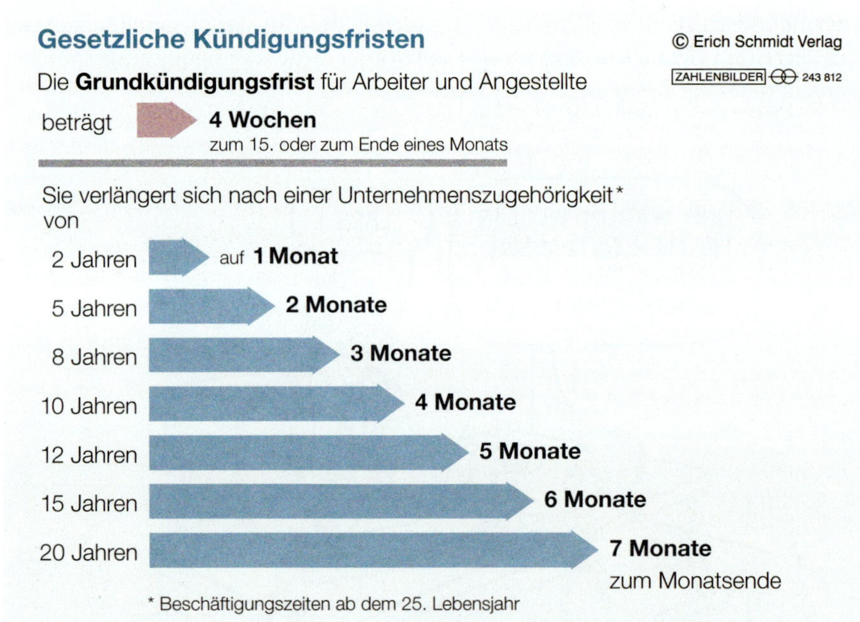

Ist das Kündigungsschutzgesetz anzuwenden, so darf der Arbeitgeber nur **sozial gerechtfertigte Kündigungen** aussprechen. Die Gründe für eine solche Kündigung können betriebsbedingt, verhaltensbedingt oder personenbedingt sein.

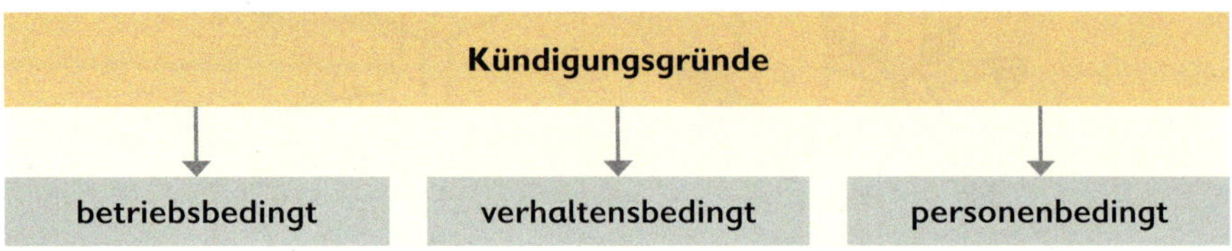

Betriebsbedingte Kündigung
Bei der betriebsbedingten Kündigung stehen betriebliche Notwendigkeiten der Weiterbeschäftigung des Arbeitnehmers entgegen und die Kündigung muss unvermeidbar sein.

Beispiel
- Rationalisierung, z.B. der Abbau von Arbeitsplätzen, da der Umfang der vorhandenen bzw. anfallenden Arbeit zu gering ist
- Verkleinerung des Einzelhandelsunternehmens, z.B. die Schließung von Filialen
- Absatzschwierigkeiten, z.B. das Ausbleiben von Kunden

Für die Auswahl der zu kündigenden Mitarbeiter hat der Arbeitgeber folgende soziale Kriterien zu berücksichtigen (**Sozialauswahl**):
- Dauer der Betriebzugehörigkeit
- Lebensalter
- Unterhaltspflichten
- Schwerbehinderung

Unter mehreren vergleichbaren Arbeitnehmern ist denjenigen zu kündigen, die am wenigsten schutzbedürftig sind. Mitarbeiter, deren Weiterbeschäftigung auf Grund ihrer Qualifikationen und Eigenschaften im betrieblichen Interesse liegt, müssen nicht in die soziale Auswahl einbezogen werden.

Verhaltensbedingte Kündigung
Bei der verhaltensbedingten Kündigung liegen die Gründe der Kündigung in einem Fehlverhalten des Arbeitnehmers. Eine verhaltensbedingte Kündigung ist erst dann zulässig, wenn der Arbeitgeber das Fehlverhalten vorher abgemahnt hat. Eine **Abmahnung** erfolgt in der Regel schriftlich. Darin wird der Arbeitnehmer auf sein Fehlverhalten hingewiesen und gerügt. Er wird zu vertragsmäßigem Verhalten aufgefordert und erhält die Ankündigung, dass ihm bei weiterem Fehlverhalten Konsequenzen bis hin zur Kündigung drohen. Vor der Erteilung einer Abmahnung muss der Arbeitnehmer allerdings zum Sachverhalt angehört werden.

Beispiel
- Mitarbeiter kommt der Arbeitspflicht nicht nach.
- Mitarbeiter erbringt über einen längeren Zeitraum hinweg nur unterdurchschnittliche Arbeitsleistungen (Leistungen dauerhaft um ca. 25 % bis 50 % schlechter als bei vergleichbaren Mitarbeitern).
- Mitarbeiter kommt häufig zu spät.
- Tätlichkeiten, z.B.: der Arbeitgeber wird durch seinen Angestellten körperlich angegriffen.
- Mitarbeiter stiehlt Ware aus dem Lager.
- Mitarbeiter verstößt gegen ein Alkoholverbot.
- Mitarbeiter verstößt gegen ein Rauchverbot.

Personenbedingte Kündigung

Bei der personenbedingten Kündigung liegen die Gründe in der Person des Arbeitnehmers. Diese Gründe beeinträchtigen seine Arbeitsfähigkeit oder behindern sie sogar vollständig.

Beispiel

- Mitarbeiter ist alkoholabhängig. Alkoholabhängigkeit hat Krankheitswert. Der Arbeitgeber muss den Mitarbeiter vor einer Kündigung auffordern, eine Entziehungskur anzutreten, und den Erfolg abwarten. Ist der Mitarbeiter nachweislich nicht therapierbar, kann von diesem Angebot abgesehen werden.
- Krankheit unter gleichzeitiger negativer Gesundheitsprognose für die Zukunft bzw. sehr häufige Kurzerkrankungen bzw. eine krankheitsbedingte Minderung der Leistungsfähigkeit, die dem Arbeitgeber nicht mehr zugemutet werden kann

Bevor der Arbeitgeber die Kündigung ausspricht, muss er eine **Interessenabwägung** vornehmen. Dies bedeutet, dass er sein Interesse an der Kündigung den Interessen des Arbeitnehmers an der Weiterbeschäftigung gegenüberstellen muss. Diese Abwägung erfolgt in der Praxis sehr häufig erst vor dem **Arbeitsgericht**, wenn der Arbeitnehmer Kündigungsschutzklage erhebt. Dort wird dann entschieden, welche Interessen überwiegen.

Zu Gunsten des Arbeitgebers können folgende Überlegungen berücksichtigt werden:
- Wiederholungsgefahr, z. B. des unentschuldigten Fernbleibens vom Arbeitsplatz
- Schutz der übrigen Arbeitnehmer, z. B. bei tätlichen Übergriffen
- Vermeidung von Störungen des Betriebsablaufes

Für den Arbeitnehmer können diese Überlegungen berücksichtigt werden:
- Dauer der Betriebszugehörigkeit
- Alter des Arbeitnehmers
- Unterhaltspflichten des Arbeitnehmers
- Lage auf dem Arbeitsmarkt

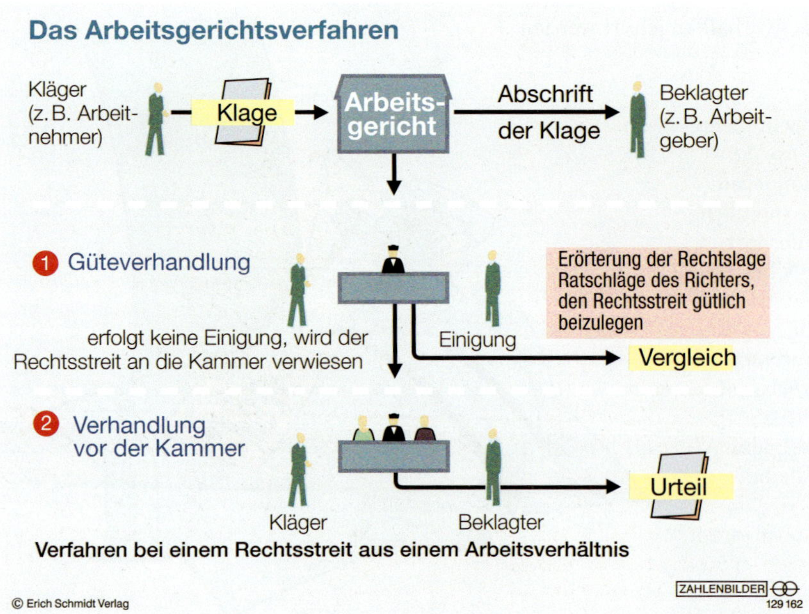

Stellt das Arbeitsgericht im Klagefall fest, dass die Kündigung sozial ungerechtfertigt ist, so ist die Kündigung unwirksam und der Arbeitgeber muss den Arbeitnehmer weiterbeschäftigen. Da im Klagefall die beiden Parteien aber meist so zerstritten sind, dass eine Weiterbeschäftigung des Arbeitnehmers nicht vorstellbar ist, einigen sich die Parteien häufig auf die Beendigung des Arbeitsverhältnisses und auf Zahlung einer **Abfindung** durch den Arbeitgeber.

8.2.2 Außerordentliche Kündigung

Eine außerordentliche Kündigung ist eine Kündigung, die das Arbeitsverhältnis ohne Beachtung der sonst geltenden Kündigungsfristen beendet. Sie wird daher auch als **fristlose Kündigung** bezeichnet. Eine fristlose Kündigung kann sowohl vom Arbeitgeber als auch vom Arbeitnehmer ausgesprochen werden. Nach § 626 BGB muss dazu allerdings ein **wichtiger Grund** vorliegen. Ein wichtiger Grund macht dem Kündigenden die Fortsetzung des Arbeitsverhältnisses bis zum nächsten ordentlichen Kündigungstermin unzumutbar.

Beispiel

Wichtige Gründe können sein:
- Tätlichkeiten
- Betrug und Unterschlagung
- Diebstahl, wenn die Sache für das Unternehmen einen großen wirtschaftlichen Wert hat
- Vortäuschen von Arbeitsunfähigkeit
- grobe Beleidigung
- beharrliche Arbeitsverweigerung

Prinzipiell können alle Gründe, die zu einer verhaltensbedingten oder personenbedingten ordentlichen Kündigung führen, nach Rechtsprechung der Arbeitsgerichte auch zu einer außerordentlichen Kündigung führen.

Die außerordentliche Kündigung muss innerhalb von zwei Wochen nach Bekanntwerden des Grundes, der zur Kündigung führen soll, ausgesprochen werden. Erfolgt sie später, ist sie unwirksam.

Auch eine fristlose Kündigung kann nur verhindert werden, wenn der Arbeitnehmer innerhalb von drei Wochen nach Zugang der Kündigung eine Kündigungsschutzklage beim Arbeitsgericht erhebt.

8.3 Anhörung des Betriebsrates

In allen Unternehmen, in denen ein Betriebsrat besteht, muss dieser vor jeder Kündigung von Seiten des Arbeitgebers informiert und angehört werden. Erfolgt die Anhörung des Betriebsrates nicht, so ist die vorgenommene Kündigung unwirksam. Der Betriebsrat kann der **ordentlichen Kündigung** bei Vorliegen gesetzlich festgelegter Gründe innerhalb einer Woche schriftlich widersprechen. So könnte z. B. die Weiterbeschäftigung des Arbeitnehmers unter geänderten Vertragsbedingungen mit dem Einverständnis des betroffenen Arbeitnehmers einen Widerspruch des Betriebsrates rechtfertigen. Der Widerspruch verhindert die Kündigung aber nicht, sie bleibt trotzdem bestehen. Sie stärkt lediglich die Position des Arbeitnehmers vor Gericht im Falle einer Kündigungsschutzklage. Der Arbeitgeber muss den Arbeitnehmer auf dessen Verlangen grundsätzlich bis zum rechtskräftigen Abschluss des Rechtsstreites weiterbeschäftigen.

Bei einer **außerordentlichen Kündigung** kann der Betriebsrat nur seine Bedenken äußern, nicht jedoch widersprechen. Diese Bedenken muss er aber im Gegensatz zur ordentlichen Kündigung innerhalb von drei Tagen schriftlich mitteilen. Der Tag, an dem die Information dem Betriebsrat gegeben wurde, zählt bei der Fristberechnung sowohl bei der ordentlichen als auch außerordentlichen Kündigung nicht mit.

8.4 Arbeitszeugnis

Lernsituation 92

Der Arbeitnehmer hat nach Beendigung des Arbeitsverhältnisses das Recht auf ein Arbeitszeugnis. Dieses muss vom Arbeitgeber unverzüglich ausgestellt werden. Grundsätzlich werden hierbei zwei Arten von Arbeitszeugnissen unterschieden. Das **einfache Arbeitszeugnis** beinhaltet lediglich die Personalien des Arbeitnehmers und Angaben über die Art und Dauer der Beschäftigung. Auf Verlangen des Arbeitsnehmers muss ein **qualifiziertes Arbeitszeugnis** ausgestellt werden, das zusätzliche Angaben enthält:

- Leistungsbeurteilung
- Verhalten gegenüber Vorgesetzten, Kollegen und Kunden
- Arbeitsbefähigung, -weise und -erfolg
- Fachkönnen
- Gesamtbild bezüglich Charakter und Persönlichkeit
- Weiterbildung
- Grund der Kündigung

Grundsätzlich sollen einmalige Vorfälle oder Umstände positiver oder negativer Art unberücksichtigt bleiben. Da die Angaben im Zeugnis der Wahrheit entsprechen müssen, können auch negative Aussagen darin enthalten sein. Dabei hat der Arbeitgeber aber zu berücksichtigen, dass die gewählten Formulierungen von einem Wohlwollen geprägt sind. Die Folge, die sich daraus für die Zeugnissprache ergibt, sind bestimmte Formulierungen, die mit Noten gleichgesetzt werden können. In der betrieblichen Praxis sind folgende Formulierungen in Zeugnissen häufig anzutreffen:

Formulierung	Note
„… stets zu unserer vollsten Zufriedenheit …"	sehr gut
„… stets zu unserer vollen Zufriedenheit …"	gut
„… zu unserer vollen Zufriedenheit …"	befriedigend
„… zu unserer Zufriedenheit …"	ausreichend
„… im Allgemeinen zu unserer Zufriedenheit …"	mangelhaft
„… hat sich bemüht, die ihm übertragenen Aufgaben zu unserer Zufriedenheit …"	ungenügend

14

Ein Einzelhandels-unternehmen leiten und entwickeln

Rechtliche Rahmenbedingungen

Rechtsformen von Unternehmen

Finanzierung, Investition und Kapitalbedarf

Zinsrechnung

Kapitalbeschaffung

Zahlungsverzug

Insolvenz

Existenzgründung

1 Rechtliche Rahmenbedingungen unternehmerischen Handelns

Lernsituation 93

Unter der Bezeichnung „Kaufmann" versteht man im täglichen Sprachgebrauch Menschen, die eine kaufmännische Ausbildung absolviert haben oder im Handel tätig sind. Im juristischen Sinne ist dieser Begriff jedoch genau definiert. Wer Kaufmann ist, legt das **Handelsgesetzbuch (HGB)** in seinem ersten Paragrafen fest.

§ 238 HGB

(1) Kaufmann im Sinne dieses Gesetzbuchs ist, wer ein Handelsgewerbe betreibt.
(2) Handelsgewerbe ist jeder Gewerbebetrieb, es sei denn, dass das Unternehmen nach Art oder Umfang einen in kaufmännischer Weise eingerichteten Geschäftsbetrieb nicht erfordert.

Die Vorschriften des HGB sind nur für Kaufleute voll anwendbar. Die Anwendung des HGB hat u. a. Auswirkungen auf

- **Namensgebung** (Firma) des Unternehmens,
- die **Buchführungspflicht** und
- Abwicklung von **Kaufverträgen**.

Handelsregister → S. 135

Kaufleute sind grundsätzlich verpflichtet, sich ins **Handelsregister** eintragen zu lassen. Außerdem gelten für sie bestimmte anerkannte Handelsbräuche, z. B. müssen sie dafür sorgen, dass ihnen schriftliche Mitteilungen auch bei Abwesenheit vom Geschäft (durch Urlaub, Krankheit usw.) zugestellt werden.

1.1 Kaufmannseigenschaften

Das HGB geht vom Begriff des **Handelsgewerbes** aus. Als Gewerbe wird danach jede erlaubte und fortgesetzte selbstständige Tätigkeit bezeichnet, die auf die Erzielung von Gewinn ausgerichtet ist. Der Begriff des Handelsgewerbes ist unabhängig von der Branche. Auch Handwerksunternehmen oder Hotels können Handelsgewerbe sein.

Führt der Gewerbetreibende außerdem einen „in kaufmännischer Weise eingerichteten Geschäftsbetrieb", ist er **Istkaufmann** im Sinne des § 1 HGB. Ob ein solcher Geschäftsbetrieb vorliegt, muss im Einzelfall entschieden werden. Beurteilungskriterien sind u. a. die Höhe von Umsatz, Forderungen und Vermögen, die Mitarbeiterzahl sowie die Anzahl/Größe der Geschäftsräume.

Für ein Handelsgewerbe mit geringer Umsatzhöhe und nur einem Mitarbeiter ist z. B. kein kaufmännischer Geschäftsbetrieb erforderlich. Ein solches Handelsgewerbe fällt unter den Begriff **Kleingewerbe**. Aber auch der Betreiber eines Kleingewerbes kann den Status eines Kaufmannes erwerben, indem er sich freiwillig ins Handelsregister eintragen lässt. Er ist nach § 2 HGB ein so genannter **Kannkaufmann**.

Hat das Handelsgewerbe eine bestimmte Unternehmensform (Handels- und Kapitalgesellschaft) gelten ebenfalls die Bestimmungen des HGB. Die Betreiber dieser Handelsgewerbe sind gemäß § 6 HGB so genannte **Formkaufleute**.

Personen-Rechtsformen von Unternehmen → S. 138

Kaufmannseigenschaften

Istkaufmann	Kannkaufmann	Formkaufmann
Kaufmann, weil kaufmännisch eingerichteter Geschäftsbetrieb	Kaufmann, weil Eintragung ins Handelsregister; die Eintragung ist freiwillig.	Kaufmann, weil Vorgabe durch Rechtsform, z. B. Kapitalgesellschaften, z. B. GmbH, AG
(HGB § 1)	(HGB §§ 2, 3)	(HGB § 6)

Der Kaufmann im Handelsrecht

Kaufleute ◂▸ **Kleingewerbetreibende**

sind verpflichtet, sich ins Handelsregister eintragen zu lassen

können die Kaufmannseigenschaft durch Eintragung ins Handelsregister erwerben

Wichtige Rechte und Pflichten des Kaufmanns

- Kaufleute haben die Pflicht zu einer ordnungsgemäßen Buchführung.
- Sie müssen jährlich eine Inventur durchführen und eine Bilanz erstellen.
- Aufbewahrungspflichten: Geschäftsbücher 10 Jahre Geschäftsbriefe 6 Jahre.
- Auf den Geschäftsbriefen sind die Rechtsverhältnisse des Unternehmens anzugeben.
- Die ins Handelsregister eingetragene Firma genießt Schutz nach HGB, BGB und Markengesetz.
- Nur Kaufleute sind berechtigt, Zweigniederlassungen zu errichten.
- Nur Kaufleute können Prokura erteilen.

Zwischen Kaufleuten gilt:

- Gelieferte Waren sind unverzüglich zu kontrollieren, Mängel sofort zu rügen.
- Leistungen müssen auch ohne ausdrückliche Vereinbarung vergütet werden.
- Fällige Forderungen sind sofort zu verzinsen.
- Bestätigungsschreiben nach mündlicher Verhandlung sind gültig, wenn kein Widerspruch erfolgt.

Prokura → S. 136

1.2 Firma

§ 17 HGB

(1) Die Firma eines Kaufmanns ist der Name, unter dem er seine Geschäfte betreibt und die Unterschrift abgibt.
(2) Ein Kaufmann kann unter seiner Firma klagen und verklagt werden.

Kaufleute können eine Firma führen. Die Firmenführung ist jedoch auf den Geschäftsbetrieb beschränkt, sie wird nicht in den Pass oder Personalausweis eingetragen. Dagegen kann der Kaufmann, der für sein Unternehmen einen Dienstwagen unterhalt, einen Kraftfahrzeugschein auf seine Firma ausstellen lassen.

Rechtsformen → S. 138

Es werden folgende **Firmenarten** unterschieden:
- Personenfirma, bestehend aus einem oder mehreren Personennamen,
- Sachfirma, abgeleitet vom Unternehmensgegenstand,
- Fantasiefirma, häufig eine von Markennamen abgeleitete werbewirksame Bezeichnung,
- gemischte Firma, die sowohl Personennamen als auch den Unternehmensgegenstand enthält.

Die **Wahl der Firma** hängt von der Rechtsform ab. Bei Einzelunternehmen muss z. B. die Bezeichnung „eingetragener Kaufmann“ bzw. „eingetragene Kauffrau“ (e. K. oder e. Kfm. bzw. e. Kfr.) in der Firma enthalten sein. Dieser Zusatz ist auch auf Geschäftsbriefen, Visitenkarten, Katalogen usw. zu vermerken. Nichtkaufleute dürfen nur eine Geschäftsbezeichnung führen, z. B. „Zum Kölschhaus“.

Die Wahl der Firma hängt von der Rechtsform ab.

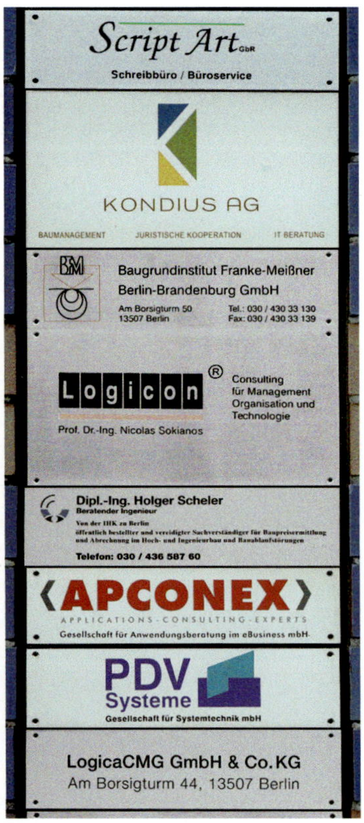

Die Firma ist an bestimmte rechtliche Grundsätze gebunden. Dazu gehören:

Firmenwahrheit und Firmenklarheit: Die Firma darf nicht irreführend sein. Sie muss den tatsächlichen Geschäfts- und Rechtsverhältnissen entsprechen. Dieser Grundsatz schützt die Geschäftspartner, denn die Rechtsform gibt Auskunft über die Größe und die Finanzkraft des Unternehmens sowie über die Haftungsverhältnisse.

Firmenausschließlichkeit: Das Unternehmen darf nicht die gleiche Bezeichnung tragen wie ein anderes Unternehmen am selben Ort. Bei der Eintragung ins Handelsregister wird dies geprüft. Auch dieser Grundsatz bedeutet eine Sicherheit für die Geschäftspartner, da er hilft, Verwechslungen zwischen den Firmen zu vermeiden.

Firmenbeständigkeit: Beim Wechsel des Betreibers (auch: Inhabers) darf die Firma weitergeführt werden. Hierbei muss jedoch im Zweifel die Firmenwahrheit beachtet werden, da sich durch einen Inhaberwechsel auch die Rechtsform ändern kann. Wenn z. B. ein Vater seine Tochter als Teilhaberin in die Firma aufnehmen möchte und sich dadurch die Rechtsform von einer Einzelunternehmung in eine OHG ändert, muss der Zusatz OHG aufgenommen werden. So müsste z. B. aus der Firma „Elektro Erich Karl e. K.“ dann „Elektro Erich Karl OHG“ werden.

Firmeneinheit: Ein Kaufmann darf für sein Handelsgewerbe nur eine Firma führen.

Firmenöffentlichkeit: Die Eintragung ins Handelsregister muss erfolgen, damit die Öffentlichkeit über die Gründung der Firma informiert wird.

1.3 Handelsregister

§ 29 HGB

Jeder Kaufmann ist verpflichtet, seine Firma und den Ort seiner Handelsniederlassung bei dem Gericht, in dessen Bezirk sich die Niederlassung befindet, zur Eintragung in das Handelsregister anzumelden; er hat seine Namensunterschrift unter Angabe der Firma zur Aufbewahrung bei dem Gericht zu zeichnen.

Kaufleute unterliegen in ihren Geschäften zum Teil anderen (strengeren) Vorschriften als Nichtkaufleute. Deshalb muss allen, die mit ihnen Geschäfte abschließen, bekannt sein, dass sie es mit Kaufleuten zu tun haben. Alle Tatsachen, die für die Geschäftspartner eines Kaufmannes rechtlich bedeutsam sein können, werden deshalb durch die **Eintragung ins Handelsregister** öffentlich.

Das Handelsregister ist ein beim Amtsgericht geführtes Verzeichnis aller Unternehmen. Es dient dem Zweck, die Öffentlichkeit zu informieren und zu schützen. Jedermann hat das Recht, das Register einzusehen. Die Eintragungen erfolgen auf Anmeldung des Kaufmanns mit öffentlicher Beglaubigung oder von Amts wegen (z. B. bei Eröffnung eines Insolvenzverfahrens). Das Gericht muss die Eintragungen online veröffentlichen.

Insolvenz → S. 177

Die Eintragung hat häufig nur eine **rechtsbezeugende (deklaratorische) Wirkung**, d. h., die ins Register aufgenommenen Tatsachen waren bereits vor dem Eintrag rechtsgültig und werden nun öffentlich bekannt gemacht. Dies ist z. B. beim Eintrag eines Istkaufmanns der Fall. Entsteht die Kaufmannseigenschaft jedoch – wie beim Kannkaufmann – erst durch den Registereintrag, hat dieser **rechtsbegründende (konstitutive) Wirkung**. Das Handelsregister genießt **öffentlichen Glauben**. Das Vertrauen auf seinen Inhalt ist geschützt. Solange eine Tatsache, die ins Register eingetragen werden müsste, noch nicht eingetragen ist, kann sie einem Dritten gegenüber nicht geltend gemacht werden.

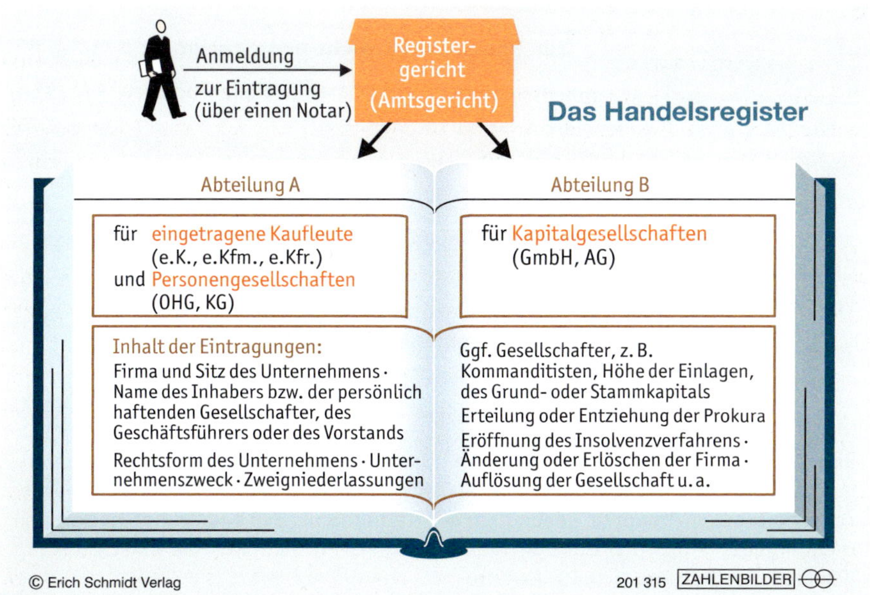

1.4 Handlungsvollmacht und Prokura

Lernsituation 94

Die Angestellten eines Handelsgewerbes handeln häufig stellvertretend für dieses. Bei der Stellvertretung werden Willenserklärungen in fremdem Namen abgegeben, so dass z. B. Kaufverträge auch ohne Anwesenheit des Unternehmers durch die Mitarbeiter abgeschlossen werden können. Dazu ist es jedoch notwendig, dass die Angestellten ausdrücklich eine entsprechende Vollmacht erhalten.

Beispiel

Ein Auszubildender wird gebeten, ausnahmsweise Paketscheinformulare bei der nächstgelegenen Postfiliale zu besorgen, die dringend für den Versand im Unternehmen benötigt werden. Er handelt hier als Stellvertreter seines Ausbildungsunternehmens. Der Auszubildende erhält dazu eine Einzelvollmacht.

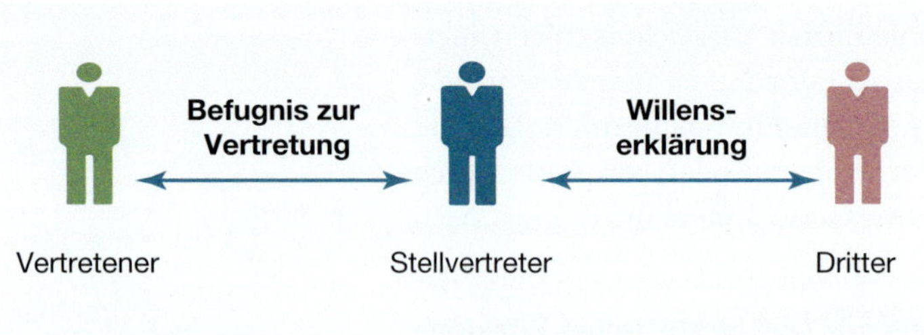

Die wichtigsten Vollmachten im Handelsrecht sind die Handlungsvollmacht und die Prokura. Prokuristen und Handlungsbevollmächtigte sind Stellvertreter eines Kaufmannes.

Die **Prokura** ist die umfassendste Vollmacht, die ein Kaufmann einem Angestellten erteilen kann. Durch die Erteilung der Prokura erhält der Prokurist nahezu die gleichen Befugnisse wie der Kaufmann selbst. Deshalb kann die Prokura auch nur vom Betreiber des Handelsgewerbes oder seinem gesetzlichen Vertreter und nur mittels ausdrücklicher Erklärung erteilt werden. Die Prokura ist im Handelsregister einzutragen. Der Prokurist ist zu allen Arten von gerichtlichen und außergerichtlichen Geschäften und Rechtshandlungen ermächtigt, die der Betrieb eines Handelsgewerbes mit sich bringt. Nicht ermächtigt ist er zu so genannten Grundlagengeschäften, also Geschäften, die den Bereich des Handelsgewerbes als solches betreffen.

Die Prokura kann vertraglich eingeschränkt werden. Zum Schutz von Dritten ist eine Beschränkung des Umfanges der Prokura dem Dritten gegenüber jedoch unwirksam.

Was darf ein Prokurist?

Der Prokurist ist ermächtigt	Der Prokurist ist nicht ermächtigt
• Personal einzustellen • Handlungsvollmachten zu erteilen • Kredite aufzunehmen und einzuräumen • Schenkungen zu machen und fremde Verbindlichkeiten zu übernehmen • Zweigniederlassungen zu eröffnen und zu schließen • Unternehmen und Beteiligungen zu erwerben • Grundstücke zu kaufen	• das Handelsgewerbe einzustellen oder zu veräußern • die Firma zu ändern • neue Gesellschafter aufzunehmen • Insolvenz anzumelden • Anmeldungen zum Handelsregister vorzunehmen • das Inventar und die Bilanz zu unterzeichnen • Grundstücke zu belasten oder zu veräußern (außer mit Sondervollmacht)

Beispiel

Einem Prokuristen wird vom Kaufmann ausdrücklich die Vergabe von Krediten untersagt. Dennoch vergibt der Prokurist einen Kredit an einen Kunden. In diesem Falle haftet der Prokurist gegenüber dem Kaufmann, der Kunde hat aber einen rechtmäßigen Anspruch auf den Kredit, es sei denn, ihm war die Einschränkung der Prokura bekannt.

Arten von Prokura

Einzelprokura	Berechtigung, die Vertretung alleine auszuüben
Filialprokura	Der Kaufmann kann die Prokura auf einen Filialbetrieb beschränken.
Gesamtprokura	Prokura, die mehreren Personen gemeinschaftlich erteilt wird; kann nur von den Prokuristen gemeinsam ausgeübt werden

Geschäftsbriefe oder andere geschäftliche Unterlagen unterzeichnet der Prokurist üblicherweise mit der Abkürzung „ppa." (per procura) vor seinem handgeschriebenen Namen und unter Angabe der Firma des Handelsgewerbes.

Handlungsvollmacht wird auch vom Kaufmann erteilt und bedarf keiner besonderen Form. Sie kann auch durch schlüssiges Verhalten (z. B. durch die Duldung von Handlungen) gegenüber dem Bevollmächtigten erfolgen. Die Handlungsvollmacht wird nicht ins Handelsregister eingetragen.

Der Umfang ist u. a. abhängig von der Art der Handlungsvollmacht und von der Festlegung durch den Kaufmann. Bei der allgemeinen Handlungsvollmacht ergeben sich gegenüber der Prokura folgende Unterschiede:

Die allgemeine Handlungsvollmacht erstreckt sich auf alle Rechtsgeschäfte und Rechtshandlungen, die der Betrieb eines derartigen Handelsgewerbes **gewöhnlich** mit sich bringt. Der Handlungsbevollmächtigte ist somit nur zu gewöhnlichen (alltäglichen), branchenüblichen Geschäften ermächtigt, nicht wie der Prokurist zu Geschäften, die in irgendeinem Handelsgewerbe vorkommen können. Der Handlungsbevollmächtigte eines Einzelhandelsunternehmens darf z. B. keine Aktien kaufen, auch wenn ein großer Gewinn zu erwarten ist.

Bestimmte Rechtsgeschäfte bzw. Rechtshandlungen dürfen von einem Handlungsbevollmächtigten nur mit besonderer Ermächtigung des Kaufmanns durchgeführt werden. Dazu gehören die Aufnahme von Darlehen und die Prozessführung.

Arten von Vollmachten

Einzel- oder Spezialvollmacht	Der Spezialbevollmächtigte ist zu einzelnen, konkret bestimmten Geschäften bevollmächtigt, z.B. Bevollmächtigung zum Kauf eines neuen Lkws.
Artvollmacht	Sie ermächtigt zur Vornahme von Geschäften einer bestimmten Art, z.B. Kassierer, Abteilungsleiter, Einkäufer.
allgemeine oder Generalvollmacht	Sie erstreckt sich auf alle gewöhnlichen Geschäfte und den gesamten Betrieb dieses Handelsgewerbe.

Der Handlungsbevollmächtigte unterschreibt üblicherweise mit „i. A." (im Auftrag) als Einzel oder Artbevollmächtigter bzw. mit „i. V." (in Vollmacht) oder „per" bei allgemeiner Handlungsvollmacht.
Es gibt noch eine weitere Regelung im Handelsrecht für Angestellte im Verkaufsraum oder Warenlager. Für Angestellte im Verkauf gilt auch **ohne entsprechende Vollmachterteilung**, dass sie zu Verkäufen und zur Empfangnahme (z. B. von Waren oder Geld) ermächtigt sind, die in einem derartigen Laden gewöhnlich vorkommen. Wenn jemand einen Verkaufsraum betritt und mit einer dort beschäftigten Person Geschäfte abschließt, wird im Namen des Unternehmens gehandelt. Bei unternehmensbezogenen Geschäften besteht grundsätzlich die Vermutung, dass der Handelnde für das Handelsgewerbe aufgetreten ist.

2 Rechtsformen von Unternehmen

Rechtsform = die gesetzlichen Bedingungen, unter denen im Unternehmen gehandelt wird.

Für jeden Unternehmensgründer stellt sich die Frage, welche Rechtsform den Zielsetzungen seines Unternehmens am besten entspricht. Grundsätzlich hat er die Wahl zwischen verschiedenen gesetzlich festgeschriebenen Rechtsformen, neben denen in der Praxis weitere, vom Gesetzgeber zunächst gar nicht vorgesehene Mischformen entstanden sind.

Kapitalbeschaffung → S. 157

Für die Wahl der Rechtsform gibt es keine Patentlösung. Jede Form hat Vor- und Nachteile und wirkt sich auf wichtige betriebswirtschaftliche Grundfragen aus, wie z. B. auf die

- Möglichkeiten der Kapitalbeschaffung,
- Geschäftsführung,
- Gewinn- und Verlustverteilung,
- Haftung,
- Besteuerung.

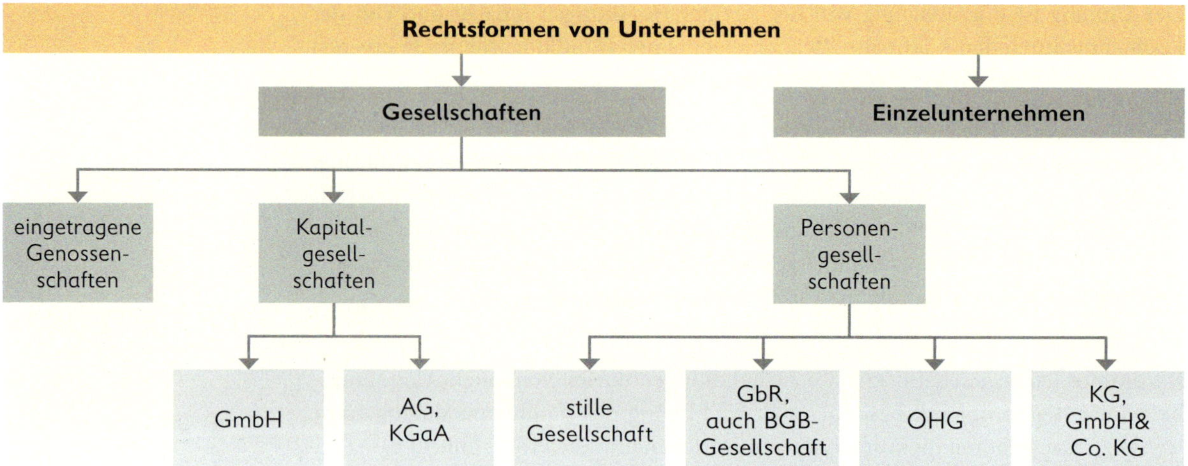

2.1 Einzelunternehmen

Das Einzelunternehmen ist eine besonders häufige Rechtsform. Die Gründung ist insoweit einfach, als das Einzelunternehmen nicht an eine bestimmte Form gebunden ist. Ist für das Unternehmen jedoch ein kaufmännischer Geschäftsbetrieb erforderlich, muss eine Eintragung ins Handelsregister vorgenommen werden.

Handelsregister
→ S. 135

Beispiel

Erich Karl ist in einem Elektrofachgeschäft beschäftigt und möchte sich selbstständig machen. Ein wesentlicher Grund dafür ist, dass er endlich sein „eigener Herr“ sein will. Er rechnet zunächst mit Aufträgen von Privatkunden, denen er bereits bekannt ist. Die Verwaltungsarbeit wird seine Frau übernehmen; ein kleines Büro kann er im Haus einrichten, die Garage ist für den Anfang groß genug, um alle notwendigen Artikel lagern zu können. Der Kapitalbedarf zur Gründung des Unternehmens ist nicht sehr hoch. Ein gebrauchter Transporter als Fahrzeug ist schon vorhanden. Einen Namen für sein Unternehmen hat er auch schon: „Elektro Erich Karl e.K.“.

Finanzierung
→ S. 148 und 157

ZAHLENBILDER 201 115

Einerseits muss der Einzelunternehmer allein das Kapital zur Finanzierung des Unternehmens aufbringen, womit natürlich auch ein hohes finanzielles Risiko verbunden sein kann. Andererseits steht ihm dann auch der erzielte Gewinn allein zu. Die Führung des Unternehmens liegt allein in seiner Hand. Er trägt allein die Verantwortung gegenüber Mitarbeitern, Lieferanten und Kunden. Als Einzelunternehmer haftet er für alle Schulden des Unternehmens, und zwar unbegrenzt, also nicht nur mit dem Betriebsvermögen, sondern auch mit dem Privatvermögen.

Vor- und Nachteile des Einzelhandelsunternehmens

Vorteile	Nachteile
• geringer Kapitalaufwand • alleinige Entscheidungsbefugnis • erwirtschafteter Gewinn muss nicht geteilt werden • einfache und kostengünstige Gründung	• unbeschränkte Haftung auch mit Privatvermögen • beschränktes Wachstum durch begrenzte Arbeitskraft und begrenzte Geldmittel (Kreditbasis) • persönlicher Ausfall (z.B. Krankheit) führt leicht zur Krise des Unternehmens

2.2 Personengesellschaften

Mit **Gesellschaft** wird eine **Vereinigung von natürlichen und/oder juristischen Personen** bezeichnet, die privatrechtsgeschäftlich ein gemeinsames Ziel verfolgen. Da heute auch eine GmbH oder AG von einer einzigen Person gegründet werden kann, ist diese Definition jedoch etwas offener zu sehen. Es gibt auch Personenvereinigungen, die dem öffentlichen Recht unterliegen. Dies sind z. B. Bund, Länder und Gemeinden, aber auch Anstalten des öffentlichen Rechts oder Stiftungen. Sie fallen nicht unter den Gesellschaftsbegriff.

Charakteristisch für **Personengesellschaften** ist es, dass die handelnden Personen natürliche Personen sind und auch mit ihrem Privatvermögen haften. Einige ausgewählte Personengesellschaften werden im Folgenden näher betrachtet.

2.2.1 Stille Gesellschaft

Beispiel

Als Erich Karl seinem Cousin Wilfried von dem Vorhaben erzählt, einen eigenen Betrieb zu gründen, zeigt dieser sich sehr interessiert und überzeugt von Erichs Geschäftsidee. Wilfried möchte Erich gern unterstützen, indem er sich ohne großes Aufsehen mit einer Kapitaleinlage von 20.000 Euro am neuen Unternehmen beteiligt.

Werden einem Einzelunternehmen von einem Außenstehenden zusätzliche finanzielle Mittel zur Verfügung gestellt, ohne dass diese Person nach außen in Erscheinung treten will (sie also z. B. keinerlei Führungs- oder Weisungsbefugnisse beansprucht), dann spricht man von einer stillen Gesellschaft. Im Gesellschaftsvertrag kann geregelt werden, ob und in welcher Höhe ein stiller Gesellschafter an einem Verlust beteiligt sein soll. Ihm steht jedoch eine Gewinnbeteiligung zu.

Ein stiller Gesellschafter wird nicht ins Handelsregister eingetragen, die Firma des Unternehmens ändert sich durch seinen Beitritt nicht. Sind beispielsweise über Banken bzw. Kreditinstitute keine finanziellen Mittel für ein Einzelunternehmen zu erhalten, so kann eine stille Gesellschaft durchaus vorteilhaft sein.

2.2.2 Gesellschaft bürgerlichen Rechts (GbR)

Die GbR muss aus mindestens zwei Gesellschaftern bestehen, die auch formlos einen Gesellschaftervertrag schließen können, mit dem sie sich gegenseitig verpflichten, die Erreichung eines gemeinsamen Zieles zu fördern. Ziel kann z. B. ein gemeinsamer Geschäftsbetrieb – mit Ausnahme eines Handelsgewerbes sein, d. h., die Gesellschafter einer GbR (z. B. einer Anwaltskanzlei) dürfen keine Kaufleute im Sinne des HGB sein. Daher erklärt sich auch der Name der Gesellschaft: Für sie gelten nur die Vorschriften des Bürgerlichen Gesetzbuches (BGB).

Die GbR ist ein Zusammenschluss von Kleingewerbetreibenden oder auch Freiberuflern (Ärzte, Anwälte, Künstler).

Jeder Gesellschafter muss einen Beitrag leisten. Das können Geld- oder Arbeitsleistungen, aber auch die Einbringung von Kunden oder Know-how sein. Falls nichts Abweichendes vereinbart wird, haben die Gesellschafter gleiche Beiträge zu leisten und deshalb auch gleichen Anteil an Gewinn und Verlust.

Die Beiträge und die durch die Geschäftsführung erworbenen Gegenstände werden gemeinschaftliches Vermögen der Gesellschafter (Gesellschaftsvermögen). Haben die Gesellschafter vertraglich keine speziellen Abmachungen getroffen, dann steht ihnen die Geschäftsführung gemeinschaftlich zu (Grundsatz der Einstimmigkeit). Grundsätzlich haften die Gesellschafter auch mit ihrem Privatvermögen.

2.2.3 Offene Handelsgesellschaft (OHG)

Die offene Handelsgesellschaft ist eine Personengesellschaft, deren Zweck auf den Betrieb eines Handelsgewerbes unter gemeinschaftlicher Firma gerichtet ist. Charakteristisch an dieser Rechtsform ist, dass bei keinem der Gesellschafter die **Haftung** gegenüber den Gesellschaftsgläubigern beschränkt ist.

Die Gläubiger können sowohl auf das Geschäfts- als auch auf das Privatvermögen zurückgreifen (unbeschränkt). Die Gläubiger können zur Befriedung ihrer Forderungen an einen beliebigen Gesellschafter herantreten (unmittelbar). Hieraus erklärt sich auch der Name: Die OHG ist „offen", weil der Zugriff der Gläubiger auf das Vermögen der Gesellschafter offen ist. Insofern besteht auch eine enge Bindung der Gesellschafter, denn alle haben für das Handeln der jeweils anderen solidarisch einzustehen.

Beispiel

Erich Karl hat mit seinen Erwartungen recht behalten. Sein Geschäft läuft glänzend – für ihn und seine Frau alleine bald schon zu gut. Nun erhält er das Angebot, die Elektroinstallationen für ein Geschäftszentrum vorzunehmen. Für diesen Großauftrag ist eine Aufstockung des Personals notwendig; außerdem reicht jetzt sein Wohnhaus nicht mehr für die Büro- und Lagerräume aus. Er benötigt einen größeren Fuhrpark und erheblich mehr Geräte und Werkzeuge. Dies kann Herr Karl mit seinen bisherigen Möglichkeiten nicht realisieren – vor allem deshalb, weil keine Bank bereit ist, den dafür notwendigen Kredit zur Verfügung zu stellen. Anna Moser, eine ehemalige Kollegin, wäre bereit, als Teilhaberin in das Unternehmen einzusteigen. Herrn Karl ist das recht, zumal Frau Moser über einiges Kapital verfügt, das sie in das Unternehmen einbringen könnte.

ELEKTRO ERICH KARL OHG

Die **Gründung** der OHG vollzieht sich in zwei Stufen: dem Abschluss eines Gesellschaftervertrages und der Anmeldung zum Handelsregister. Der Gesellschaftervertrag ist ohne Einhaltung einer bestimmten Form möglich, d. h., man muss ihn in der Regel nicht notariell beurkunden lassen. Zuständig für die Anmeldung zum Handelsregister ist das Gericht, in dessen Bezirk die Gesellschaft ihren Sitz hat.

Alle Gesellschafter sind zur Geschäftsführung berechtigt bzw. verpflichtet. Anders als bei der GbR geht das Gesetz bei der OHG von einer **Einzelgeschäftsführungsbefugnis** aus, d. h., jeder Gesellschafter ist berechtigt, allein zu handeln. Soll das anders sein, so können die Gesellschafter in ihren Vertrag aufnehmen, dass nur zusammen gehandelt werden kann. Bei dieser so genannten **Gesamtgeschäftsführungsbefugnis** bedarf es dann für jedes Geschäft der Zustimmung aller.

Für die Verbindlichkeiten der OHG haften die Gesellschafter sowohl mit dem Gesellschaftsvermögen als auch persönlich. Selbst nach dem Ausscheiden eines Gesellschafters aus der OHG besteht auch später noch eine so genannte **Nachhaftung**. Vorteil dieser vollen Haftung ist jedoch, dass dadurch meist eine größere Kreditwürdigkeit bei Banken und Kreditinstituten besteht.

Kreditwürdigkeit → S. 161

Häufig ist ein erhöhter Kapitalbedarf der Grund für die Bildung einer OHG. Aber auch bei der Fortsetzung eines Einzelunternehmens durch eine Erbengemeinschaft wird diese Rechtsform oft gewählt, wenn z. B. ein Einzelunternehmer aus Altersgründen die Geschäftsführung seinen Kindern übertragen will.

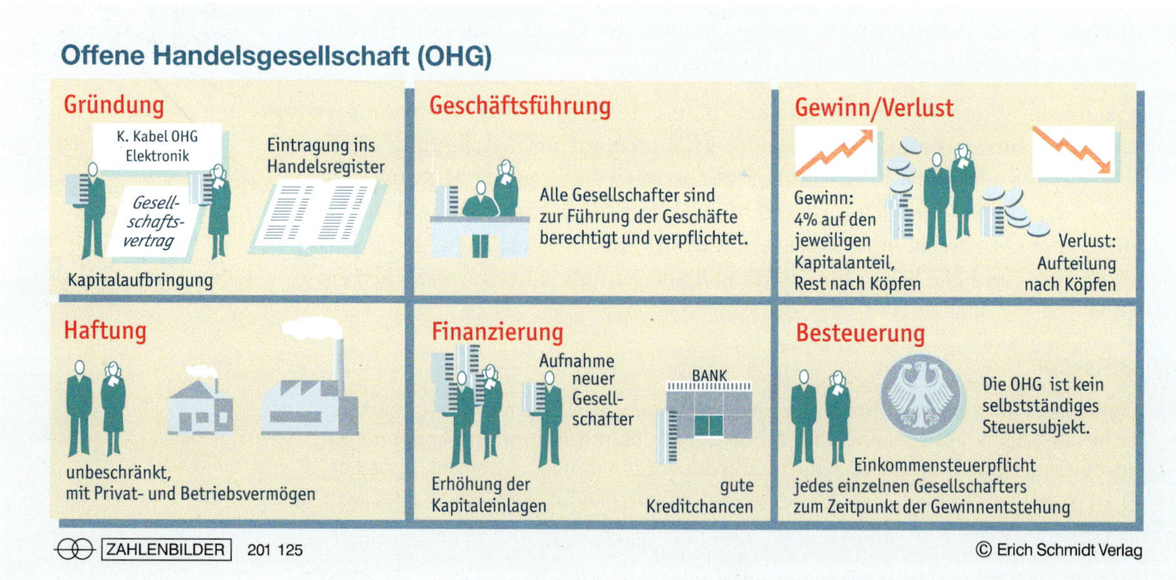

2.2.4 Kommanditgesellschaft (KG)

Bei der Kommanditgesellschaft ist die **Haftung** eines oder mehrerer Gesellschafter auf den Betrag ihrer Vermögenseinlage beschränkt (**Kommanditist**), während mindestens ein Gesellschafter unbeschränkt haftet (**Komplementär**). Die Höhe der Haftsumme der Kommanditisten ist ins Handelsregister einzutragen. Ist die Einlage vom Kommanditisten vollständig bezahlt, dann kann er auch nicht mehr persönlich für die Verbindlichkeiten der Gesellschaft haftbar gemacht werden.

Die **Gründung** der KG vollzieht sich nach den gleichen rechtlichen Schritten wie bei der OHG. Die Kommanditisten sind von der Geschäftsführung ausgeschlossen und grundsätzlich auch nicht zu einer Vertretung der Gesellschaft nach außen ermächtigt, es sei denn, es wird ihnen ausdrücklich Prokura erteilt. Vorteil dieser Gesellschaftsform ist also, dass man sich vorab entscheiden kann, ob man nur mit einer begrenzten Vermögensmasse Teilhaber wird, dafür aber von der Geschäftsführung ausgeschlossen ist, oder ob man voll haften will bzw. muss, dafür aber „die Zügel in der Hand hält".

Prokura
→ S. 136

Kommanditisten haben ein Widerspruchsrecht bei außergewöhnlichen Geschäften, ein Recht auf Einsicht in die Geschäftsbücher und ein Recht auf den vertraglich vereinbarten Gewinnanteil. Der Komplementär einer KG kann auch eine juristische Person, z. B. eine GmbH, sein. Die Rechtsform ist dann die **GmbH & Co. KG**. Bei dieser Rechtsform ist eine Vermischung zweier Grundtypen erfolgt. Wichtig ist, dass es sich dabei insgesamt um eine Personengesellschaft und nicht um eine Kapitalgesellschaft handelt. Damit beschränkt sich die Haftung auf das Kapital der GmbH.

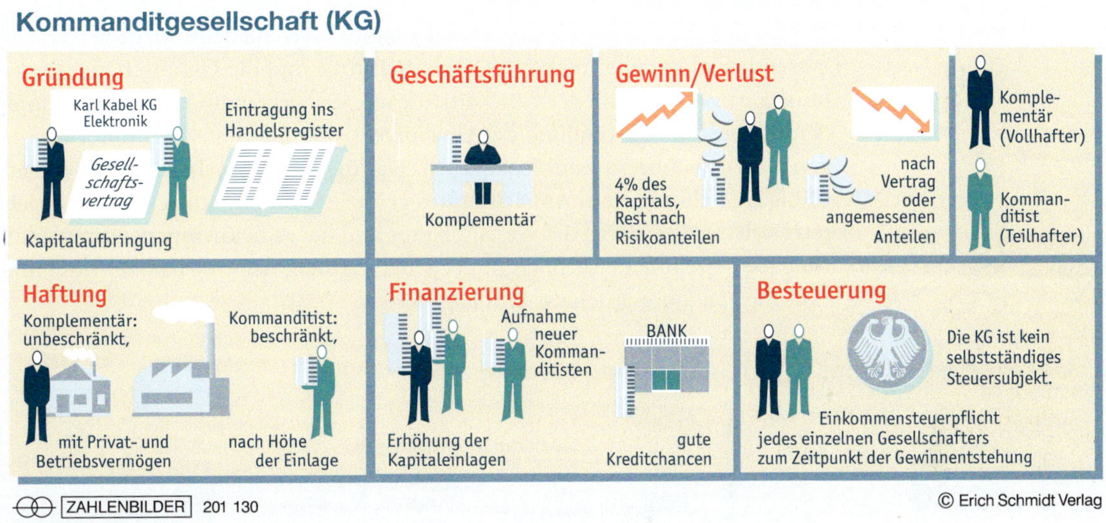

2.3 Kapitalgesellschaften

Personengesellschaften
→ S. 140

Kapitalgesellschaften sind juristische Personen und damit selbst rechtsfähig. Im Gegensatz zu den Personengesellschaften, wo Eigenkapitalgeber (Gesellschafter) und Geschäftsführer normalerweise identisch sind, liegen Eigentum und Unternehmensführung bei Kapitalgesellschaften in der Regel nicht beieinander. Normalerweise beschränkt sich der Einfluss der Gesellschafter auf ihr Stimmrecht in der Gesellschafterversammlung, ihr Risiko beschränkt auf die geleistete Kapitaleinlage.

2.3.1 Gesellschaft mit beschränkter Haftung (GmbH)

Die GmbH ist eine Kapitalgesellschaft, deren Gesellschafter sich an dem in Stammeinlagen zerlegten Stammkapital beteiligt haben, ohne persönlich für die Verbindlichkeiten der Gesellschaft zu haften. Die Gläubiger können sich mit ihren Forderungen nur an das Gesellschaftsvermögen, nicht aber an die Gesellschafter halten. Im Gesellschaftsvertrag kann jedoch eine beschränkte oder unbeschränkte Nachschusspflicht vereinbart werden. Mit einer Nachschusspflicht verpflichtet sich der Gesellschafter, unter bestimmten Voraussetzungen weitere Geldleistungen an die Gesellschaft zu erbringen.

Die **Gründung** einer GmbH ist schwieriger als die Gründung einer Personengesellschaft, da der Gesellschaftervertrag der notariellen Form bedarf. Da die Zahl der Gesellschafter nicht vorgeschrieben ist, kann die GmbH auch von nur einer Person errichtet werden (**Einmann-GmbH**). Bei der Gründung wird ein **Stammkapital** in Höhe von mindestens 25.000 Euro vorausgesetzt. Auf dieses Kapital muss jeder Gesellschafter eine Stammeinlage von mindestens 100 Euro zahlen. Die Einlagen können in Form von Geld- oder Sachleistungen erbracht werden. Bei Sachleistungen muss der Gegenstand (z. B. ein Fahrzeug oder ein Kopierer) und der hierfür veranschlagte Betrag im Gesellschaftsvertrag festgesetzt werden. Um die GmbH beim Handelsregister anmelden zu können, muss auf jede Stammeinlage mindestens ein Viertel gezahlt und dabei insgesamt mindestens die Hälfte des Stammkapitals angesammelt worden sein (also mindestens 12.500 Euro). Sachleistungen müssen voll erbracht werden.

Um handeln zu können, bedarf es bei der GmbH verschiedener **Organe**. Das sind im Wesentlichen ein oder mehrere **Geschäftsführer** und die **Gesellschafterversammlung**. Letztere wird von der Geschäftsführung einberufen und entscheidet unter anderem über die Verwendung des Gewinnes sowie die Bestellung und Abberufung von Geschäftsführern und Prokuristen. Hat die GmbH mehr als 500 Beschäftigte, ist die Einrichtung eines **Aufsichtsrates** gesetzlich vorgeschrieben. Der Aufsichtsrat setzt sich aus Vertretern der Gesellschafter und der Arbeitnehmer zusammen. Seine Aufgabe besteht hauptsächlich in der Überwachung der Geschäftsführung und der Prüfung von Jahresabschluss und Lagebericht.

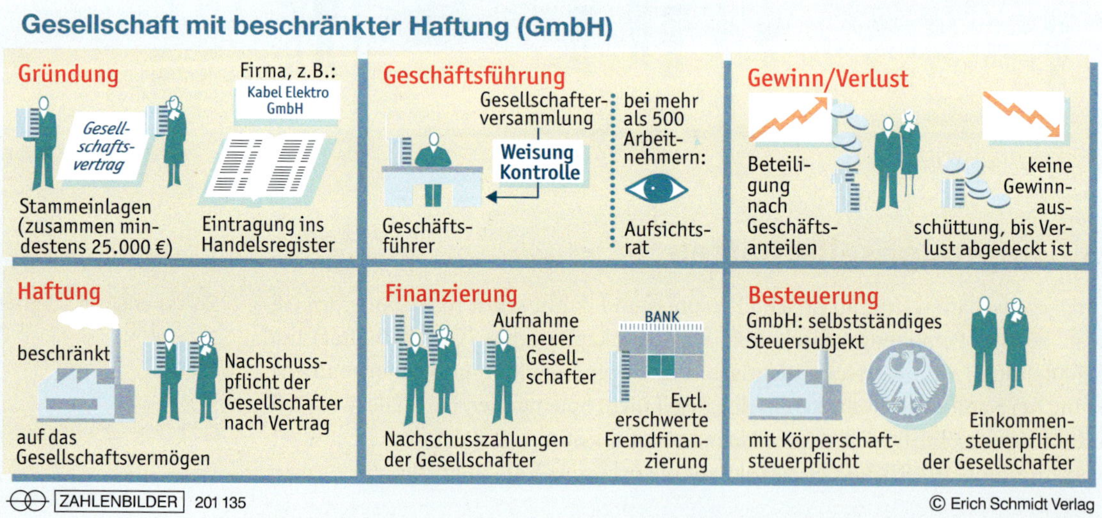

Eine Sonderform der GmbH ist die **haftungsbeschränkte Unternehmergesellschaft (UG)**. Sie ist eine Einstiegsvariante der GmbH ohne eine bestimmtes Mindeststammkapital. Zur Gründung reicht 1 Euro. Man spricht daher auch manchmal von einer 1-Euro-GmbH oder Mini-GmbH. Allerdings darf die UG ihre Gewinne nicht voll ausschütten, sondern muss einen Teil zur Ansparung des Stammkapitals der normalen GmbH nutzen.

In der GmbH-Reform Ende 2008 ging es auch um die Erleichterung von Unternehmensgründungen im Wettbewerb mit den Mitgliedstaaten der Europäischen Union, denn in vielen Mitgliedstaaten der Europäischen Union werden geringere Anforderungen an die Gründungsformalitäten und die Aufbringung des Mindeststammkapitals gestellt.

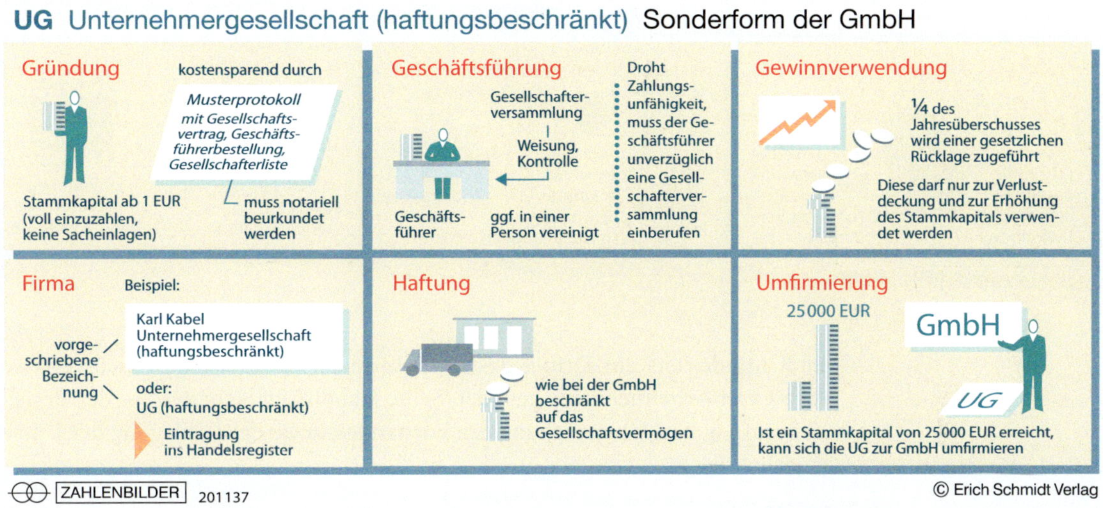

2.3.2 Aktiengesellschaft (AG)

Auch die Aktiengesellschaft ist eine Kapitalgesellschaft, also eine juristische Person. Das Grundkapital dieser Gesellschaft in Höhe von mindestens 50.000 Euro ist in **Aktien** zerlegt. Jeder Kapitalanteil ist damit als Wertpapier verbrieft und dem Kapitalmarkt zugänglich. Die Aktien von börsennotierten AGs werden an der Börse gehandelt.

Die **Gründung** der AG erfolgt durch eine oder mehrere Personen. Bei der Feststellung des Gesellschaftsvertrages ist notarielle Beurkundung erforderlich. Die Gesellschafter (Aktionäre) übernehmen die Aktien gegen Zahlung einer Einlage. Sie werden am Gewinn der AG durch eine so genannte Dividende beteiligt. Die Dividende ist ein Betrag, der sich aus der Höhe eines bestimmten Prozentsatzes vom Bilanzgewinn pro Aktie ergibt. Die Haftung ist bei der AG auf das Gesellschaftsvermögen beschränkt.

Der Vorstand, der Aufsichtsrat und die Hauptversammlung bilden die **Organe** der AG. Die AG wird gerichtlich und außergerichtlich durch den **Vorstand** vertreten, der auch zur Geschäftsführung befugt ist. Dabei ist er an keinerlei Weisungen des Aufsichtsrates oder der Hauptversammlung gebunden. Der Vorstand wird vom Aufsichtsrat bestimmt. Gibt es mehrere Vorstandsmitglieder, handeln diese in der Regel gemeinschaftlich (Gesamtgeschäftsführungsbefugnis).

Der **Aufsichtsrat** besteht aus mindestens drei Mitgliedern und wird von der Hauptversammlung alle vier Jahre zu zwei Dritteln gewählt. Wählbar sind nur natürliche Personen, die nicht dem Vorstand angehören und nicht leitende Angestellte der AG

sind. Mindestens ein Drittel des Aufsichtsrates wird gemäß Betriebsverfassungsgesetz von Arbeitnehmern gebildet. Seine Hauptaufgabe besteht in der Bestellung, Abberufung und Überwachung des Vorstandes sowie der Festlegung der Unternehmenspolitik.

Die **Hauptversammlung** wird regelmäßig einmal im Jahr vom Vorstand einberufen. Die Aktionäre beschließen unter anderem über Bestellung und Entlastung des Vorstandes und des Aufsichtsrates. Bei der Beschlussfassung hat jeder Aktionär ein Stimmrecht pro Aktie. In der Regel gilt für Beschlüsse der Hauptversammlung die einfache Stimmenmehrheit, für Entscheidungen von besonderer Tragweite (z. B. Satzungsänderungen oder Kapitalbeschaffung) bedarf es jedoch einer so genannten qualifizierten Mehrheit von 75 % des bei der Beschlussfassung vertretenen Grundkapitals.

Hauptversammlung einer Aktiengesellschaft

2.4 Eingetragene Genossenschaften (eG)

Eine **Genossenschaft** ist ein Zusammenschluss von natürlichen und juristischen Personen, die gemeinsam ein Unternehmen betreiben. Das Ziel der unternehmerischen Tätigkeit liegt nicht die Gewinnerzielung zu Grunde sondern Leitideen wie Mitgliederförderung, Selbsthilfe, Selbstverantwortung und Selbstverwaltung und das Prinzip der Identität von Entscheidungsträger, Geschäftspartner und Kapitalgeber zu Grunde. In einer Genossenschaft schließen sich Personen zusammen, die gleiche oder ähnliche wirtschaftliche, soziale oder kulturelle Interessen gemeinsam verfolgen. Die eingetragene Genossenschaft ist eine juristische Person und nach **§ 17** GenG Formkaufmann im Sinne des Handelsrechts. Eine eG muss aus mindestens drei Mitgliedern bestehen, die sich eine Satzung geben. Der Eintrag erfolgt im Genossenschaftsregister des zuständigen Amtsgerichts.

Handelsgewerbe
→ S. 132

Die Haftung in einer eG beschränkt sich auf das Vermögen der eG.

Beispiel

Greenpeace Energy, eingetragene Genossenschaft, die derzeit (2010) 18.000 Mitgliedern gehört. Neben dem Verkauf von Ökostrom baut die Genossenschaft Kraftwerke zur Stromgewinnung aus Erneuerbaren Energien wie Wind und Sonne.

www.greenpeace-energy.de
www.taz.de
www.marktgenossenschaft.de

die tageszeitung, eingetragene Genossenschaft seit 1991. Ihre Mitglieder sind überzeugt, dass diese Tageszeitung wegen ihrer ökonomischen Unabhängigkeit den gewünschten Freiraum in der Berichterstattung bewahren kann.

Marktgenossenschaft der Naturland-Bauern e.G., Erzeugergemeinschaft, die sich für die Vermarktung von Öko-Produkten an den Lebensmitteleinzelhandel stark macht. Diese Genossenschaft stellt die Verbindung zwischen Bio-Höfen und Handel her.

3 Finanzierung, Investition und Kapitalbedarf

Lernsituation 95

Jedes Einzelhandelsunternehmen muss Waren beschaffen und hat damit Ausgaben. Der Absatz der Waren hat Einnahmen zur Folge. Da Ausgaben und Einnahmen meist zeitlich erheblich auseinander liegen, entsteht ein Kapitalbedarf.

Beispiel

Die Beska GmbH kauft im Winter die neue Kollektion von Damenoberbekleidung für die Frühjahrssaison ein. Die Waren müssen gelagert werden, bis sie im Verkaufsraum angeboten werden können. Erst wenn die Saison vorbei ist, frühestens im Sommer, kann das investierte Kapital zurückfließen.

3.1 Die Notwendigkeit der Finanzierung

Die Beschaffung von Waren bindet Kapital, der Absatz der Waren setzt Kapital frei.

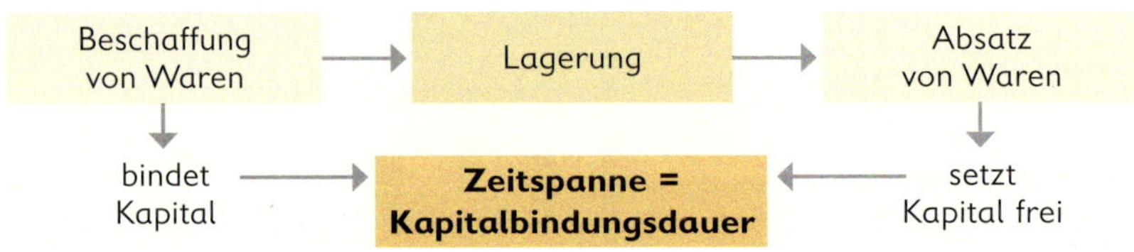

Durch das zeitliche Auseinanderfallen der Kapitalbindung und der Kapitalfreisetzung entsteht ein **Kapitalbedarf**. Dieser wird durch die Höhe der jeweiligen Ausgaben und Einnahmen sowie durch die Kapitalbindungsdauer bestimmt. Ein bestehender Kapitalbedarf muss durch die Beschaffung von Kapital gedeckt werden. Unter **Finanzierung** versteht man alle Maßnahmen der lang-, mittel- und kurzfristigen **Kapitalbeschaffung** eines Unternehmens.

Dem Begriff der Kapitalbeschaffung ist der Begriff der **Kapitalverwendung** gegenüberzustellen. Unter **Investition** versteht man alle Maßnahmen, die der Verwendung finanzieller Mittel zur Beschaffung von Sachvermögen, immateriellem Vermögen oder Finanzvermögen dienen.

In der Bilanz zeigt sich die Kapitalbeschaffung auf der Passivseite, die Kapitalverwendung dagegen in den Positionen des Anlage- und Umlaufvermögens auf der Aktivseite. Während die Passivseite darüber Auskunft gibt, welche Kapitalbeträge dem Unternehmen überlassen worden sind und in welcher Form (Eigen- oder Fremdkapital) dies geschehen ist, gibt die Aktivseite Auskunft darüber, wie das Kapital im Unternehmen gebunden ist.

Bilanz

Aktiva (= Vermögen)	**Bilanz**	**Passiva** (= Kapital)	
Investitionsbereich		**Finanzierungsbereich**	
Anlagevermögen	in Euro	Eigenkapital	in Euro
Umlaufvermögen	in Euro	Fremdkapital	in Euro
Mittelverwendung/Investition In welcher Form sind die Mittel im Unternehmen gebunden?		**Mittelherkunft/Finanzierung** Woher stammen die Mittel?	

Die Begriffe Finanzierung und Investition stehen in engem Zusammenhang, denn eine Kapitalverwendung setzt immer eine Kapitalbeschaffung voraus. Ein Investitionsvorhaben ist ohne Bedeutung, wenn es nicht finanziert werden kann. Andererseits ist die Beschaffung finanzieller Mittel für einen Betrieb ohne praktischen Wert, wenn er keine ertragreiche Verwendung für sie findet. Kapitalverwendung setzt also grundsätzlich Kapitalbeschaffung voraus; Kapitalbeschaffung muss grundsätzlich Mittelverwendung zur Folge haben.

Investitions- und Finanzierungsprozesse gehören in einem kundenorientierten Unternehmensmodell zu den Unterstützungsprozessen (Supportleistungen), d. h., sie unterstützen andere Geschäftsprozesse durch Versorgungs- und Steuerungsleistungen. Sie lassen sich in Teilprozesse aufgliedern, die sich von der Ermittlung des Kapitalbedarfs über die Kapitalbeschaffung bis hin zur Kapitalverwendung erstrecken.

3.2 Ermittlung des Kapitalbedarfs

Die Höhe des Kapitalbedarfs wird von mehreren Faktoren bestimmt. Hierzu zählen z. B. die zeitliche Abfolge güter- und finanzwirtschaftlicher Vorgänge, das Beschäftigungsniveau, die Betriebsgröße und das Preisniveau. Der Kapitalbedarf ist die Differenz zwischen den kumulierten Auszahlungen und den kumulierten Einzahlungen zu einem bestimmten Zeitpunkt oder innerhalb eines bestimmten Zeitraums. Die Höhe des Kapitalbedarfs schwankt in aller Regel im Zeitablauf.

kumuliert
addiert

Beispiel

Eine Einzelhandelskette plant für das Folgejahr die Eröffnung einer neuen Filiale (Änderung der Betriebsgröße). In diesem Fall ist zuerst der Kapitalbedarf für das notwendige **Anlagevermögen** zu planen. Der Kapitalbedarf ergibt sich hier aus der Summe der Anschaffungswerte aller Anlagegüter einschließlich notwendiger Nebenkosten (Grundstück, Gebäude, Betriebs- und Geschäftsausstattung, Fahrzeuge usw.). Hinzuzurechnen ist ggf. ein in der Filiale vorzuhaltender Mindestbestand an Waren und Ausgaben, die im Zusammenhang mit der Filialeröffnung entstehen (z.B. Werbeausgaben).

Der Kapitalbedarf für das **Umlaufvermögen** ist abhängig vom täglich geplanten Wareneinsatz, der durchschnittlichen Lagerdauer und den von Lieferanten und an Kunden gewährten Zahlungszielen.

Wird z.B. ein durchschnittlicher Wareneinsatz von 3.000,00 Euro pro Tag geplant, so ist ein Kapitalbedarf von 105.000,00 Euro (3.000,00 Euro · 35 Tage) für Waren notwendig. Betragen die geplanten Handlungskosten 50 % des Wareneinsatzes, so beträgt der Kapitalbedarf für die Handlungskosten 67.500,00 Euro (3.000,00 Euro · 45 Tage · 50 %), da hier das Lieferantenziel keine Rolle spielt.

Kapitalbindungsdauer (Tage)	
1 2 3 4 5 6 7 8 9 10 11 12 13 14 15	16 17 18 19 20 21 22 23 24 25 26 27 28 29 30 31 32 33 34 35 36 37 38 39 40 41 42 43 44 45
Lagerdauer der Waren: 15 Tage	Zahlungsziel an Kunden: 30 Tage
Zahlungsziel von Lieferanten: 10 Tage	Kapitalbindungsdauer für den Wareneinsatz: 35 Tage
Kapitalbindungsdauer für Handlungskosten: 45 Tage	

Dieser zusätzliche Kapitalbedarf muss in einer Gesamtplanung des Unternehmens für eine bestimmte Abrechnungsperiode (z. B. Monat August 20XX) in einem **Finanzplan** eingeplant werden. Darin werden alle Einzahlungen, Auszahlungen und Geldbestände für zukünftige Abrechnungsperioden in tabellarischer Form gegenübergestellt. Der Finanzplan gibt also stets Auskunft über den jeweils aktuell notwendigen Kapitalbedarf und die zu seiner Deckung momentan vorhandenen und in Zukunft erwarteten finanziellen Mittel.

Finanzpläne können für kurz-, mittel- oder langfristige Planungszeiträume erstellt werden. Je nach Planungszweck kann es sich um ordentliche oder außerordentliche Finanzpläne handeln. Sie erfassen künftige Ein- und Auszahlungen **termingenau und vollständig** nach dem Bruttoprinzip, d. h., Saldierungen von Ein- und Auszahlungen müssen unterbleiben, weil sonst nicht mehr erkennbar ist, welche Einzahlung einen Zahlungsmittelüberschuss und welche Auszahlung einen Zahlungsmittelfehlbetrag bewirkt.

Der Finanzplan soll sicherstellen, dass das für die fälligen Zahlungsverpflichtungen benötigte Geld zur richtigen Zeit, am richtigen Ort und in ausreichender Menge zur Verfügung steht. Er soll Überliquidität und Liquiditätsengpässe aufzeigen. Das frühzeitige Erkennen solcher Entwicklungen erlaubt es, rechtzeitig Maßnahmen einzuleiten. Bei einer zu hohen Liquidität kann z. B. das überschüssige Geld bei der Hausbank (z. B. als Festgeld) angelegt werden; bei einer zu niedrigen Liquidität ist die Finanzierung z. B. durch das Ausschöpfen von Kreditlimits bzw. von Zahlungszielen der Kreditoren oder durch die Aufnahme kurzfristiger Kredite zu sichern.

Zur besseren Übersichtlichkeit sowie aus organisatorischen Gründen wird ein Finanzplan normalerweise aus einer Vielzahl von Teilplänen zusammengesetzt, zu denen unter anderem ein **Grundplan** und ein **Zahlungsmittelplan** gehören.

Grundplan			
	Monat 1	Monat 2	Monat 3
flüssige Mittel			
Einnahmen (Erlöse):			
Umsatzerlöse			
sonstige Erlöse			
Summe Einnahmen (Erlöse)			
Ausgaben:			
Wareneinsatz			
Personalkosten			
Miet- und Pachtzahlungen (inkl. Leasing)			
Steuerzahlungen			
Versicherungszahlungen			
weitere aufwandsbezogene Auszahlungen			
Kauf von Anlagegütern			
Summe Ausgaben			

Kreditplan			
	Monat 1	Monat 2	Monat 3
Finanzierungsauszahlungen			
Auszahlung von aufgenommenen Krediten			
Zinsgutschriften			
Summe Finanzierungseinzahlungen			
Tilgung von Krediten			
Zinszahlungen			
Summe Finanzierungsauszahlungen			

3.3 Finanzierungsregeln

Eine der wichtigsten Voraussetzungen für den Bestand eines Unternehmens ist, dass es der Unternehmensleitung gelingt, das Unternehmen im finanziellen Gleichgewicht zu halten. Insbesondere durch das Sicherheitsstreben der Fremdkapitalgeber haben sich in der betrieblichen Praxis einige Grundregeln für die Gestaltung der Kapitalstruktur herausgebildet, deren Beachtung Ungleichgewichtszustände verhindern soll.

Ausgehend von einem gegebenen Kapitalbedarf stellen **Finanzierungsregeln** Grundsätze auf, welche Finanzmittel zur Deckung des Kapitalbedarfs heranzuziehen sind. Je nach der Art der gebildeten Bilanzrelation werden horizontale und vertikale Finanzierungsregeln unterschieden.

Bilanzrelation
Verhältnis verschiedener Bilanzposten zueinander

Die **horizontalen Kapitalstrukturregeln** setzen Kapitalbeschaffung (Passivposten) und Kapitalverwendung (Aktivposten) in Beziehung. Die wichtigste horizontale Regel ist die **„goldene Finanzierungsregel"**. Sie verlangt eine Fristenentsprechung von Mittelherkunft und Mittelverwendung. So sollte z. B. das Anlagevermögen, das die langfristige Arbeitsfähigkeit des Unternehmens sicherstellt, durch Eigenkapital bzw. langfristiges Fremdkapital abgedeckt sein, während das Umlaufvermögen auch durch kurzfristiges Fremdkapital finanziert sein darf.

Die **„goldene Bilanzregel"** formuliert die Forderung der goldenen Finanzierungsregel strenger. In ihrer engen Fassung verlangt sie, dass das Anlagevermögen ausschließlich durch Eigenkapital zu finanzieren ist. Nach ihrer weiteren Fassung ist das Anlagevermögen durch Eigenkapital und langfristiges Fremdkapital zu finanzieren. Die goldene Bilanzregel findet ihren Niederschlag in Kennzahlen, die als Deckungsgrade (Anlagendeckung) bestimmte Vermögenspositionen zu bestimmten Kapitalpositionen in Beziehung bringen. Sie überprüfen, wie viel Prozent des Anlagevermögens langfristig finanziert sind.

Deckungsgrad I

$$\frac{\text{kurzfristige Schulden}}{\text{Eigenkapital}}$$

Deckungsgrad II

$$\frac{\text{Eigenkapital + langfristiges Fremdkapital}}{\text{Eigenkapital}}$$

Die **vertikalen Kapitalstrukturregeln** setzen Eigen- und Fremdkapital zueinander in Beziehung. Wie bei der goldene Bilanzregel gibt es auch hier unterschiedliche Fassungen. Die strengste Fassung verlangt, dass der Eigenkapitalanteil den Fremdkapitalanteil nicht unterschreiten soll, das Verhältnis von Eigen- und Fremdkapital also 1:1 betragen müsse. Andere Formulierungen der Regel fordern Verhältnisse von 1:2. Vertikale Finanzierungsregeln beruhen auf der Überlegung, dass als Haftungsbasis für das Fremdkapital eine bestimmte Mindesthöhe des Eigenkapitals notwendig ist. Die vertikalen Finanzierungsregeln finden ihren Niederschlag im Verschuldungskoeffizienten.

Verschuldungskoeffizient

$$\frac{\text{Fremdkapital}}{\text{Eigenkapital}}$$

Neben der goldenen Bilanzregel und den Anlagedeckungsgraden als Ausdruck langfristiger Deckungsgrade gibt es noch **Liquiditätsregeln** und Liquiditätskennzahlen als Ausdruck kurzfristiger Deckungsgrade.

Ein Betrieb ist liquide, wenn er in der Lage ist, allen Zahlungsverpflichtungen nachzukommen, die zu dem betreffenden Zeitpunkt oder in einer bestimmten Periode fällig werden. Die **Wahrung der Liquidität** ist ein Kernproblem der finanzwirtschaftlichen Planung. Nach geltendem Recht droht Insolvenz, wenn fällige Zahlungsverpflichtungen dauerhaft nicht erfüllt werden können. Dies gilt auch für ein mit Gewinn arbeitendes Unternehmen.

Insolvenz
→ S. 177

4 Zinsrechnung

Lernsituation 96

Fremdkapitalgeber lassen sich das von ihnen geliehene Kapital durch Zinsen „bezahlen". Die Zinsrechnung ist ein mathematisches Instrument, um die entstehenden Kosten zu kalkulieren und Finanzierungsentscheidungen treffen zu können.

4.1 Von der Prozentrechnung zur Zinsrechnung

Beispiel

Die Beska GmbH bekommt ein Kreditangebot zur Anschaffung eines neuen Fahrzeuges. Wie hoch sind die Zinsen und die Bearbeitungsgebühren für diesen Kredit?

Musterbank
Überall

Kreditangebot vom 23.06.20XX

Kreditsumme	45.000,00 Euro
Kreditzinsen	7,5 % pro Jahr
Kreditlaufzeit	4 Jahre
Zinszahlungen	jährlich, rückwirkend
Kapitalrückzahlungen	nach 4 Jahren in einer Summe (Fälligkeitsdarlehen)
einmalige Bearbeitungsgebühr	1,0 % der Kreditsumme

Für die Überlassung von Kapital verlangt der Kapitalgeber eine Vergütung (**Zinsen**) in Abhängigkeit von der Höhe und der Überlassungsdauer des Kapitals. Der Preis (Zinssatz) wird immer **pro Jahr** (per annum = p. a.) **in Prozent** von der Kreditsumme angegeben. Er ist abhängig von den jeweils gültigen Kapitalmarktzinssätzen. Neben den laufenden Zinszahlungen während der Kreditlaufzeit wird für die Auszahlung der Kreditsumme häufig eine einmalige **Bearbeitungsgebühr** verlangt. Diese soll die Aufwendungen des Kreditgebers für die Bearbeitung des Vorgangs (z. B. Kreditwürdigkeitsprüfung, Einrichtung eines Kreditkontos) decken. Die Berechnung der Bearbeitungsgebühr erfolgt durch Anwendung der **Prozentrechnung**. Wird bei der Prozentrechnung auch die Größe **Zeit** mit berücksichtigt, spricht man von Zinsrechnung. Auch diese basiert auf dem Dreisatz, benutzt aber andere Begriffe als die Prozentrechnung. Hier eine Gegenüberstellung:

Begriffe der Prozent- und Zinsrechnung

allgemein		**für das Beispiel Beska GmbH**	
Prozentrechnung	**Zinsrechnung**	**Prozentrechnung**	**Zinsrechnung**
Grundwert	Kapital	Kreditsumme 45.000,00 Euro	Kreditsumme 45.000,00 Euro
Prozentsatz	Zinssatz Zinsfuß	Bearbeitungsgebühr 1 %	Zinssatz 7,5 % Zinsfuß 7,5
Prozentwert	Zinsen	? = gesuchter Wert	? = gesuchter Wert
---	Zeit	Zeit ohne Bedeutung	Laufzeit 4 Jahre

Berechnung des Prozentwertes

Prozentwert = Grundwert · Prozentsatz

Grundwert: 45.000,00 € **Prozentsatz:** 1 % **Prozentwert:** ? €

Kreditsumme in € · Bearbeitungsgebühr in % = Bearbeitungsgebühr in €

$45.000,00\text{ €} \cdot 1\,\% = 45.000,00\text{ €} \cdot \frac{1}{100} = 450,00\text{ €}$

Ergebnis:	Die einmalige Bearbeitungsgebühr bei diesem Kreditangebot beträgt 450,00 Euro.

4.2 Allgemeine Zinsformel

Abkürzungen in der Zinsrechnung

Kapital	Zinsfuß	Zinssatz	Zinsen	Zeit
K	**p**	**i** $i = \frac{p}{100}$	**Z**	**j** = Jahre **m** = Monate **t** = Tage

4.2.1 Jahreszinsen

Die Berechnung der Jahreszinsen erfolgt mit Hilfe eines zusammengesetzten Dreisatzes. Dabei wird zunächst die Höhe der Zinsen für ein Jahr ermittelt und das Ergebnis mit der Laufzeit des Kredites in Jahren multipliziert.

Beispiel

Das Kreditangebot der Musterbank Überall sieht Kreditzinsen in Höhe von 7,5 % pro Jahr vor. Wie viel Euro betragen die Zinsen für die gesamte Laufzeit von vier Jahren?

K = 45.000,00 €	**p** = 7,5	**i** = 7,5 %	**Z** = ? €	**j** = 4

Bedingungssatz:	100 % → 45.000,00 €
Fragesatz:	7,5 % → ? €
Bruchsatz:	$? \text{ €} = \frac{45.000,00\text{ €} \cdot 7,5\,\%}{100\,\%}$
Ergebnis (1 Jahr):	Die Zinsen für 1 Jahr betragen 3.375,00 Euro
Ergebnis (4 Jahre):	3.375,00 · 4 = **13.500,00 €**

Die **Gesamtkosten** für das Kreditangebot belaufen sich für die Beska GmbH auf 13.950,00 Euro. Diese Summe setzt sich zusammen aus den Kreditzinsen in Höhe von 13.500,00 Euro für vier Jahre Laufzeit und der einmaligen Bearbeitungsgebühr in Höhe von 450,00 Euro.

Berechnung der Jahreszinsen

Jahreszinsen = Kapital · Zinssatz · Zeit in Jahren $\quad \mathbf{Z = K \cdot i \cdot j}$

alternativ:

Jahreszinsen = $\frac{\text{Kapital} \cdot \text{Zinsfuß} \cdot \text{Zeit in Jahren}}{100}$ $\quad \mathbf{Z = \frac{K \cdot p \cdot j}{100}}$

4.2.2 Monatszinsen

Beispiel

Ein Lieferant gewährt der Beska GmbH für eine Warenlieferung in Höhe von 24.000,00 Euro ein Zahlungsziel von neun Monaten. Hierfür verlangt er 6 % Zinsen. Wie viel Euro Zinsen muss die Beska GmbH für diesen Kredit bezahlen?

Zunächst werden wieder die Zinsen für ein Jahr berechnet. Die Jahreszinsen werden dann in Monate umgerechnet, indem das Ergebnis mit $\frac{m}{12}$ multipliziert wird.

K = 24.000,00 €	**p** = 6	**i** = 6,0 %	**Z** = ? €	**m** = 9
Bedingungssatz:	100 % → 24.000,00 €			
Fragesatz:	6,0 % → ? €			
Bruchsatz:	$? \text{ €} = \frac{24.000,00 \text{ €} \cdot 6,0\,\%}{100\,\%}$			
Ergebnis (1 Jahr):	Die Zinsen für 1 Jahr betragen 1.440,00 Euro.			
Ergebnis (9 Monate):	Die Zinsen für 9 Monate betragen $\frac{1.440,00 \text{ €} \cdot 9}{12}$ = **1.080,00 Euro**.			

Berechnung der Monatszinsen

$$\text{Monatszinsen} = \text{Kapital} \cdot \text{Zinssatz} \cdot \frac{\text{Zeit in Monaten}}{12} \qquad \mathbf{Z = \frac{K \cdot i \cdot m}{12}}$$

alternativ:

$$\text{Monatszinsen} = \text{Kapital} \cdot \frac{\text{Zinsfuß}}{100} \cdot \frac{\text{Zeit in Monaten}}{12} \qquad \mathbf{Z = \frac{K \cdot p \cdot m}{100 \cdot 12}}$$

4.2.3 Tageszinsen

Beispiel

Für den Ausgleich seiner Rechnung für eine Warenlieferung in Höhe von 12.000,00 Euro gewährt ein Lieferant der Beska GmbH folgende Zahlungsbedingung: „Zahlbar innerhalb von 10 Tagen mit 2 % Skonto, innerhalb von 30 Tagen netto Kasse." Wie hoch ist der Skontoertrag der Beska GmbH, wenn Sie die Skontofrist ausnutzt?

Für die Berechnung von Tageszinsen wird ein 360-Tage-Jahr zu Grunde gelegt. Jeder Monat wird immer mit 30 Tagen berechnet. Die Tageszinsen werden ermittelt, indem die Zinsen pro Jahr mit $\frac{t}{360}$ multipliziert werden.

K = 12.000,00 €	**p** = 2	**i** = 2,0 %	**Z** = ? €	**t** = 20
Bedingungssatz:	100 % → 12.000,00 €			
Fragesatz:	2,0 % → ? €			
Bruchsatz:	$? \text{ €} = \frac{12.000,00 \text{ €} \cdot 2,0\,\%}{100\,\%}$			
Ergebnis (1 Jahr):	Die Zinsen für 1 Jahr betragen 1.080,00 Euro.			
Ergebnis (20 Tage):	Die Zinsen für 20 Tage betragen $\frac{240,00 \text{ €} \cdot 20}{360}$ = **13,33 €**.			

Berechnung der Tageszinsen

Tageszinsen = Kapital · Zinssatz · $\frac{\text{Zeit in Tagen}}{360}$ $\quad Z = \frac{K \cdot i \cdot t}{360}$

alternativ:

Tageszinsen = Kapital · $\frac{\text{Zinsfuß}}{100}$ · $\frac{\text{Zeit in Tagen}}{360}$ $\quad Z = \frac{K \cdot p \cdot m}{100 \cdot 360}$

$Z = \frac{K \cdot p \cdot t}{100 \cdot 360}$ wird als kaufmännische Zinsformel bezeichnet.

Für die Ermittlung der Zinstage sind folgende Regeln zu beachten:

- ein Zinsjahr = 360 Zinstage
- ein Zinsmonat (auch der Monat Februar) = 30 Zinstage
- Bei Laufzeiten bis Ende Februar (28. oder 29. Februar) müssen 28 oder 29 Zinstage berechnet werden.
- Der erste Tag eines Zinszeitraumes (z. B. Auszahlungstag) wird nicht mitgezählt, der letzte Tag eines Zinszeitraumes (z. B. Rückzahlungstag) wird mitgezählt.

4.3 Effektivverzinsung

Beispiel

Die Beska GmbH benötigt für die Modernisierung ihres Lagers ein Bankdarlehen in Höhe von 300.000,00 Euro. Die Deutsche Bank bietet nach einer ausführlichen Kreditwürdigkeitsprüfung mit positivem Ergebnis ein Darlehen zu den unten stehenden Bedingungen an. Darüber hinaus liegt der Beska GmbH ein Konkurrenzangebot von der Volksbank Berlin vor. Welches Angebot ist für die Beska GmbH kostengünstiger?

Kreditwürdigkeit → S. 161

	Deutsche Bank	Volksbank
Kreditsumme	300.000,00 €	300.000,00 €
Kreditzinsen	9,0 % p.a.	9,4 % p.a.
Kreditlaufzeit	4 Jahre	4 Jahre
Bearbeitungsgebühr	1,0 % der Kreditsumme	keine
Kapitalrückzahlung	nach 4 Jahren in einer Summe	nach 4 Jahren in einer Summe

Das kostengünstigste Angebot ist bei Krediten mit gleicher Laufzeit das mit den insgesamt niedrigsten anfallenden Kosten. Hierbei werden nicht nur die Kreditzinsen betrachtet, sondern alle Kreditkosten, also auch die Bearbeitungsgebühren und alle sonstigen bei der Kreditvergabe anfallenden Gebühren (z. B. Vermittlungsprovison). Diese Kosten werden in den Jahreszinssatz eingerechnet und ergeben die effektive Verzinsung. Nur durch einen Vergleich der effektiven Verzinsung kann der günstigste Kredit ermittelt werden.

Beispiel

Kosten für das Angebot der Deutschen Bank

Zinsen für 4 Jahre	$Z = \frac{K \cdot p \cdot j}{100}$ $\quad Z = \frac{300.000{,}00\ € \cdot 9 \cdot 4}{100} = \mathbf{108.000{,}00\ €}$
Bearbeitungsgebühren:	Kreditsumme in € · Bearbeitungsgebühr in % 300.000,00 € · 0,01 = **3.000,00 €**
Kreditkosten:	Zinsen + Bearbeitungsgebühr 108.000,00 € + 3.000,00 € = **111.000,00 €**

Auf Grundlage der errechneten Kreditkosten kann dann mit Hilfe der folgenden Formel die effektive Verzinsung bzw. der effektive Zinssatz berechnet werden.

Auszahlungsbetrag
Kreditsumme – Bearbeitungsgebühren

Berechnung der effektiven Verzinsung

$$\text{Effektive Verzinsung} = \frac{\text{Kreditkosten} \cdot 100\,\%}{\text{Auszahlungsbetrag} \cdot \text{Jahre}}$$

Beispiel

Vergleich der effektiven Zinssätze

Der effektive Zinssatz für das Angebot der Deutschen Bank beträgt damit

$$\frac{111.000{,}00\,€ \cdot 100\,\%}{297.000{,}00\,€ \cdot 4} = 9{,}34\,\%.$$

Da beim Angebot der Volksbank keine Gebühren erhoben werden, entspricht dort der angegebene Zinssatz dem effektiven Zinssatz in Höhe von 9,4 %. Das Angebot der Deutschen Bank ist also kostengünstiger.

Grundsätzlich gilt: Je höher die Bearbeitungsgebühren und sonstige Spesen und je kürzer die Kreditlaufzeit, desto weiter steigt die effektive Verzinsung im Vergleich zu der angegebenen Nominalverzinsung.

Bei **Verbraucherkrediten** muss nach der Preisangabenverordnung zusätzlich der effektive Jahreszins angegeben werden. Beim effektiven Jahreszins werden alle Kosten des Kredits wie Nominalzins, Bearbeitungsgebühren und Disagio mit eingerechnet. Diese Größe dient dem Kostenvergleich bei verschiedenen Kreditangeboten.

Wichtige Formeln in der Zinsrechnung

Abkürzungen:

Kapital	Zinsfuß	Zinssatz	Zinsen	Zeit
K	p	i = p/100	Z	j = Jahre, m = Monate, t = Tage

Ausgangsformel zur Zinsberechnung: Zinsen in € (Z)

$Z = \frac{K \cdot p \cdot j}{100}$ Jahreszinsen

$Z = \frac{K \cdot p \cdot m}{100 \cdot 12}$ Monatszinsen

$Z = \frac{K \cdot p \cdot t}{100 \cdot 360}$ Tageszinsen

Abgeleitete Formeln auf Basis der Tageszinsformel:

$p = \frac{Z \cdot 100 \cdot 360}{K \cdot t}$ Zinsfuß (p)

$t = \frac{Z \cdot 100 \cdot 360}{K \cdot p}$ Zeit in Tagen (t)

$K = \frac{Z \cdot 100 \cdot 360}{p \cdot t}$ Kapital in € (K)

Summarische Zinsrechnung (Zinszahl und Zinsteiler):

$Z = \frac{\text{Zinszahl (\#)}}{\text{Zinsteiler (Zt)}}$ Tageszinsen (Z)

$\# = \frac{K \cdot t}{100}$ Zinszahl

$Zt = \frac{360}{p}$ Zinsteiler

Effektive Verzinsung (Beispiele): Zinsfuß (p)

$p = \frac{\text{Kreditkosten} \cdot 100}{\text{Auszahlungsbetrag} \cdot \text{Jahre}}$ bei Krediten

$p = \frac{\text{Reingewinn} \cdot 100}{\text{Eigenkapital} \cdot \text{Jahre}}$ bei Kapitaleinsätzen

$p = \frac{\text{Skontobetrag} \cdot 100 \cdot 360}{\text{Überweisungsbetrag} \cdot \text{Lieferkreditfrist in Tagen}}$ beim Skontoabzug

5 Kapitalbeschaffung (Finanzierung)

Lernsituation 97

Einzelhändler benötigen für die Gründung und den Betrieb des Unternehmens finanzielle Mittel. Diese finanziellen Mittel setzt der Unternehmer im laufenden Geschäftsbetrieb

- für die Ersatzbeschaffung wirtschaftlich verbrauchter oder zerstörter Anlagegüter (reine Ersatzinvestitionen),
- zur Erweiterung des Unternehmens (Erweiterungsinvestitionen bzw. Nettoinvestitionen),
- zur Sicherung der Verkaufstätigkeit (Vorratsinvestitionen durch Beschaffung neuer Waren) ein.

Beispiel

Ersatzinvestition: Die Beska GmbH benötigt für die Wiederbeschaffung eines Frischetransporters 50.000 Euro.

Erweiterungsinvestition: Die Beska GmbH benötigt für die Vergrößerung der Verkaufsfläche um 300 m^2 und die damit verbundenen Umbaumaßnahmen 800.000 Euro.

Vorratsinvestition: Die Beska GmbH benötigt für die Bestellung neuer Sommerware 45.000 Euro.

5.1 Eigenfinanzierung

Bei der Eigenfinanzierung bringt der Eigentümer bzw. bringen die Eigentümer für das Unternehmen das Kapital (Eigenkapital) selber auf. Dies geschieht beispielsweise bei der Gründung des Unternehmens, der Aufnahme neuer Gesellschafter oder anlässlich einer Kapitalerhöhung. Der Mittelzufluss kann in Form von Geldeinlagen, Sachwerten (Maschinen, Waren, Grundstücke) oder Rechten (Patente, Lizenzen) geschehen. Kapitalgeber sind bisherige oder neue Eigentümer.

Der Anteil des Eigenkapitals am Gesamtkapital (Eigenkapitalquote) entscheidet oft über die Kreditwürdigkeit des Unternehmens. Bei einer geringen Eigenkapitalquote ist die laufende Geschäftsfinanzierung nicht sichergestellt, weil selbst bestehende Kreditverträge von der Kündigung durch Kreditinstitute bedroht sind. Da Eigenkapital dem Unternehmen unbefristet zur Verfügung steht, sollten langlebige Güter des Anlagevermögens (z. B. Grundstück und Ladensausstattung) möglichst mit Eigenkapital finanziert werden. Eine gute Eigenkapitalausstattung macht den Einzelhändler unabhängig in seinen Entscheidungen für neue Investitionen. Damit kann er sich schneller und flexibler an veränderte Bedingungen des Marktes anpassen.

Die Möglichkeiten, zusätzliches Eigenkapital zu beschaffen, sind von der Rechtsform des Unternehmens abhängig. Das Eigenkapital kann erhöht werden

Rechtsformen → S. 138

- bei Einzelunternehmen oder Personengesellschaften durch die Bereitstellung zusätzlicher finanzieller Mittel durch den Unternehmer bzw. durch die Gesellschafter oder durch die Aufnahme neuer Gesellschafter (**Einlagenfinanzierung**),
- bei Kapitalgesellschaften durch die Erhöhung des Beteiligungskapitals, z. B. durch die Ausgabe neuer Aktien (**Beteiligungsfinanzierung**),
- durch **Selbstfinanzierung**: eigene finanzielle Mittel fließen dem Einzelhändler durch den Verkauf von Waren und Dienstleistungen zu. Umsatzerlöse sorgen für den Gewinn des Unternehmens. Nicht entnommene Gewinne dienen der Finanzierung von Investitionen.

Aktien → S. 145

Eigenkapitalerhöhung		
Einlagenfinanzierung	Beteiligungsfinanzierung	Selbstfinanzierung

5.2 Fremdfinanzierung – Kreditfinanzierung

Bei der Fremdfinanzierung erhält der Einzelhändler das Kapital meistens von unternehmensfremden Personen (z. B. Kreditinstituten) in Form von Krediten. Da das Fremdkapital nur befristet bereitgestellt wird, sollte langfristiges Fremdkapital nur zur Finanzierung von Teilen des Anlagevermögens verwendet werden, während das Umlaufvermögen mit mittel- und kurzfristigem Fremdkapital finanziert werden kann.

Grundsätzlich gilt die **goldene Finanzierungsregel**, wonach die Rückzahlung der Kredite erst dann fällig sein sollte, wenn die damit finanzierten Investitionsgüter durch die Umsatzerlöse aus mehreren Perioden verdient worden sind. Diese Regel verlangt eine Fristentsprechung von Mittelherkunft und Mittelverwendung. Wird diese Regel missachtet, kann der Unternehmer seinen Zahlungsverpflichtungen wegen mangelnder Liquidität nicht mehr nachkommen.

5.2.1 Kreditarten

kurzfristig
bis zu einem Jahr

mittelfristig
ein bis vier Jahre

langfristig
mehr als vier Jahre

Bei der Kreditfinanzierung bekommt der Einzelhändler kurz-, mittel- oder langfristig Geldmittel oder Sachgüter zur Verfügung gestellt. Nach Ablauf bestimmter Fristen muss das Fremdkapital zurückgezahlt bzw. getilgt werden. Die meisten Unternehmenskredite werden von Banken oder Sparkassen in Form eines Kontokorrentkredits oder Darlehens vergeben. Von Bedeutung für das alltägliche Geschäftsleben des Einzelhändlers sind auch Kredite, die ihm die Lieferanten einräumen.

Kontokorrentkredit

Der Kontokorrentkredit dient dazu, kurzzeitige Schwankungen im Kapitalbedarf eines Unternehmens abzudecken. Es handelt sich um einen Kredit, der es dem Einzelhändler erlaubt, sein Geschäftskonto bis zu einer vereinbarten Maximalhöhe (Kreditlimit) zu überziehen. Dadurch verfügt der Einzelhändler kurzfristig über Geld. Die Einräumung eines Kontokorrentkredits setzt üblicherweise voraus, dass der Kreditnehmer seinen Zahlungsverkehr zu einem erheblichen Teil über das Kreditinstitut abwickelt.

Berechnung des Tageszinses
→ S. 154

Die Kosten des Kontokorrentkredits sind relativ hoch. Neben hohen Zinsen für den in Anspruch genommenen Kredit (tatsächlich überzogener Betrag) werden dem Kreditnehmer noch Bereitstellungsgebühren berechnet. Die Tilgung des Kredits erfolgt durch laufende Guthabenbuchungen.

Beispiel

Die Beska GmbH hat bei einer Bank ein Kreditlimit von 20.000,00 Euro. Sie hat für die Dauer von 15 Tagen das Konto um 8.700,00 Euro überzogen. Die Bank berechnet für den Kontokorrentkredit 12,5 % Zinsen p.a.

$$\text{Zinsen} = \frac{8.700,00\ € \cdot 12,5 \cdot 15}{100 \cdot 360} = 45,31\ €$$

$$\mathbf{Z = \frac{K \cdot p \cdot t}{100 \cdot 360}}$$

Der Kontokorrentkredit ist eine schnelle und bequeme Möglichkeit, einen Kredit aufzunehmen. Der Einzelhändler kann beim Kontokorrentkredit ohne Formalitäten jederzeit im Rahmen des Kreditlimits sein Konto überziehen und damit über liquide Mittel verfügen. Obwohl die Zinsen für den Kontokorrentkredit relativ hoch sind, ist es für den Einzelhändler oft vorteilhaft, für kurze Zeit sein Konto zu überziehen, um einen Rechnungsbetrag innerhalb der Skontofrist begleichen zu können.

Beispiel

Die Beska GmbH erhält für eine Warenlieferung eine Eingangsrechnung. Der Rechnungsbetrag beträgt 12.500,00 Euro. Die Rechnung ist zahlbar

- innerhalb von 10 Tagen nach Rechnungsdatum abzüglich 2% Skonto
- innerhalb von 30 Tagen nach Rechnungsdatum netto Kasse

Der Zinssatz für den Kontokorrentkredit beträgt bei der Bank 12% p.a.

netto Kasse
ohne Abzüge

Um die kostengünstigere Variante zu ermitteln, werden beide Möglichkeiten geprüft. Dabei wird angenommen, dass die Beska GmbH den Rechnungsbetrag nicht sofort zur Verfügung hat.

$$\text{Skonto} = \frac{12.500{,}00\text{ €} \cdot 2}{100} = 250{,}00\text{ €}$$

$$\text{Zinsen} = \frac{12.500{,}00\text{ €} \cdot 12 \cdot 20}{100 \cdot 360} = 81{,}67\text{ €}$$

Finanzierungsgewinn: 250,00 € – 81,67 € = 168,33 €

Erläuterung
Die Beska GmbH muss das Konto nur um 12.250,00 Euro überziehen, weil sie das Skonto von 250,00 Euro vom Rechnungsbetrag abziehen kann. Da die Beska GmbH für die Begleichung der Rechnung mit Skontoabzug 10 Tage Zeit hat, nimmt sie den Kredit nur noch für 20 Tage in Anspruch.

Ergebnis
Die Beska GmbH sollte die Rechnung innerhalb der Skontofrist begleichen, weil dadurch ein Finanzierungserfolg von 168,33 Euro entsteht.

Darlehensvertrag
→ §488 BGB

Darlehen

Ein Darlehen ist ein Kredit, bei dem der Kreditbetrag in einer Summe oder in vorher vereinbarten Teilsummen bereitgestellt wird. Der Kreditbetrag steht dem Einzelhändler für einen mittel- oder langfristigen Zeitraum zur Verfügung. Zwischen dem Darlehensgeber, auch Gläubiger genannt, und dem Darlehensnehmer, auch Schuldner genannt, wird ein Darlehensvertrag geschlossen. Die Vertragspartner vereinbaren:

- die Kreditsumme,
- die Kreditkosten,
- die Laufzeit,
- die Art der Tilgung und
- die Kreditsicherung.

Die **Kreditsumme** ist der Betrag, den der Kreditnehmer zurückzahlen muss. Manchmal wird nicht 100 % der Kreditsumme, sondern ein geringerer Betrag ausgezahlt. Der nicht ausgezahlte Betrag wird als Vorauszahlung für Zinsen gesehen und als Disagio bezeichnet. Dadurch entstehen zusätzliche Kreditkosten.

Beispiel

Kreditsumme = 30.000,00 € Auszahlung 95 % = 28.500,00 €
Das Disagio beträgt 5 %.
Der Schuldner muss jedoch 30.000,00 Euro zurückzahlen.

Mit der **Tilgung** ist die Art der Rückzahlung des Darlehens gemeint. Das Darlehen kann im gesamten Betrag am Ende der Laufzeit erfolgen oder in Teilbeträgen (Raten) über die gesamte Dauer der Laufzeit.

Beispiel

- jährliche Tilgung 20 % der Kreditsumme: 20 % von 30.000,00 € = 6.000,00 €
- Der Einzelhändler könnte mit der Bank auch vereinbaren, dass er im ersten Jahr keine Tilgung, sondern nur Zinsen bezahlt und ab dem zweiten Jahr 25 % der Kreditsumme tilgt, in diesem Beispiel also vier Jahre lang.

Sachen des Anlagevermögens oder Personen können als besondere **Kreditsicherheit** für die Rückzahlung des Darlehens über die gesamte Dauer der Laufzeit eingesetzt werden.

Lieferantenkredit

Der Einzelhändler erhält vom Lieferanten durch Inanspruchnahme eines Zahlungsziels einen kurzfristigen zinslosen Handelskredit. Die Dauer des Kreditzeitraums wird als Zahlungsbedingung im Kaufvertrag vereinbart und ist auf der Eingangsrechnung angegeben.

Zanders Feinpapier AG

Zanders Feinpapier AG
An der Gohrsmühle 12 · 51465 Bergisch Gladbach

Berliner Superkauf GmbH
Tauentzienstraße 60
10789 Berlin

Rechnung Nr. 12357 Datum: 10.11.XX
Bei Zahlung und Schriftwechsel bitte angeben.

Artikel-Nr.	Stück	Bezeichnung	Einzelpreis	Rabatt	Gesamtpreis
4000201254857	20	Füller „Edition“	15,23 EUR	15 %	258,91 EUR

+ 19 % USt 49,19 EUR

Rechnungsbetrag 308,10 EUR

Zahlbar innerhalb von 14 Tagen 2 % Skonto, oder ohne Abzüge bis 10.12.XX

Beispiel

Die Beska GmbH erhält nebenstehende Eingangsrechnung.

Die Beska GmbH hat einen Kreditzeitraum von 30 Tagen. In dieser Zeit wird ein Teil der gelieferten Waren durch den Umsatzprozess in liquide Mittel verwandelt, die zur Begleichung der Rechnung eingesetzt werden.
Da der Lieferant 30 Tage auf sein Geld warten muss, gibt er evtl. einen Anreiz für vorzeitige Zahlung durch Skontogewährung.

5.2.2 Kreditwürdigkeit

Ob ein Einzelhändler sein Kreditvorhaben verwirklichen kann, hängt entscheidend von seiner Kreditwürdigkeit, der **Bonität**, ab. Zur Feststellung der Bonität überprüfen Kreditinstitute, ob der Kreditnehmer den aufgenommenen Kredit vereinbarungsgemäß zurückzahlen kann. Dazu müssen die Kreditnehmer ihre wirtschaftlichen Verhältnisse offenlegen. Die werden mit Hilfe quantitativer und qualitativer Beurteilungskriterien geprüft. Quantitative Kriterien (**Hard Facts**) sind aus dem Zahlenmaterial eines Unternehmens ersichtlich, z. B. aus Geschäftsbüchern, Bilanzen, Gewinn- und Verlustrechnungen, sowie den Rentabilitätskennziffern.

Bei der qualitativen Prüfung werden die Zukunftschancen eines Unternehmens beurteilt. Das Unternehmen wird als Ganzes durchleuchtet bis hin zur Organisationsstruktur, zum Führungsstil oder auch zur gesicherten Betriebsnachfolge (**Soft Facts**).

Banken können sich auch professioneller Wirtschaftsauskunfteien bedienen, z. B. der Schutzgemeinschaft für allgemeine Kreditsicherung (**Schufa**), um Informationen über bereits bestehende Kreditverpflichtungen des Kreditkunden zu erhalten. Dabei muss der Kreditkunde sich schriftlich damit einverstanden erklären, dass die Bank über die Schufa Auskünfte über seine Person oder sein Unternehmen einholt.

www.schufa.de

Am Ende der Risikobewertung stufen die Banken den Kreditkunden nach einem schulnotenähnlichen System (**Rating**) in eine Risikoklasse ein. Das Rating ist die Grundlage für die Vergabe neuer Kredite und die Festlegung der Höhe der Kreditzinsen. Auch bereits bestehende langfristige Kreditverträge werden der Kreditprüfung unterzogen. Schneidet der Unternehmer dabei schlechter als geplant ab, wird sich das bei der nächsten Zinsfestschreibung in höheren Zinsen niederschlagen oder der Kreditvertrag wird sogar gekündigt. Umgekehrt können Unternehmen mit überdurchschnittlicher Bonität günstigere Zinskonditionen erhalten.

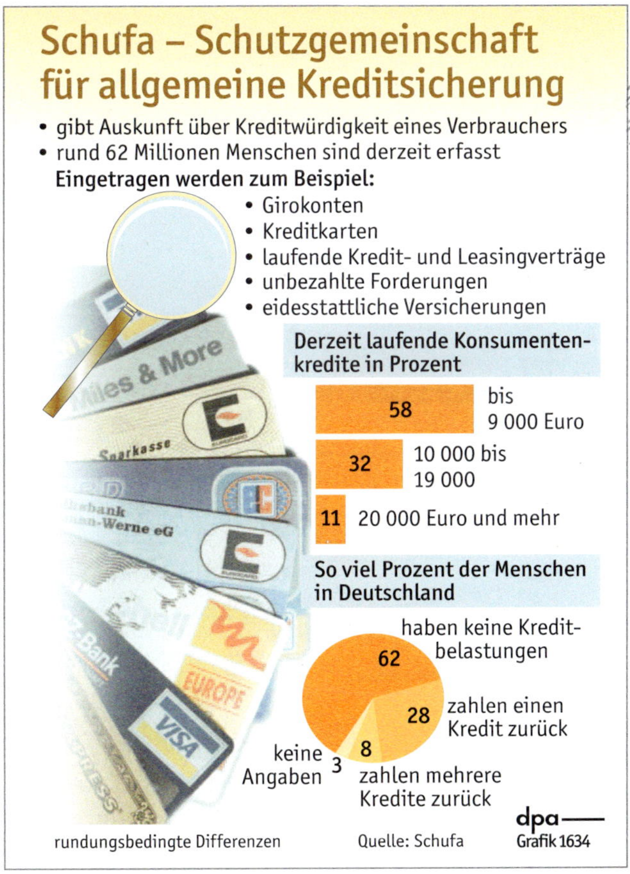

5.2.3 Kreditsicherheiten

Selbst bei guter Bonität müssen Kreditnehmer für die Aufnahme langfristiger Kredite oft noch zusätzliche Kreditsicherheiten in Form von Bürgschaften oder Sicherungsgegenständen nachweisen.

Ein Kredit, der durch andere Personen außer dem Schuldner, wie z. B. durch Bürgen, abgesichert wird, ist ein **verstärkter Personalkredit**. Bei der Absicherung von Krediten durch Vermögensgegenstände, wie z. B. durch Fahrzeuge, Grundstücke o. a., liegt ein **Realkredit** vor.

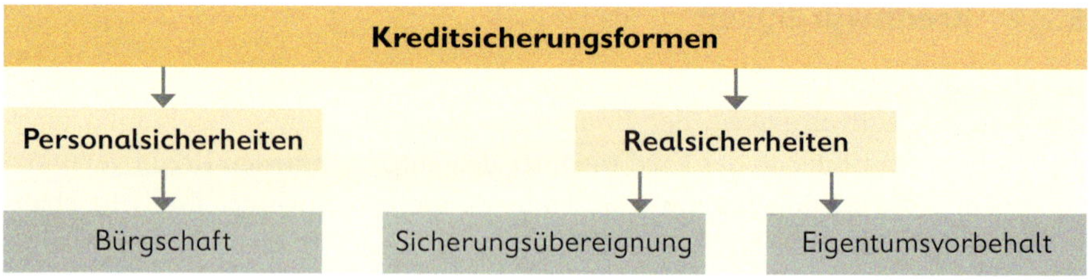

Bürgschaft

Ausfallrisiko Risiko für den Kreditgeber, sein Geld nicht zurückzubekommen

Das Ausfallrisiko eines Kredits wird für Banken verringert, wenn neben dem Kreditnehmer eine weitere Person, ein Bürge, für Zinszahlung und Rückzahlung des Kredits haftet. Beim Bürgschaftskredit schließen Banken als Gläubiger zwei Verträge ab:

- einen Kreditvertrag mit dem Schuldner und
- einen Bürgschaftsvertrag mit dem/den Bürgen.

Durch den **Bürgschaftsvertrag** verpflichtet sich der Bürge zur Zahlung von Zinsen und Schulden, wenn der Kreditnehmer seine Verpflichtungen aus dem Kreditvertrag nicht erfüllen kann. Bürgschaftsverträge mit Banken werden schriftlich abgeschlossen, obwohl Kaufleute im Sinne des HGB sich auch mündlich verbürgen dürfen.

Kaufmannseigenschaften → S. 132

Bürgen werden von den Banken, genau wie der Schuldner selbst, einer sorgfältigen Kreditwürdigkeitsüberprüfung unterzogen. Grundsätzlich verlangen Banken die so genannte **selbstschuldnerische Bürgschaft**, das bedeutet, dass die Bank den Bürgen zur Zahlung sofort heranziehen kann, wenn der Schuldner nicht in der Lage ist, rechtzeitig zurückzuzahlen.

Eine andere Form der Bürgschaft ist die **Ausfallbürgschaft**. Hierbei hat der Bürge das „Recht der Einrede der Vorausklage", d. h., der Gläubiger kann von dem Bürgen erst nach Nachweis der Zahlungsunfähigkeit des Schuldners die Zahlung fordern.

Benötigt ein Einzelhändler für sein Kreditvorhaben zusätzliche Sicherheiten, kann er sich an eine Bürgschaftsbank wenden. Diese übernimmt einen großen Teil des Kreditrisikos für die finanzierenden Hausbanken gegen Zahlung einer Bürgschaftsprovision. Aber auch die **Bürgschaftsbank** übernimmt die Absicherung des Kredits durch Übernahme der Bürgschaft erst nach einer Bonitätsprüfung des Einzelhändlers.

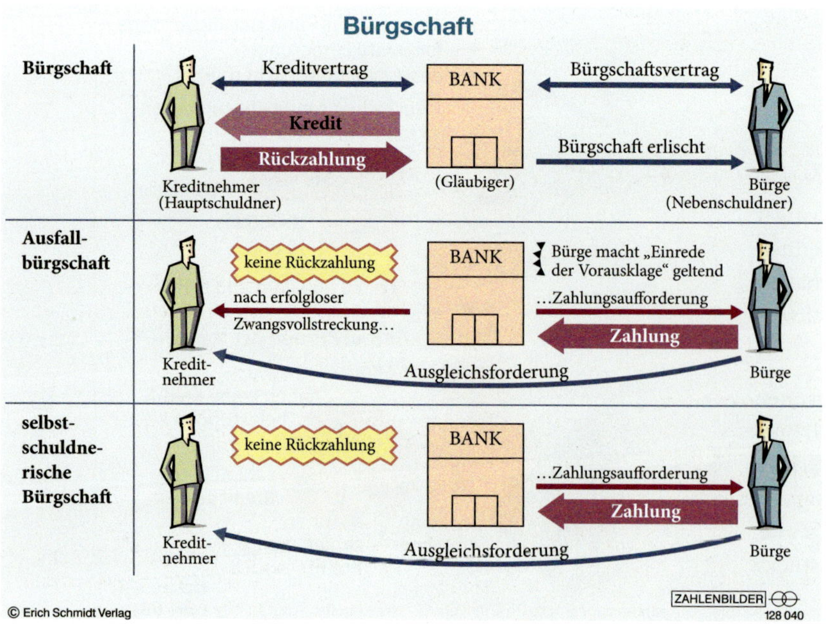

Sicherungsübereignung

Bei einem Sicherungsübereignungskredit wird die Forderung der Bank dadurch gesichert, dass sie das bedingte Eigentum an einer Sache des Schuldners erwirbt. Beim **bedingten Eigentum** gelangt der Eigentümer nicht in den Besitz der Sache. Meistens werden Fahrzeuge, Teile der Geschäftseinrichtung oder andere Gegenstände des Anlagevermögens dem Gläubiger übereignet. Trotz der an die Bank übertragenen Eigentumsrechte kann der Schuldner weiter mit dem übereigneten Gegenstand arbeiten, weil er im Besitz des Gegenstandes bleibt.

In einem Sicherungsübereignungsvertrag einigen sich Kreditgeber und Kreditnehmer über den Eigentumswechsel und den Besitzerhalt (Besitzkonstitut). Die übereigneten Gegenstände müssen im Vertrag genau bezeichnet werden.

Besitzkonstitut
Schuldner bleibt Besitzer

Beispiel

Die Beska GmbH nimmt für die Finanzierung einer Papierpresse ein Darlehen bei ihrer Hausbank auf. Zur Absicherung des Kredits überträgt sie der Bank durch Vertrag das Eigentum an der Papierpresse. Die Papierpresse wird nicht der Bank übergeben, sondern verbleibt im Besitz des Unternehmers und kann dort wirtschaftlich genutzt werden.

Mit der vollständigen Tilgung des Kredits geht das Eigentum wieder auf den Kreditnehmer über. Kann der Schuldner seinen Zahlungsverpflichtungen nicht nachkommen, hat der Kreditgeber das Recht, ohne vollstreckbaren Titel in den Besitz des Gegenstandes zu gelangen.

Zahlungsverzug
→ S. 167

Beispiel

Die Beska GmbH gerät bei der Tilgung des Kredits für die Papierpresse mit einer Rate in Verzug. Die Bank kann von der Beska GmbH sofort die Herausgabe der Papierpresse verlangen.

Da die Sicherungsübereignung nach außen nicht erkennbar ist, besteht für den Gläubiger die Gefahr, dass der sicherungsübereignete Gegenstand vom Schuldner beschädigt, zerstört, weiterveräußert oder nochmals zur Sicherungsübereignung eingesetzt wird.

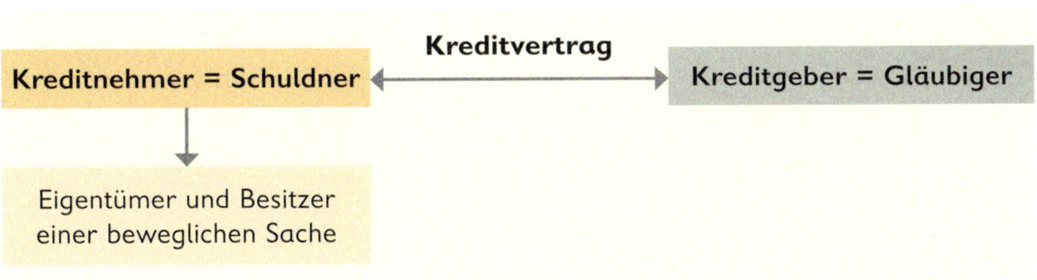

Situation vor Abschluss des Sicherungsübereignungsvertrages

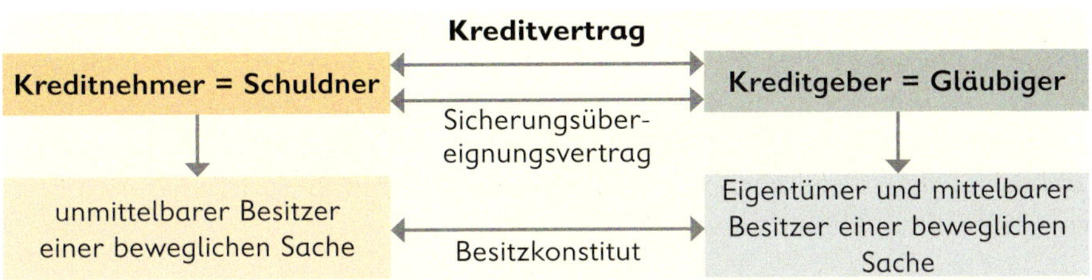

Situation nach Abschluss des Sicherungsübereignungsvertrages

Eigentumsvorbehalt

Mit dem Eigentumsvorbehalt können Zielgeschäfte abgesichert werden. Der Eigentumsvorbehalt wird zwischen Verkäufer und Käufer im Kaufvertrag vereinbart. Bei Übergabe des Gegenstandes wird der Käufer nur Besitzer, während der Verkäufer bis zur vollständigen Bezahlung des Kaufpreises Eigentümer bleibt.

Beispiel

Die Beska GmbH kauft eine Kühltheke auf Rechnung unter Eigentumsvorbehalt. Der Lieferant bleibt bis zur Begleichung der Rechnung Eigentümer, die Beska GmbH ist Besitzer.

Pfändung → S. 174
Insolvenz → S. 177

Beim Eigentumsvorbehalt kann der Verkäufer
- die Herausgabe der Sache bei Nichtzahlung,
- die Freigabe der Sache bei Pfändung,
- die Aussonderung der Sache bei einem Insolvenzverfahren

verlangen.

Da der Eigentumsvorbehalt erlischt, wenn der Gegenstand verbraucht, verarbeitet oder an Dritte weiterverkauft wird, ist diese Kreditsicherung für Warenlieferungen auf Ziel nicht geeignet. Gleichwohl wird er sehr häufig zwischen Lieferanten und Kunden vereinbart.

5.3 Sonderformen der Finanzierung

5.3.1 Finanzierung durch stille Beteiligung

Bei einer sicheren Ertragslage eines Unternehmens kann die Eigenkapitalausstattung durch stille Beteiligungen verbessert werden. Dabei stellt ein Geldgeber dem Unternehmen finanzielle Mittel (Kapital) gegen eine Beteiligung am Gewinn langfristig zur Verfügung. Dieses Kapital, das durch unternehmensfremde Personen eingebracht wird, wertet man in der Bilanz als Eigenkapital. Die stille Beteiligung liegt also zwischen der reinen Eigenfinanzierung und der reinen Fremdfinanzierung.

5.3.2 Leasing

Ein Unternehmen kann sich auch mit den notwendigen Gütern versorgen, ohne die Kapitalmittel in vollem Umfang bereitstellen zu müssen. Zu solchen „eigenkapitalschonenden“ Finanzierungsarten gehört das Leasing. Das Leasing „schont“ das Eigenkapital, weil ein alternativer Kreditkauf den Anteil des Fremdkapitals in der Bilanz steigern würde, was zu einer fallenden Eigenkapitalquote führt.

Leasing ist die Überlassung von Investitions- oder Konsumgütern gegen Zahlung eines Mietzinses, der **Leasingrate**. Der Leasingvertrag ist eine Sonderform des Miet- bzw. Pachtvertrages. Durch einen Leasingvertrag erwirbt der Leasingnehmer gegen Entgelt Nutzungsrechte am jeweiligen Leasingobjekt (z. B. Auto, Produktionsmaschinen). Der Leasingnehmer verzichtet dabei auf den Eigentumserwerb. Gesetzlich gibt es in Deutschland noch keine Regelung für den Leasingvertrag, der sich nach amerikanischem Vorbild entwickelt hat.

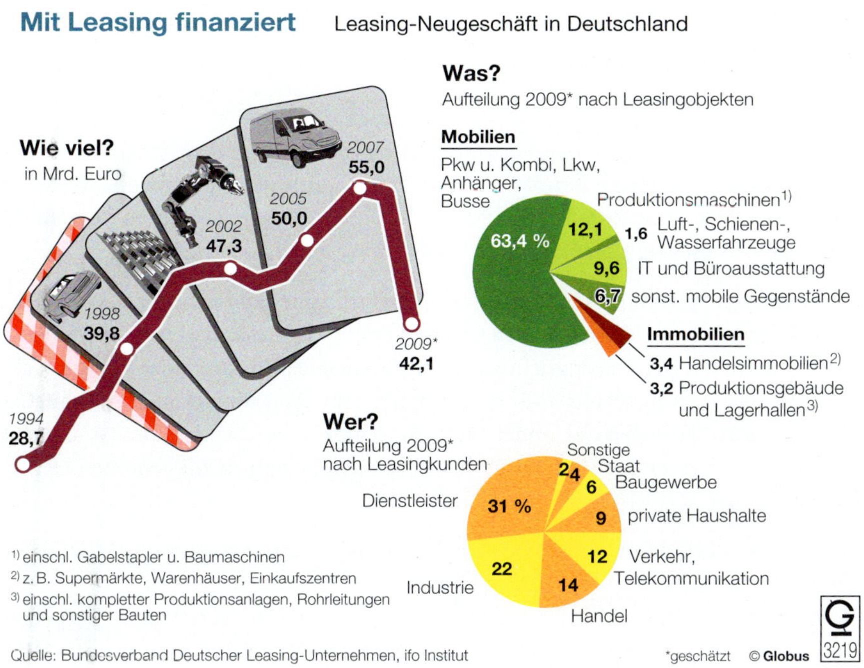

Der Vertrag zwischen Leasinggeber und Leasingnehmer beinhaltet
- die Höhe der Leasingrate,
- den Umfang des Leasing-Services, z. B. Wartung und Reparatur,
- die Kündigungsfristen und
- die Verwertung des Leasingobjekts.

Die **Höhe der Leasingraten** ist abhängig von den Zinsen für das eingesetzte Kapital, dem Wertverlust des Leasinggutes, den Verwaltungskosten und einem kalkulierten Risiko- und Gewinnzuschlag. Außerdem beeinflusst der Leasingservice die Höhe der Leasingrate. Neben der Überlassung des Leasingobjektes können auch umfangreiche **Serviceleistungen** vereinbart werden.

Beim Leasing wird zwischen dem direkten oder indirekten Leasing unterschieden. Beim **direkten Leasing** tritt der Hersteller oder eine herstellergebundene Bank bzw. Leasinggesellschaft als Leasinggeber auf. Beim **indirekten Leasing** tritt eine herstellerunabhängige Bank oder Leasinggesellschaft als Leasinggeber auf.

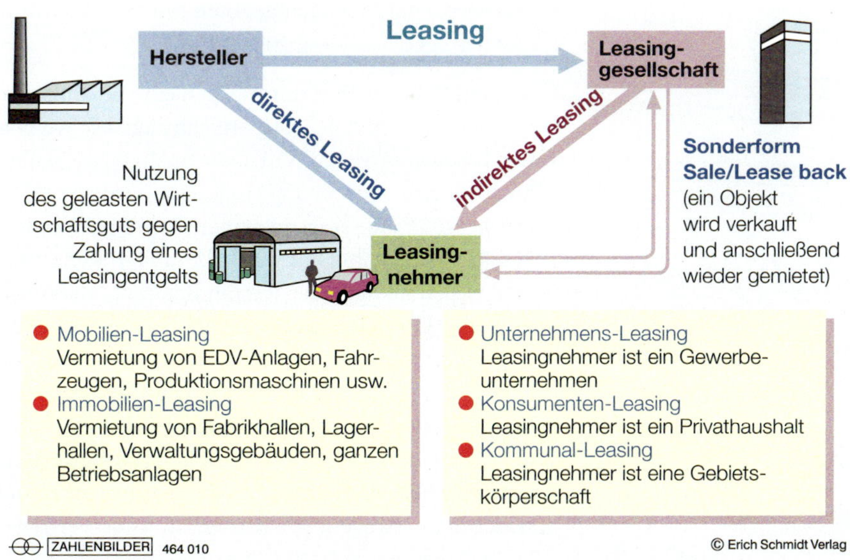

Beispiel
- Wartung und Reparatur von Geräten
- Finanzdienstleistungen wie Versicherungen

Beim Gebrauchsleasing (Operateleasing) haben beide Vertragspartner das Recht, den Vertrag kurzfristig zu kündigen. Beim Finanzierungsleasing (Financialleasing) kann der Vertrag innerhalb der Grundmietzeit, die zwischen 40 und 90 Prozent der betriebsgewöhnlichen Nutzungsdauer liegen muss, nicht gekündigt werden.

Abhängig vom gewählten Leasingverfahren entscheidet sich, was **nach Ablauf der Leasingzeit** passiert. Während beim Operateleasing der Leasinggegenstand zurückgegeben wird, hat der Leasingnehmer beim Financialleasing in der Regel die Wahl. Er kann den Leasinggegenstand zurückgeben, ein Anschlussleasing abschließen oder den Leasinggegenstand unter eng festgelegten steuerlichen Voraussetzungen zum Restkaufwert kaufen und damit dann auch das Eigentum am geleasten Gegenstand erwerben.

Immer mehr Unternehmer entscheiden sich für die Leasingfinanzierung, das folgende **Vorteile** bietet:
- Unternehmer müssen kein Fremdkapital aufnehmen. Dadurch liegt im Vergleich zur Kreditfinanzierung eine höhere Eigenkapitalquote vor und damit verbessert sich die Kreditwürdigkeit.
- Unternehmer können am Ende der Laufzeit den geleasten Gegenstand wieder zurückgeben und ein neues Objekt leasen. Das ist sinnvoll bei Gütern des Anlagevermögens, die einer schnellen technischen Überalterung unterliegen, z. B. bei Büromaschinen und Kraftfahrzeugen.
- Unternehmer können die Leasingraten aus den laufenden Umsatzerlösen finanzieren. Zum Zeitpunkt der Anschaffung des Gegenstandes entsteht kein großer Kapitalbedarf. Das bedeutet für das Unternehmen eine höhere Liquidität.
- Unternehmer können mit den immer gleich hohen Leasingraten gut planen.
- Unternehmer buchen die Leasingraten steuerlich als Aufwand und mindern damit den Gewinn und auch die Steuerbelastung.
- Das Risiko bei Leasingangeboten mit Serviceleistungen ist für den Leasingnehmer geringer.

Es sprechen aber auch Gründe gegen eine Leasingfinanzierung, die der Unternehmer vor seiner Entscheidung sorgfältig abwägen sollte. **Nachteile** können sein:
- Das Leasingobjekt kann in einer finanziellen Notlage weder zu Bargeld gemacht noch zur Kreditsicherung eingesetzt werden.
- Der Leasingnehmer ist an seinen Vertrag gebunden, das heißt, er muss die Leasingraten auch dann weiter bezahlen, wenn das Leasingobjekt im Unternehmen wegen mangelnder Rentabilität nicht mehr gebraucht wird.
- Probleme können auch bei der Rückgabe des Leasinggegenstandes auftreten, wenn es darum geht, den Restwert bei der Rückgabe festzustellen. Setzt der Leasinggeber den Marktwert niedriger als den bei Auftragsabschluss festgelegten Restwert an, z. B. wegen Kratzer an einem Fahrzeug, so muss der Leasingnehmer die Differenz zwischen Marktwert und festgelegtem Restwert ausgleichen.
- Leasinggeber verpflichten Leasingnehmer oft zu bestimmten Wartungs- und Versicherungsverträgen. Die Kosten für diese Verträge sind oft höher als bei freier Wahl durch den Versicherungsnehmer.

6 Zahlungsverzug

Lernsituation 98

Jeder Einzelhändler freut sich über ein gelungenes Verkaufsgespräch, das zu einem Abschluss führt. Aber Vorsicht! Ob dieser Verkauf tatsächlich einen positiven Beitrag zum Geschäftsergebnis leistet, stellt sich erst heraus, wenn das Geld für die Ware beim Einzelhändler auch tatsächlich in der Kasse oder auf dem Bankkonto ist.

In der Regel zahlt ein Kunde im Einzelhandelsgeschäft seine Ware an der Kasse direkt bar, mit der Debitkarte oder Kreditkarte. Nur in Ausnahmefällen, z. B. bei gewerblichen Kunden oder Stammkunden, werden auch Zielverkäufe getätigt. Insbesondere hier lauert für den Einzelhändler Gefahr, dass das Geld für die Ware ausbleibt. Aber auch wenn der Kunde mit der Debitkarte im ELV-Verfahren zahlt, hat der Einzelhändler keine Zahlungsgarantie. Schlimmstenfalls ist die Ware und auch das Geld weg. Hieraus ergibt sich ein sehr wichtiges Aufgabengebiet für den Einzelhändler, das **Forderungsmanagement** (= Verwaltung der fälligen Ausgangsrechnungen).

6.1 Ursachen und Folgen eines Zahlungsverzuges

Eine Rechnung für eine erhaltene Ware oder Dienstleistung zu bezahlen, gehört zu einem ehrlichen Umgang mit Geschäftspartnern und sollte eine Selbstverständlichkeit sein. Allerdings zahlen immer mehr Endverbraucher oder auch Unternehmen verspätet oder gar nicht. Warum sie nicht zahlen, kann verschiedene Ursachen haben, die von Vergesslichkeit bis zum Vorsatz reichen.

Im Umgang mit säumigen Kunden sollte der Einzelhändler den Kundenstatus und die bisherigen Erfahrungen mit dem jeweiligen Kunden deshalb berücksichtigen. Schnell kann ein zuverlässiger Stammkunde, der erstmalig aus Vergesslichkeit eine Rechnung verspätet zahlt, mit einer scharf formulierten Mahnung verärgert werden. Andere Kunden legen es wiederum bewusst darauf an, Rechnungen erst ab der Ankündigung rechtlicher Schritte zu bezahlen. Dementsprechend muss der Einzelhändler seine Schritte im Umgang mit säumigen Kunden sorgsam auswählen.

säumig
nachlässig im Zahlen

Mahnung
→ S. 169

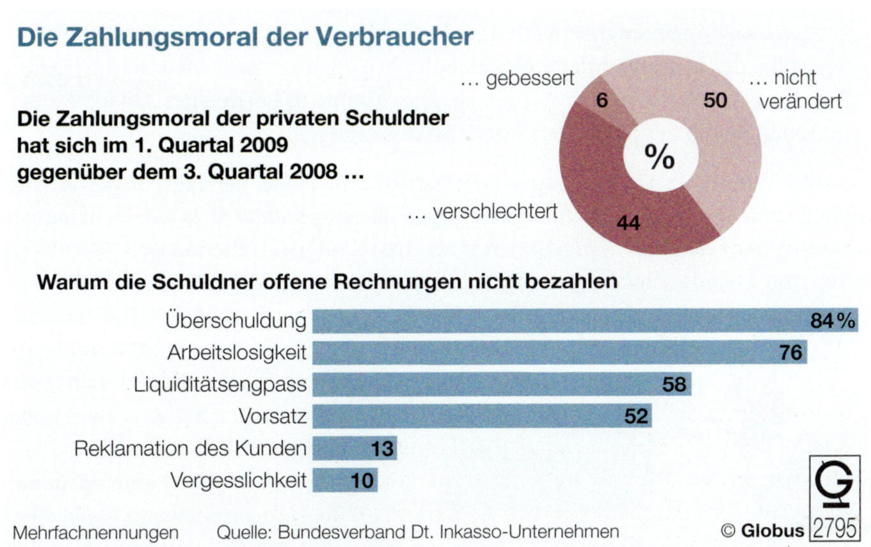

Kavaliersdelikt
Handlung, die von der Gesellschaft als nicht schlimm angesehen wird

Die schlechte Zahlungsmoral von Verbrauchern und Unternehmen stellt aber kein Kavaliersdelikt dar. Die Konsequenzen, die ein Unternehmen durch verspätete oder ausbleibende Zahlungen zu tragen haben, sind dafür zu weitreichend. Folgende Wirkungskette kann durch eine schlechte Zahlungsmoral von Kunden ausgelöst werden.

Wirkungskette

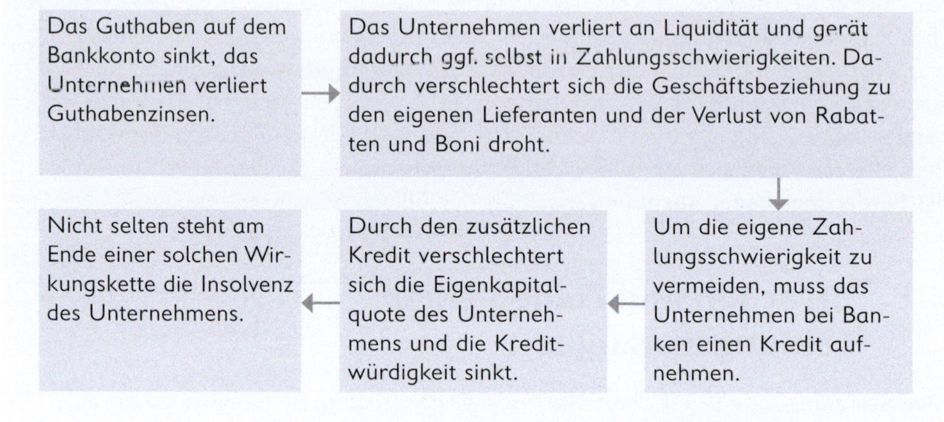

Insolvenz
→ S. 177

Wie kann diese Wirkungskette vermieden werden?

- Eine strenge Verwaltung der fälligen Rechnungen (Forderungsmanagement) ist hierfür Voraussetzung. Der Einzelhändler muss ständig einen Überblick über seine fälligen Ausgangsrechnungen haben. Für diesen Überblick ist es sinnvoll, eine Offene-Posten-Liste für die Debitoren zu führen.
- Der Einzelhändler muss das rechtliche Handwerkszeug in Bezug auf verspätete bzw. ausbleibende Kundenzahlungen beherrschen:
- Wann liegt ein Zahlungsverzug vor?
- Welche Rechte hat der Einzelhändler als Gläubiger?
- Welche Maßnahmen kann der Einzelhändler einsetzen, um sein Recht durchzusetzen?
- Um personenunabhängig ein strenges Forderungsmanagement zu gewährleisten, sollte der Einzelhändler einen Handlungsplan aufstellen, wie mit säumigen Kunden grundsätzlich zu verfahren ist. Dies könnte in Form eines Ablaufplanes in Abhängigkeit des jeweiligen Kundenstatus erfolgen.

Debitoren
Kunden des Unternehmens, an die das Unternehmen Forderungen stellt

Kreditoren sind Lieferanten, bei denen das Unternehmen Verbindlichkeiten laufen hat.

Bei Abschluss eines Kaufvertrages verpflichten sich beide Vertragspartner zur Erfüllung ihrer jeweiligen Pflichten. Der Verkäufer verpflichtet sich zur rechtzeitigen Lieferung der bestellten mangelfreien Ware. Der Käufer verpflichtet sich, diese Ware anzunehmen und rechtzeitig zu zahlen. Erfüllt der Käufer die Zahlungspflicht nicht oder nicht rechtzeitig, kommt er in Zahlungsverzug (§ 433 II BGB). Die verspätete Zahlung wird im BGB nicht gesondert geregelt, sondern fällt unter den Bereich: „verspätete Leistung des Schuldners" (hier = Geldschuldner). Somit gelten hier im Prinzip dieselben Regelungen wie beim Lieferungsverzug (= Warenschuldner).

6.2 Voraussetzungen des Zahlungsverzuges

Es müssen mehrere Voraussetzungen erfüllt sein, damit sich ein Käufer rechtlich gesehen im Zahlungsverzug (Nicht-Rechzeitig-Zahlung) befindet.

Es **muss ein gültiger Kaufvertrag bestehen:** Ein Kaufvertrag kommt durch zwei **übereinstimmende Willenserklärungen zu Stande.**

Der Käufer hat trotz Fälligkeit des Rechnungsbetrages bisher noch nicht gezahlt: In der Regel wird im Kaufvertrag ein Zahlungstermin genannt, der die Fälligkeit der Rechnung bestimmt. Sollte kein Zahlungstermin genannt sein, ist die Zahlung bei Lieferung fällig.

Der Verkäufer hat die Zahlung angemahnt und den Käufer somit in Verzug gesetzt: Mit einer Mahnung fordert der Verkäufer den Käufer zur Zahlung des fälligen Betrages auf. Die **Mahnung** ist aber an keine bestimmte Form gebunden. Aus späteren Beweisgründen empfiehlt es sich aber, eine Mahnung schriftlich an den Käufer zu senden. Ist im Kaufvertrag kein Zahlungstermin genannt, muss der Verkäufer an den Käufer eine Mahnung senden, in der er den Käufer zur Zahlung auffordert. Erst mit Zugang der Mahnung wird der Käufer in Verzug gesetzt. Allerdings gerät der Käufer in folgenden Fällen auch ohne Mahnung in Verzug:

1. wenn der Zahlungstermin im Kaufvertrag kalendermäßig bestimmt bzw. bestimmbar ist,
2. wenn der Käufer die Zahlung verweigert,
3. wenn 30 Tage nach dem Rechnungsdatum vergangen sind, tritt der Zahlungsverzug automatisch am 31. Tag ein. Diese Regelung spielt eigentlich nur dann eine Rolle, wenn der Zahlungstermin nicht kalendermäßig bestimmt wurde. Für einen Verbrauchsgüterkauf gilt diese Regelung jedoch nur, wenn der Verkäufer auf den Verzugseintritt ohne Mahnung in seiner Rechnung hinweist.

Beispiel

Ein Blumengeschäft kauft am 13.05. bei der Beska GmbH Kopierpapier auf Ziel. Der Zahlungstermin lautet: „zahlbar sofort netto Kasse“. Bei der Auslieferung vergisst der Fahrer, das Geld zu kassieren. Die Beska GmbH schickt keine Mahnung, damit gerät das Blumengeschäft automatisch am 14.06. in Zahlungsverzug.

Sollte bei einem zweiseitigen Handelskauf der Käufer behaupten, die Rechnung nie erhalten zu haben, so beginnt die 30-Tages-Frist ab dem Lieferdatum.

Der Käufer hat den Zahlungsverzug zu verschulden: Bei Geldschulden wird angenommen, dass der säumige Käufer in nahezu allen Fällen den Zahlungsverzug zu verschulden hat.

Beispiel

Herr Krause kauft auf Empfehlung seiner Bank ein größeres Aktienpaket. Durch Missmanagement sinkt der Wert der Aktien gegen null. Herr Krause hatte aber auf die Möglichkeit gesetzt, Aktienanteile zu verkaufen und bei der Beska GmbH einen Computer mit Bildschirm und Scanner bestellt. Jetzt gerät er unter Zahlungsverzug. Die Beska GmbH kann von ihm Schadenersatz verlangen.

6.3 Rechte des Einzelhändlers

Ist ein Käufer in Zahlungsverzug geraten, so hat der Verkäufer verschiedene Rechte, die er geltend machen kann.

6.3.1 Der Verkäufer geht davon aus, dass der Käufer noch zahlt

Hat der Verkäufer berechtigte Hoffnungen, dass der Käufer seiner Zahlungsverpflichtung noch nachkommt, oder handelt es sich bei der Ware um eine Spezialanfertigung, die der Verkäufer nur schwer anderweitig verkaufen kann, so hat der Verkäufer zunächst ein Interesse daran, den Kaufvertrag aufrechtzuerhalten. Dann kann der Einzelhändler Zahlung verlangen oder Schadenersatz wegen Pflichtverletzung verlangen.

Zahlung verlangen: Der Verkäufer kann trotz der Überschreitung des Zahlungstermins weiterhin die Zahlung verlangen.

Schadenersatz wegen Pflichtverletzung: Zahlt der Käufer nicht rechtzeitig, kann der Verkäufer einen Verzugsschaden geltend machen. Voraussetzung hierfür ist das Verschulden des Käufers, welches aber grundsätzlich als gegeben angesehen wird. Folgende Schäden können dem Käufer zusätzlich in Rechnung gestellt werden:

- Schäden, die durch die verspätete Zahlung entstanden sind, z. B. Mahnkosten, Anwaltskosten und Telefonkosten
- Der Verkäufer ist berechtigt, **Verzugszinsen** zu verlangen. Bei einem **Verbrauchsgüterkauf** werden grundsätzlich p. a. 5 % Zinsen über dem Basiszinssatz (§ 288 (1) BGB) berechnet. Die Zinsen sind ab dem Verzugsdatum zu berechnen. Falls für den Zahlungsverzug eine Mahnung notwendig ist, gilt die Zeit ab Zugang der Mahnung. In der Praxis werden zwei Tage nach der Absendung der Mahnung als Zugangsdatum angenommen. Bei einem **zweiseitigen Handelskauf** beträgt der Zinssatz 8 % p. a. über dem Basiszinssatz (§ 288 (2) BGB), hier allerdings schon ab Fälligkeit der Zahlung (§353 HGB). Der Basiszinssatz wird jeweils zum 1. Januar und 1. Juli eines jeden Jahres von der Deutschen Bundesbank bekannt gegeben.
  Die Zinsen sind ab dem Verzugsdatum zu berechnen.

Beispiel

www.basiszinssatz.info

Der Basiszinssatz beträgt am 30. Januar 2010 0,12 %. Für den Verbrauchsgüterkauf ergibt sich darum ein Verzugszinssatz von 5,12 %, für den zweiseitigen Handelskauf 8,12 %.

- **Höherer Verzugsschaden:** Entsteht dem Verkäufer ein höherer Verzugsschaden, etwa durch die Notwendigkeit einer Kreditaufnahme infolge des ausstehenden Zahlungseinganges, so kann er diese Aufwendungen ebenfalls geltend machen (§ 288 (4) BGB). Für diese Mehraufwendungen besteht allerdings eine Nachweispflicht, es sei denn, es wurde vorab eine vertragliche Vereinbarung diesbezüglich geschlossen (**Konventionalstrafe**).

6.3.2 Der Verkäufer geht davon aus, dass der Käufer nicht zahlt

Erwartet der Verkäufer nicht mehr, dass der Käufer seiner Zahlungsverpflichtung nachkommt, so ist der Verkäufer an einem Ende der Vertragsbeziehung interessiert. In diesem Fall sollte er die Rechte Schadenersatz statt Leistung und/oder Rücktritt vom Kaufvertrag in Anspruch nehmen.

Für die Inanspruchnahme der oben genannten Rechte ist es aber notwendig, dass der Verkäufer dem Käufer eine angemessene **Nachfrist** zur Zahlung setzt. Diese Nachfrist ist nur entbehrlich, wenn
- der Käufer die Zahlung verweigert oder
- der Zahlungstermin im Vertrag terminlich genau bestimmt und deutlich ist, dass bei nicht rechtzeitiger Zahlung der Verkäufer kein Interesse mehr am Fortbestehen des Vertrages hat.

Schadenersatz statt der Leistung
Auf dieses Recht wird der Verkäufer dann zurückgreifen, wenn er die nicht bezahlte Ware an einen anderen Kunden verkaufen kann, allerdings wird der Verkäufer dafür einen niedrigeren Preis verlangen müssen. Die Differenz zwischen diesem Verkaufserlös und dem im Kaufvertrag zuvor vereinbarten höheren Preis sowie etwaige Verzugszinsen wird er als Schaden geltend machen.

Rücktritt vom Kaufvertrag
Von dieser Möglichkeit wird der Verkäufer z. B. dann Gebrauch machen, wenn er in Erfahrung gebracht hat, dass der Käufer nicht zahlen kann. Durch Rücktritt vom Kaufvertrag würde der Verkäufer wenigstens versuchen, seine Ware zurückzuerhalten.

6.4 Mahnverfahren

Erfüllt ein Käufer seine Zahlungsverpflichtung nicht, kann der Verkäufer mit Hilfe des kaufmännischen und des gerichtlichen Mahnverfahrens versuchen, seinen Anspruch geltend zu machen.

6.4.1 Kaufmännisches (außergerichtliches) Mahnverfahren

Das kaufmännische Mahnverfahren, das auch als außergerichtliches Mahnverfahren bezeichnet wird, soll den säumigen Kunden zur Zahlung veranlassen, ohne sich dabei gerichtlicher Hilfe zu bedienen. Für das kaufmännische Mahnverfahren gibt es keine gesetzlichen Vorschriften, sodass die Vorgehensweisen von Unternehmen zu Unternehmen unterschiedlich sein können.

Wenn ein Kunde erstmalig nicht pünktlich zahlt, so wird der Einzelhändler nicht gleich von all seinen gesetzlichen Rechten Gebrauch machen. Er wird Wert darauf legen, auch weiterhin die Geschäftsbeziehung aufrechtzuerhalten, und somit zunächst versuchen, auf gütliche Weise zum Ziel zu kommen.

In der kaufmännischen Praxis beginnt das kaufmännische Mahnverfahren in der Regel mit einer freundlich formulierten Zahlungserinnerung. Sollte diese nicht zum erhofften Erfolg führen, werden die folgenden Mahnungen schrittweise dringender formuliert.

Folgender Ablauf ist denkbar:

1. Eine höflich formulierte Zahlungserinnerung mit einer Rechnungskopie wird verschickt
2. Mahnung wird nicht unfreundlich, aber entschieden formuliert. Unter Hinweis auf die Fälligkeit der Schuld enthält sie die Aufforderung zur Zahlung unter Angabe einer Frist.
3. Mahnung enthält die schärfer formulierte Aufforderung zur Zahlung und ggf. in Rechnung gestellte Mahnkosten und Verzugszinsen.
4. Mahnung enthält meist die Androhung rechtlicher Schritte, wenn bis zu einem letzten Termin keine Zahlung erfolgt ist.

Aus Gründen der Beweisbarkeit erfolgen Mahnungen schriftlich.

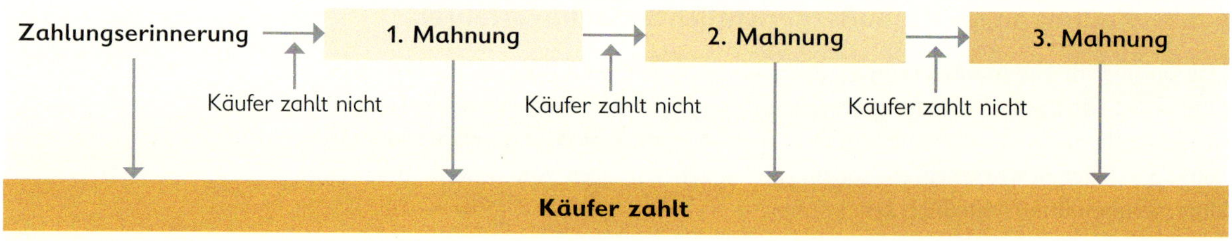

Ob ein Unternehmen den beispielhaften Ablauf übernimmt, ist ihm freigestellt. Möglich ist auch, dass ein Unternehmen bereits im ersten Schreiben seinen säumigen Kunden rechtliche Schritte androht. Die Auswahl der möglichen Maßnahmen hängt von folgenden Faktoren ab:

- Höhe der Rechnung
- Bonität des säumigen Kunden
- vermutete Liquidität des säumigen Kunden

6.4.2 Gerichtliches Mahnverfahren

Das gerichtliche Mahnverfahren stellt ein standardisiertes Verfahren dar, mit dem ein Gläubiger aber mit Unterstützung des Gerichts schnell und kostengünstig an sein Geld kommen kann. Dafür muss beim Amtsgericht ein Mahnbescheid beantragt werden.

Der **Mahnbescheid** kann in jedem Schreibwarenladen gekauft werden. Nachdem dieser Antrag ausgefüllt ist, wird er an das Amtsgericht geschickt, das dann einen Mahnbescheid an den säumigen Kunden sendet. Die Rechtmäßigkeit des Anspruches wird durch das Gericht nicht geprüft. Ein Mahnbescheid ist nichts anderes als eine Mahnung des Gerichts, d.h. die Aufforderung des Gerichts zur Zahlung der genannten Schuld.

Der Antrag auf einen Mahnbescheid ist dann sinnvoll, wenn zu erwarten ist, dass der säumige Kunde seine Zahlungsverpflichtung nicht bestreiten wird. Der Gläubiger kann so schneller zu seinem Geld kommen als durch einen langwierigen Prozess.

Der Mahnbescheid kann auch online beantragt werden.
www.online-mahnantrag.de

Seit Ende 2008 gilt außerdem eine „Verpflichtung zur Antragstellung in maschinell-lesbarer Form" für Rechtsanwälte und Inkasso-Unternehmen. Diese können Mahnbescheidsanträge nicht mehr auf dem amtlichen Formular stellen.

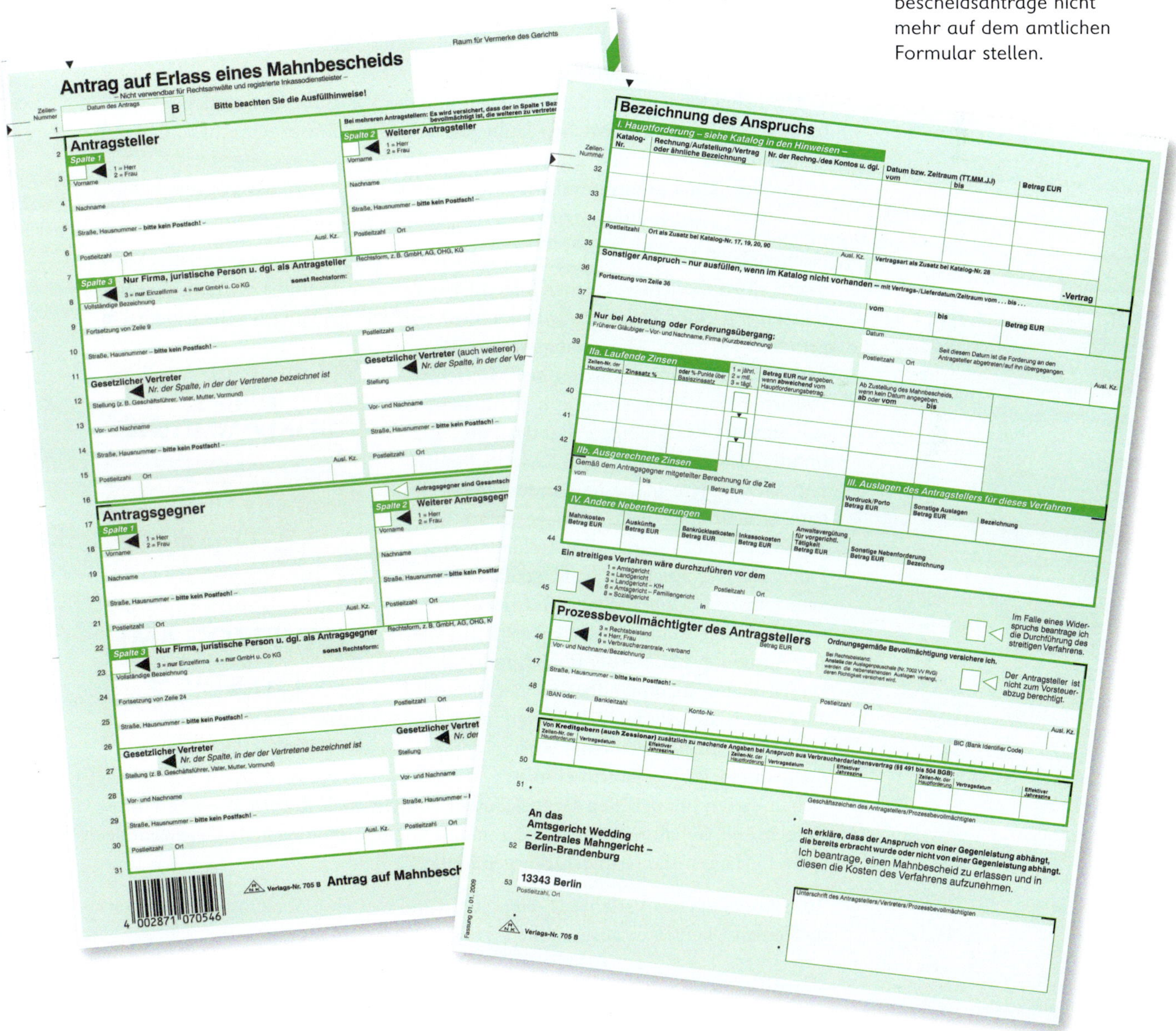
Antrag auf Erlass eines Mahnbescheids
– Nicht verwendbar für Rechtsanwälte und registrierte Inkassodienstleister –
Raum für Vermerke des Gerichts
Datum des Antrags
Bitte beachten Sie die Ausfüllhinweise!
Antragsteller
Weiterer Antragsteller
Nur Firma, juristische Person u. dgl. als Antragsteller
Gesetzlicher Vertreter
Antragsgegner
Weiterer Antragsgegner
Nur Firma, juristische Person u. dgl. als Antragsgegner
Gesetzlicher Vertreter
Verlags-Nr. 705 B Antrag auf Mahnbescheid
4 002871 070546

Bezeichnung des Anspruchs
I. Hauptforderung – siehe Katalog in den Hinweisen –
Sonstiger Anspruch – nur ausfüllen, wenn im Katalog nicht vorhanden –
Nur bei Abtretung oder Forderungsübergang:
IIa. Laufende Zinsen
IIb. Ausgerechnete Zinsen
III. Auslagen des Antragstellers für dieses Verfahren
IV. Andere Nebenforderungen
Ein streitiges Verfahren wäre durchzuführen vor dem
Prozessbevollmächtigter des Antragstellers
Ordnungsgemäße Bevollmächtigung versichere ich.
An das
Amtsgericht Wedding
– Zentrales Mahngericht –
Berlin-Brandenburg
13343 Berlin
Ich erkläre, dass der Anspruch von einer Gegenleistung abhängt, die bereits erbracht wurde oder nicht von einer Gegenleistung abhängt.
Ich beantrage, einen Mahnbescheid zu erlassen und in diesen die Kosten des Verfahrens aufzunehmen.
Unterschrift des Antragstellers/Vertreters/Prozessbevollmächtigten
Verlags-Nr. 705 B

Ablauf des gerichtlichen Mahnverfahrens:

1. Antrag eines gerichtlichen Mahnbescheides beim zuständigen Amtsgericht.

2. Das Amtsgericht erlässt den Mahnbescheid und stellt ihn dem Schuldner (Käufer) zu. Der Schuldner hat nun drei Möglichkeiten, auf den Mahnbescheid zu reagieren:
   a) Der Schuldner zahlt an den Gläubiger und das Verfahren ist beendet.
   b) Der Schuldner erhebt innerhalb von zwei Wochen Einspruch bei Gericht. Bei Widerspruch wird der Gläubiger durch das Amtsgericht benachrichtigt und aufgefordert, seinen Anspruch zu begründen. Das Gericht setzt dann einen Termin für eine mündliche Verhandlung fest.
   c) Der Schuldner unternimmt nichts. Nach zwei Wochen kann der Gläubiger innerhalb von sechs Monaten einen Antrag auf Erlass eines Vollstreckungsbescheids stellen.

Mögliche Gründe für einen Einspruch:
- Forderung ist schon bezahlt.
- Es besteht eine Gegenforderung.
- Es gibt gar keinen Kaufvertrag.

3. Das Amtsgericht erlässt den Vollstreckungsbescheid auf Antrag des Gläubigers: Der Vollstreckungsbescheid ist ein so genannter „vollstreckbarer Titel“, der es dem Gläubiger erlaubt, gegen den Schuldner die Zwangsvollstreckung durchzuführen. Nach der Zustellung des Vollstreckungsbescheides hat der Schuldner folgende Handlungsalternativen:
   a) Der Schuldner zahlt an den Gläubiger und das Verfahren ist beendet.
   b) Innerhalb von zwei Wochen kann der Schuldner Einspruch erheben. Dann kommt es zu einer Verhandlung vor Gericht.
   c) Der Schuldner unternimmt wiederum nichts. Damit wird der Vollstreckungsbescheid rechtskräftig.

Der Vollstreckungsbescheid ist die letzte Zahlungsaufforderung des Gerichts.

4. Nach Ablauf der zweiwöchigen Einspruchsfrist kann die Zwangsvollstreckung durch einen Gerichtsvollzieher folgendermaßen durchgeführt werden: Die Voraussetzung einer Zwangsvollstreckung ist ein Vollstreckungsbescheid oder ein gerichtliches Urteil. Die Zwangsvollstreckung meint die **Pfändung** durch einen Gerichtsvollzieher und Verwertung von Pfandsachen zu Gunsten des Gläubigers. Bei der Pfändung nimmt der Gerichtsvollzieher Geld, Schmuck und Wertpapiere in Besitz. Andere verwertbare Gegenstände werden nicht sofort mitgenommen, aber durch das Aufkleben eines Pfandsiegels („Kuckuck“) als gepfändet gekennzeichnet. Unpfändbar sind lebensnotwendige Gegenstände und Gegenstände, die zur Ausübung des Berufs unabdingbar sind. Haben diese nichtpfändbaren Gegenstände aber einen außerordentlich hohen Wert, so können sie im Rahmen einer Austauschpfändung durch geringerwertige ersetzt werden. Neben diesen beweglichen Gegenständen können auch Rechte, wie z. B. Forderungen und Gehaltsansprüche, und natürlich auch unbewegliche Gegenstände, wie z. B. Häuser und Grundstücke, gepfändet werden.

Die Zwangsvollstreckung beinhaltet alle Maßnahmen, um gerichtlich festgestellte Ansprüche durchzusetzen.

5. Zum Abschluss des Verfahrens erhält der Schuldner eine Abrechnung und eventuell einen Überschuss ausgezahlt.

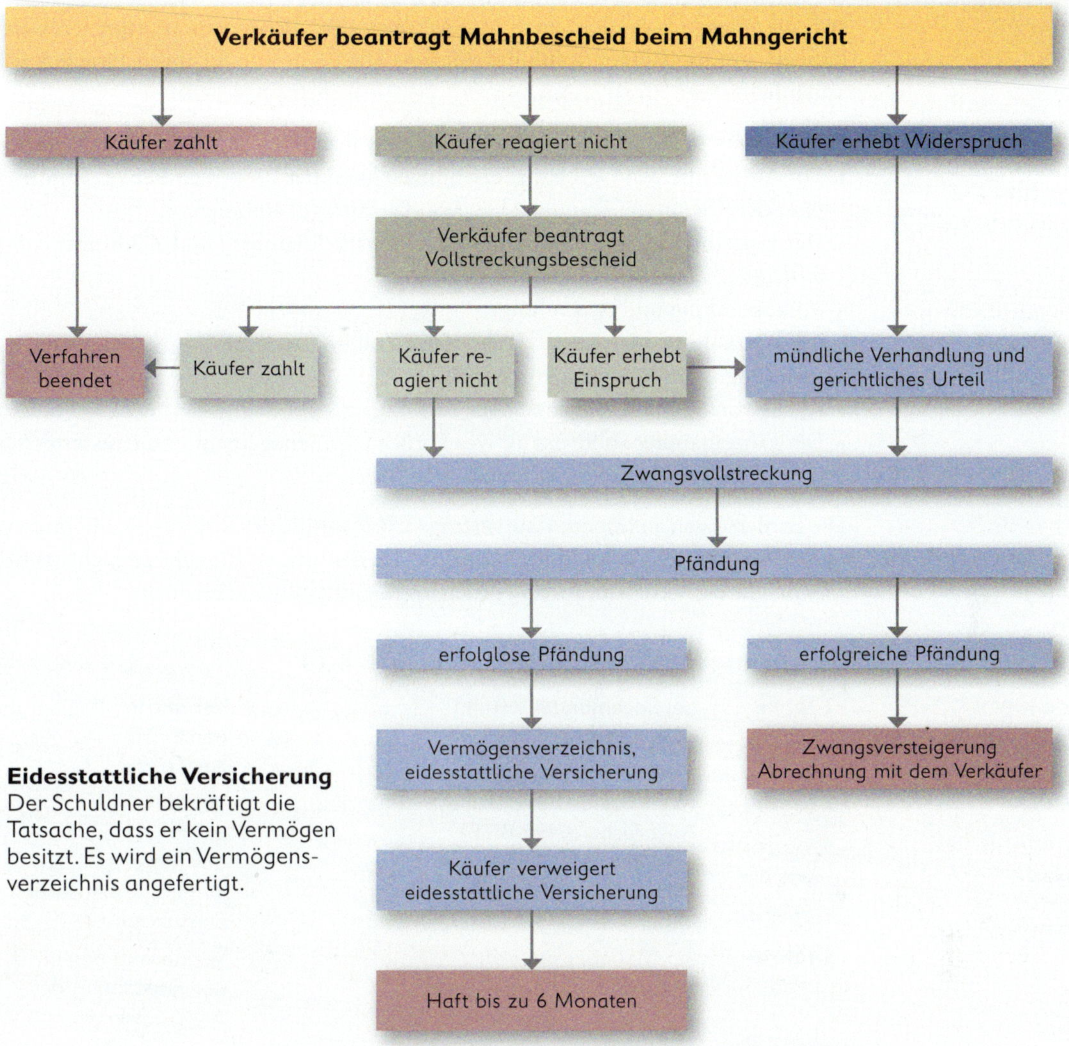

Eidesstattliche Versicherung
Der Schuldner bekräftigt die Tatsache, dass er kein Vermögen besitzt. Es wird ein Vermögensverzeichnis angefertigt.

6.4.3 Klageverfahren und Inkassoinstitut

Sollte es im Rahmen des gerichtlichen Mahnverfahrens zu einem Widerspruch/Einspruch des Gläubigers kommen, so wird die Rechtmäßigkeit der Forderung in einer gerichtlichen Verhandlung geprüft. Selbstverständlich kann der Einzelhändler als Gläubiger auch sofort den Weg der **Klage vor Gericht** beschreiten. Dies ist aber selten der Fall, weil dies ein sehr zeitaufwändiger und unter Umständen kostenintensiver Weg ist, da hier meist ein Anwalt beauftragt werden muss.

Inkassoinstitute sind darauf spezialisiert, gewerbsmäßig den Einzug fremder Geldforderungen zu übernehmen. Auf Grund ihrer umfangreichen Erfahrungen und ihres hohen Organisationsgrades nutzen sie alle Möglichkeiten des kaufmännischen und gerichtlichen Mahnverfahrens, der Klage und der Zwangsvollstreckung. Der Einzelhändler spart Zeit und Verwaltungskosten, muss dafür aber eine Gebühr an das Inkassoinstitut zahlen. Es sollte seriösen Unternehmen ausgewählt werden, das im Rahmen der gültigen Gesetze handelt und nicht am Rande der Legalität.

6.5 Zahlungseingänge sichern

Angesichts der Arbeit und der hohen Kosten, die säumige Kunden verursachen stellt sich die Frage, ob es nicht auch Maßnahmen gibt, die im Voraus ergriffen werden können, um die fälligen Zahlungseingänge abzusichern oder ihren Eingang wahrscheinlicher werden zu lassen.

Auch hier kann der Einzelhändler aus einem ganzen Maßnahmenpool schöpfen:

Schufa → S. 161

- Vor Aufnahme von Geschäftsbeziehungen kann der Einzelhändler Auskünfte über die Bonität der Kunden (z. B. Schufa-Anfrage) einholen.
- Der Einzelhändler kann besondere Zahlungsbedingungen und Zahlungswege festlegen:
- Vorauszahlung und Anzahlung
- nur Barzahlung oder Kartenzahlung mit Zahlungsgarantie

Eigentumsvorbehalt → S. 164

- Lieferung unter Eigentumsvorbehalt
- Abzug von Skonto bei frühzeitiger Zahlung
- Der Einzelhändler sollte ein aktives Forderungsmanagement und eine festgelegte Vorgehensweise gegen säumige Kunden haben.

Die Forderungen aus einem Kaufvertrag (z. B. Zahlung des Kaufpreises) können verjähren. Beruft sich der Schuldner auf die Verjährung, so braucht er nicht mehr zu zahlen. Für die Verjährung von Forderungen gibt es unterschiedliche Fristen.

Wichtige Verjährungsfristen gemäß BGB

2 Jahre	bei Sachmangelhaftung	Verjährung beginnt mit der Entstehung des Anspruchs.
3 Jahre	regelmäßige Verjährungsfrist für alle Ansprüche (§195 BGB)	Verjährungsfrist beginnt mit dem Schluss des Jahres (31.12.), in dem der Anspruch entstanden ist.
5 Jahre	bei Mängeln am Bau	Verjährung beginnt mit der Entstehung des Anspruchs.
10 Jahre	bei Ansprüchen auf Übertragung des Eigentums an einem Grundstück (§ 196 BGB)	Verjährung beginnt mit der Entstehung des Anspruchs.
30 Jahre	1. bei Herausgabeansprüchen aus Eigentum und anderen dinglichen Rechten, 2. familien- und erbrechtlichen Ansprüchen, 3. rechtskräftig festgestellten Ansprüchen (Urteil), 4. Ansprüchen aus vollstreckbaren Vergleichen oder vollstreckbaren Urkunden (z.B. Vollstreckungsbescheid), 5. Ansprüchen, die durch die im Insolvenzverfahren erfolgte Feststellung vollstreckbar geworden sind, und 6. Ansprüche auf Erstattung der Kosten der Zwangsvollstreckung (§197 BGB)	Verjährung beginnt mit der Entstehung des Anspruchs.

7 Insolvenz

Die Insolvenz bezeichnet die Zahlungsunfähigkeit bzw. die drohende Zahlungsunfähigkeit eines Unternehmens oder einer Privatperson. Grundlage für die Vorgehensweise bei der Insolvenz bildet die **Insolvenzordnung** (InsO). Sie legt auch fest, dass bei Unternehmen in der Rechtsform einer AG und GmbH die **Überschuldung** als Grund für eine Insolvenz gilt. Eine Überschuldung liegt dann vor, wenn das Vermögen des Schuldners die Verbindlichkeiten nicht mehr deckt.

Lernsituation 99

Zahlungsunfähigkeit
→ § 17 Abs. 2 Satz 2 InsO

drohende Zahlungsunfähigkeit
→ § 18 InsO

Überschuldung
→ § 19 Abs. 1 InsO

AG
→ S. 145

GmbH
→ S. 143

7.1 Unternehmensinsolvenz

Das Insolvenzverfahren ist ein gerichtliches Verfahren zur gemeinschaftlichen Befriedigung der Gläubiger. Es soll vermeiden helfen, dass einzelne Gläubiger versuchen, durch raschen Zugriff volle Befriedigung ihrer Forderungen zu erlangen, während andere leer ausgehen. Rechtsgrundlage ist die Insolvenzordnung (InsO).

§ 1 InsO

Das Insolvenzverfahren dient dazu, die Gläubiger eines Schuldners gemeinschaftlich zu befriedigen, indem das Vermögen des Schuldners verwertet und der Erlös verteilt oder in einem Insolvenzplan eine abweichende Regelung, insbesondere zum Erhalt des Unternehmens, getroffen wird. Dem redlichen Schuldner wird Gelegenheit gegeben, sich von seinen restlichen Schulden zu befreien.

Im Wege des Insolvenzverfahrens sollen aber nicht nur die Gläubiger ihr Geld erhalten, sondern auch der Erhalt des verschuldeten Unternehmens und damit von Arbeitsplätzen erreicht werden. Die Insolvenz kann sowohl ein Gläubiger als auch der Schuldner beim zuständigen Insolvenzgericht beantragen. Das Insolvenzgericht prüft daraufhin, ob die Voraussetzungen zur Eröffnung des Insolvenzverfahrens vorliegen und ernennt ggf. einen vorläufigen Insolvenzverwalter.

Ist die Kostendeckung des Verfahrens durch das Vermögen des Schuldners nicht gewährleistet, wird der Antrag mangels Masse abgewiesen. Stellt sich die nicht ausreichende Deckung erst während des Verfahrens heraus, wird es eingestellt. Danach können die Gläubiger wieder Einzelvollstreckungen einleiten, d. h., jeder Gläubiger hat die Möglichkeit, seine Forderungen direkt und in größtmöglicher Höhe bei dem Schuldner einzutreiben, auch auf die Gefahr hin, dass dadurch andere Gläubiger komplett leer ausgehen.

Wird das Verfahren eröffnet, ernennt das Gericht einen **Insolvenzverwalter**. Ferner wird der **Eröffnungsbeschluss** veröffentlicht und ins Handelsregister sowie ins Grundbuch eingetragen. Letzteres soll den gutgläubigen Grundstückserwerb ausschließen, damit auch alle Immobilien in die Insolvenzmasse einfließen und zur Befriedigung der Gläubigerforderungen herangezogen werden können.

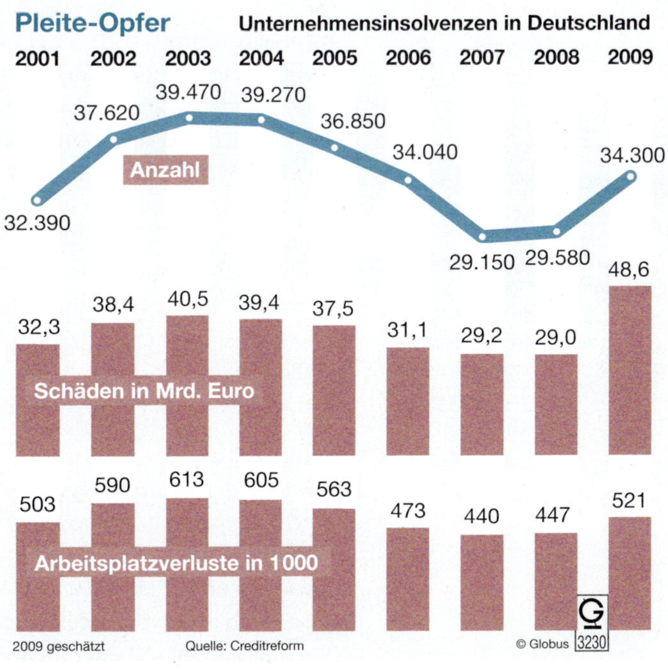

7.1.1 Wirkungen des Eröffnungsbeschlusses auf die Beteiligten

Zwangsvollstreckung
→ S. 174

Wirkung auf die Gläubiger: Die Gläubiger verlieren ihr Recht auf Zwangsvollstreckung, sie müssen ihre Forderungen beim Gericht anmelden, wo sie in ein Verzeichnis eingetragen werden. Die Verjährung ihrer Forderungen ist unterbrochen.

Wirkung auf den Schuldner:
- Das Recht der Vermögensverwaltung geht auf den Insolvenzverwalter über.
- Der Schuldner muss sich auf Anordnung des Gerichts jederzeit zur Verfügung halten.
- Er hat dem Insolvenzverwalter gegenüber Auskunftspflicht und muss ihn bei der Aufgabenerfüllung unterstützen.
- Verfügt das Gericht eine Postsperre, darf nur noch der Insolvenzverwalter die Geschäftspost öffnen.
- Auf Beschluss der Gläubigerversammlung kann dem Schuldner, seinem Ehegatten und seinen minderjährigen Kindern Unterhalt aus seinem Vermögen gewährt werden.
- Vom Schuldner erteilte Vollmachten erlöschen.

Drittschuldner
Schuldner des insolventen Unternehmens

Wirkung auf Drittschuldner: Sie dürfen nicht mehr an den Schuldner zahlen. Tut einer es doch, muss er nachweisen, dass er zum Zeipunkt der Leistung von der Verfahrenseröffnung nichts wusste.

Gläubigerversammlungen werden vom Gericht einberufen und geleitet und dienen der Wahrnehmung der gemeinsamen Gläubigerinteressen. In der ersten Versammlung erläutert der Insolvenzverwalter die Verfahrensursachen und die eingeleiteten Maßnahmen. Die Gläubigerforderungen müssen unter Angabe von Grund und Beträgen schriftlich beim Insolvenzverwalter angemeldet werden. Sie werden dann im Rahmen einer zweiten Gläubigerversammlung geprüft, die beschließt, ob ein Gläubigerausschuss eingesetzt werden soll. Die Mitglieder des Gläubigerausschusses unterstützen und kontrollieren den Insolvenzverwalter.

Insolvenzverwalter: Er wird vom Gericht bestellt und soll eine für den Einzelfall geeignete, geschäftskundige Person sein. Verletzt er schuldhaft seine Pflicht, kann er zum Schadenersatz herangezogen werden. Die erste Gläubigerversammlung kann an Stelle der vom Insolvenzgericht ernannten Person auch einen anderen Insolvenzverwalter wählen. Dem Insolvenzverwalter obliegen folgende Aufgaben: Er muss das gesamte zur Insolvenzmasse gehörende Vermögen in Besitz und Verwaltung nehmen.

Insolvenzmasse
Das Insolvenzverfahren erfasst das gesamte Vermögen, das dem Schuldner zum Zeitpunkt der Eröffnung des Verfahrens gehört und das er während des Verfahrens erlangt (Insolvenzmasse).
→ §35 InsO

In diesem Zusammenhang kann er vom Schuldner auch die Herausgabe von Sachen verlangen, die zur Insolvenzmasse gehören,
- jede angemeldete Forderung in die Insolvenztabelle eintragen,
- alle Massegegenstände in ein Verzeichnis aufnehmen,
- eine Bilanz und ein Gläubigerverzeichnis erstellen.

Ferner kann er
- Miet- oder Pachtverträge, Dienstverträge sowie Betriebsvereinbarungen kündigen,
- Rechtshandlungen anfechten, die vor der Verfahrenseröffnung vorgenommen wurden und die Insolvenzgläubiger benachteiligen,
- bei noch nicht vollständig abgewickelten Verträgen entscheiden, ob der Vertrag erfüllt werden soll oder nicht.

7.1.2 Einteilung der Gläubiger

Massegläubiger sind vorab zu befriedigen. Hierunter fallen Gläubiger der Kosten des Insolvenzverfahrens, also das Insolvenzgericht und der Insolvenzverwalter. Sonstige Masseverbindlichkeiten, entstanden durch die Verwaltung, Verwertung und Verteilung, oder nach Verfahrenseröffnung entstandene Schulden (Mieten, Gehälter) gehören ebenfalls dazu, wie auch unter bestimmten Voraussetzungen Verbindlichkeiten aus dem Sozialplan.

Sozialplan
Vereinbarung zwischen Betriebsrat und Arbeitgeber zum Ausgleich oder zur Milderung wirtschaftlicher Nachteile der Arbeitnehmer, die auf Grund von Betriebsänderungen entstehen

Insolvenzgläubiger haben zum Zeitpunkt der Verfahrenseröffnung einen begründeten Vermögensanspruch an den Schuldner. Sie erhalten bei der Verteilung der Restmasse einen festgelegten Bruchteil ihres Anspruchs. Die Festlegung erfolgt durch den Insolvenzverwalter und den Gläubigerausschuss.

Nachrangige Insolvenzgläubiger sind Gläubiger, denen Kosten durch ihre Verfahrensteilnahme entstehen. Zu diesen Kosten zählen auch die seit der Verfahrenseröffnung laufenden Verzugszinsen für offene Forderungen. Ein Gläubiger kann also Insolvenzgläubiger sein, sofern er eine offene Forderung gegenüber dem Schuldner hat, und gleichzeitig nachrangiger Insolvenzgläubiger, wenn auf Grund dieser offenen Forderung weiterhin Zinsen auflaufen. Nicht zu den Insolvenzgläubigern gehören Aussonderungsberechtigte, Absonderungsberechtigte und Aufrechnungsberechtigte. Dies sind Gläubiger, die unter bestimmten Umständen Gegenstände aus der Insolvenzmasse zurückerhalten können.

Aussonderungsberechtigte haben ein Eigentumsrecht an Gegenständen, die sich im Besitz des Schuldners befinden (abgetretene Forderungen, mit Eigentumsvorbehalt gelieferte und noch nicht bezahlte Waren, gemietete oder gepachtete Gegenstände).

Absonderungsberechtigte haben ihre Forderungen durch ein Pfandrecht, eine Hypothek o. Ä. gesichert oder können ein kaufmännisches Rückbehaltungsrecht vorweisen.

Aufrechnungsberechtigte sind kraft Gesetzes oder auf Grund einer Vereinbarung zur Aufrechnung berechtigt und dürfen ihre Forderungen an den Schuldner mit Forderungen des Schuldners an sie selbst verrechnen.

7.1.3 Verwertung und Verteilung der Insolvenzmasse

Zu dem im Eröffnungsbeschluss genannten **Berichtstermin** muss der Insolvenzverwalter den Gläubigern erklären, welche Aussicht zur Erhaltung des Unternehmens besteht, ob ein Insolvenzplan aufgestellt werden soll und welche Auswirkungen sich jeweils für die Gläubiger ergeben. Auf Beschluss der Gläubigerversammlung hat der Insolvenzverwalter dann das zur Insolvenzmasse gehörende Vermögen zu verwerten, indem er noch vorhandene Vermögensgegenstände verkauft und damit zu Geld macht. Das dabei erzielte Bargeld kann an die Gläubiger ausgezahlt werden.

Vor der Verteilung muss der Insolvenzverwalter ein Verzeichnis aller Forderungen aufstellen, die an ihn gemeldet wurden (**Insolvenztabelle**). Die Forderungssumme und der für die Verteilung verfügbare Betrag sind öffentlich bekannt zu machen. Der Gläubigerausschuss legt die **Insolvenzquote** fest. Der Insolvenzverwalter muss die Gläubiger hierüber informieren. Beträgt die Insolvenzquote z. B. 45 %, so erhält ein Gläubiger mit einer Forderung von 1.000,00 Euro 450,00 Euro aus der Insolvenzmasse ausgezahlt.

In einer abschließenden Gläubigerversammlung legt das Gericht den **Schlusstermin** für die Erörterung der Schlussrechnung des Insolvenzverwalters fest. Bei diesem Termin muss der Insolvenzverwalter über seine Tätigkeit Rechenschaft ablegen. Die Schlussverteilung kann nur mit Zustimmung des Insolvenzgerichts erfolgen und findet nach der Verwertung der Insolvenzmasse statt. Einen etwaigen Überschuss erhält der Schuldner. Nach der Schlussverteilung wird vom Insolvenzgericht die **Aufhebung des Insolvenzverfahrens** beschlossen. Danach kann der Schuldner über eventuell noch vorhandene Masse wieder selbst verfügen. Sein Unternehmen ist im Handelsregister gelöscht. Die Restforderungen der Insolvenzgläubiger gegen den Schuldner können wieder geltend gemacht und anhand der Eintragung in die Insolventabelle kann die Zwangsvollstreckung betrieben werden.

Handelt es sich beim Schuldner um eine natürliche Person, so kann er auf Antrag vom Insolvenzgericht von den Restschulden befreit werden. Für die **Restschuldbefreiung** muss der Schuldner eine Erklärung abgeben, dass er für die Zeit von sieben Jahren nach Aufhebung des Insolvenzverfahrens alle pfändbaren Forderungen an einen Treuhänder abtritt. Mit der Restschuldbefreiung soll erreicht werden, dass der Schuldner nach Ablauf der sieben Jahre wieder ein Geschäft eröffnen oder eine normale Erwerbstätigkeit ausüben kann, ohne dem dauernden Druck der restlichen Schulden zu unterliegen.

Gemäß § 217 InsO kann von den gesetzlichen Vorgaben des Insolvenzverfahrens abgewichen werden, wenn eine Mehrheit der Gläubiger, deren Forderungen betroffen sind, zustimmt. In diesem Fall wird ein **Insolvenzplan** erstellt, der vom Insolvenzgericht bestätigt werden muss. Ziel des Insolvenzplans ist in der Regel die **Sanierung des Unternehmens**. Durch den Erhalt des Unternehmens erhoffen sich die Gläubiger, dass der Schuldner in die Lage versetzt wird, einen größeren Anteil der offenen Forderungen zu begleichen. Allerdings steht am Ende des Insolvenzplans auch die Restschuldbefreiung, sofern im Plan nichts anderes vereinbart wurde.

7.2 Verbraucherinsolvenz

Der steigenden Zahl von überschuldeten Privathaushalten trug der Gesetzgeber Rechnung, als er die Möglichkeit der Restschuldbefreiung für Privatpersonen, die so genannte Verbraucherinsolvenz, geschaffen hat. Dieses Verfahren für Privatpersonen und – unter besonderen Bedingungen – für Einzelkaufleute wurde eingerichtet, um es diesen Personengruppen zu ermöglichen, sich aus der Schuldenfalle zu befreien.

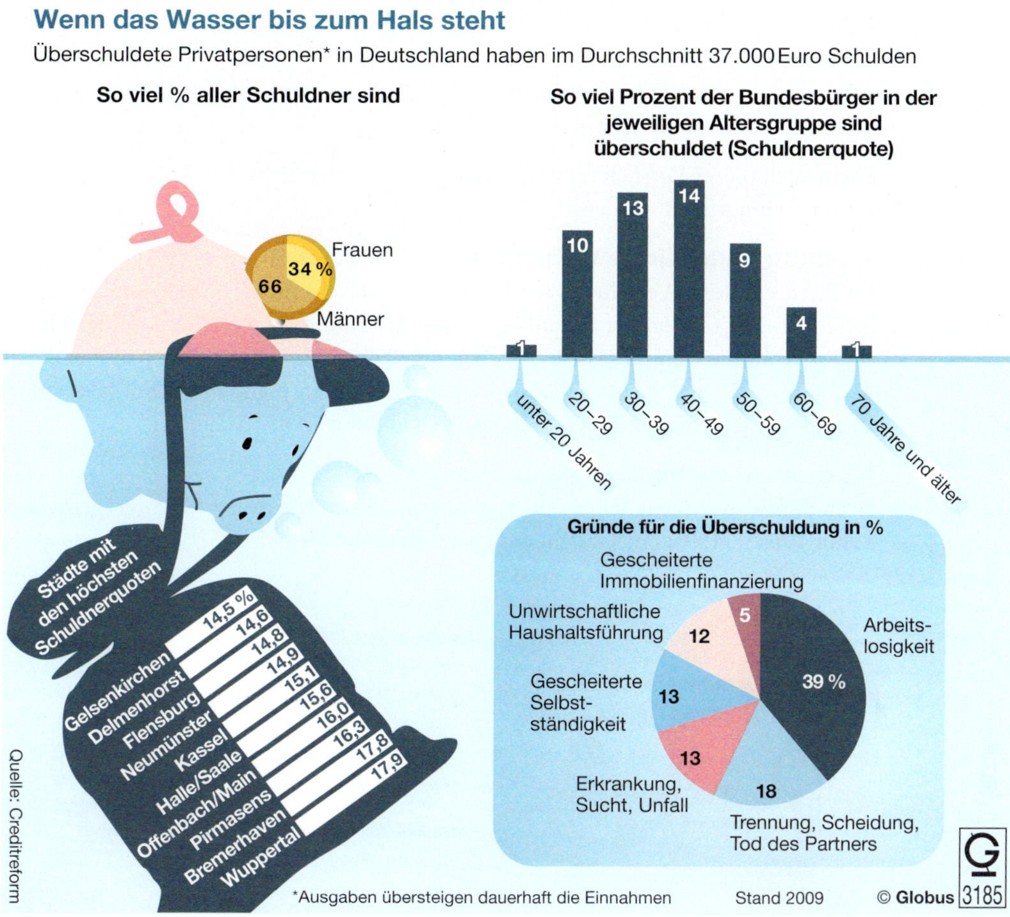

Grundlage für ein Verfahren zur Verbraucherinsolvenz ist die Zahlungsunfähigkeit einer natürlichen Person. Dieses Verfahren vollzieht sich in der Regel in vier Schritten:

1. Schritt: Außergerichtliches Verfahren

Ausschlaggebend für ein außergerichtliches Verfahren ist ein **Schuldenbereinigungsplan**, der von allen Gläubigern akzeptiert wird. Dieser Plan, der mit Hilfe einer Schuldnerberatung ausgearbeitet wird, muss konkrete Vorschläge über den Zeitraum und die Ratenhöhe für den Abbau der Schulden beinhalten. Gleichzeitig muss ein Verzeichnis erstellt werden, aus dem alle Verbindlichkeiten und das gesamte Vermögen des Schuldners ersichtlich sind. Dieses Verfahren ist gescheitert, wenn der Versuch der außergerichtlichen Einigung sechs Monate erfolglos durchgeführt wurde.

2. Schritt: Gerichtliches Vergleichsverfahren

Voraussetzung für das gerichtliche Vergleichsverfahren ist die Bescheinigung einer geeigneten Person, z. B. Schuldnerberatung oder Rechtsanwalt, die das erfolglose außergerichtliche Verfahren bestätigt. Grundlage für dieses Verfahren stellt wiederum der Schuldenbereinigungsplan dar. Das Gericht versucht, die Zustimmung der Gläubiger zu diesem Plan zu erreichen. Dabei kann das Gericht aber auch die Zustimmung einzelner Gläubiger ersetzen, wenn

- mehr als die Hälfte der Anzahl der Gläubiger zugestimmt hat,
- diese Gläubiger mehr als die Hälfte der offenen Forderungssumme auf sich vereinen und
- kein widersprechender Gläubiger schlechter als bei der Eröffnung eines Insolvenzverfahrens gestellt wird.

Bleibt auch dieser Versuch erfolglos, so kann das gerichtliche Verbraucherinsolvenzverfahren eingeleitet werden.

3. Schritt: Gerichtliches Verbraucherinsolvenzverfahren

Treuhänder
Mittelsmann, der zwischen Schuldner und Gläubiger gesetzt wird, häufig Notare oder Rechtsanwälte

Im Rahmen dieses Verfahrens wird durch das Gericht für den Schuldner ein Treuhänder eingesetzt. Hat der Schuldner bei der Eröffnung des Verfahrens einen Antrag auf Restschuldbefreiung gestellt, so erhält der Treuhänder vom Schuldner über einen Zeitraum von sechs Jahren (Wohlverhaltensphase) den pfändbaren Teil seines Einkommens. Der Treuhänder verteilt dieses Geld dann an die Gläubiger.

4. Schritt: Restschuldbefreiung

Nach Ablauf der sechs Jahre und Einhaltung der im Insolvenzverfahren geltenden Bedingungen erlässt das Gericht dem Schuldner die restlichen Schulden.

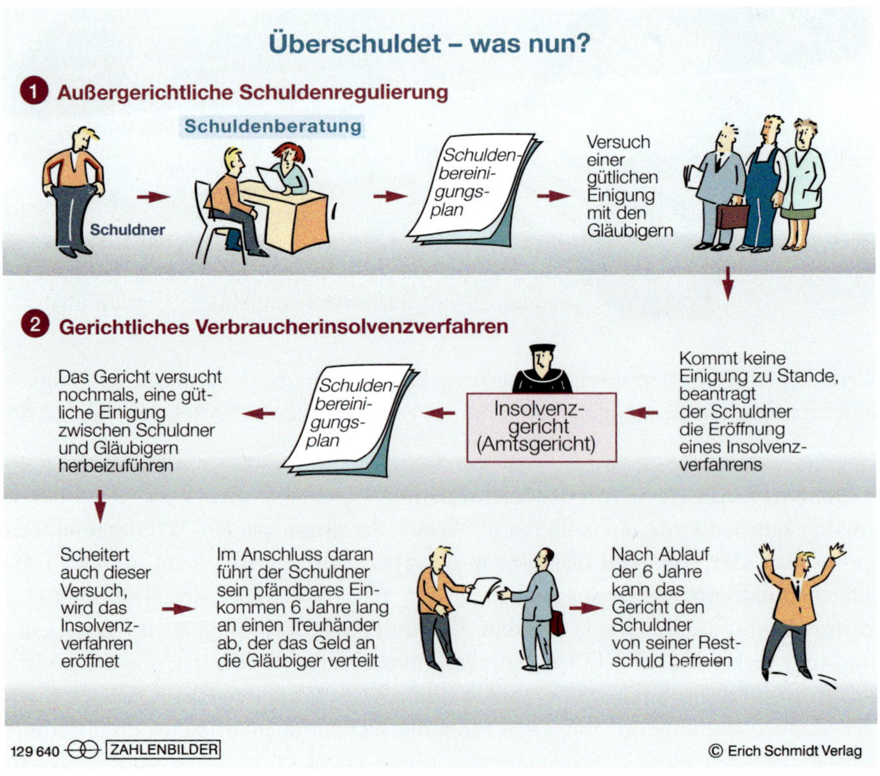

8 Existenzgründung

Lernsituation 100

Unternehmer sind seit Urzeiten der Motor jeder Wirtschaft. Sie übernehmen Verantwortung und tragen Risiken. Sie ernten Erfolg und sind meist mit ihrer Arbeit selbst zufrieden. Immer mehr Menschen schaffen sich eine Existenz als Unternehmer. Für sie steht der Leitsatz fest: „Ich werde mein Arbeitgeber." Dabei ist der Weg in die selbstständige Existenz – als Gewerbetreibender oder Freiberufler – weniger durch die Not oder den Verlust des Arbeitsplatzes als vielmehr mit der Suche nach „Arbeit mit Sinn" verbunden.

In Deutschland gibt es laut Angaben des Statistischen Bundesamtes ca. 4,5 Mio. Unternehmer (Dez. 08), darunter ca. 28 % Unternehmerinnen. Jährlich kommen rund 700.000 hinzu und ca. 650.000 geben auf – altersbedingt, erfolgsbedingt, motivationsbedingt. Unternehmer sind nicht nur „Großindustrielle" – Studien des Instituts für Mittelstandsforschung (IfM) zufolge gehören rund 99 % aller Unternehmen zu den kleinen und mittleren Unternehmen (KMU), für die 70 % aller Beschäftigten rund die Hälfte aller Umsätze erwirtschaften und bei denen ca. 83 % aller Auszubildenden unter Vertrag stehen.

8.1 Lohnt sich das Unternehmertum?

Die Gewinnorientierung ist für den größten Teil der Unternehmer ein wichtiger Aspekt. Je höher der Gewinn, umso mehr hat der Unternehmer auch für seine Lebenshaltungskosten zur Verfügung. Um ein vergleichbares Arbeitseinkommen wie ein abhängig beschäftigter Arbeitnehmer zu ermitteln, müssen die unterschiedlichen Lebenshaltungskosten beachtet werden.

Der wesentliche Unterschied liegt in den Beiträgen zur Sozialversicherung und den Ausfallzeiten bei Krankheit und Urlaub.

Sozialversicherung → S. 111

Der Unternehmer trägt seine „Arbeitgeberanteile" zu den Sozialversicherungen selbst und muss auch für Urlaubs- und Krankheitstage finanzielle Vorsorge treiben.

Beispiel

Eine Mitarbeiterin in der Kosmetikabteilung der Beska GmbH möchte sich mit einem Nagelstudio selbstständig machen. Sie plant die Unternehmensgründung zusammen mit einer Unternehmensberaterin. Diese entwickelt mit ihr einen Vergleich zwischen ihrem bisherigen Monatseinkommen und dem, was sie zukünftig bei vergleichbaren Ansprüchen ansetzen muss.

Nr.	Position	Angaben in Euro pro Monat
1	Bruttoeinkommen	2.200,00
2	Lohn-/Einkommensteuer	274,16
3	Solidaritätszuschlag	15,07
4	Kirchensteuer	–
5	Krankenversicherung (nur AN)	173,80
6	Pflegeversicherung (nur AN)	26,95
7	Rentenversicherung (nur AN)	218,90
8	Arbeitslosenversicherung (nur AN)	30,80
9	Nettoeinkommen	1.460,32
10	AG-Anteile zu 5–7	284,90
11	Bruttoarbeitskosten	2.484,90

Um zukünftig monatlich 1.500 Euro zur persönlichen Verfügung zu haben, plant die Unternehmensberaterin 2.500 Euro als Privatentnahme aus dem Gewinn ein.

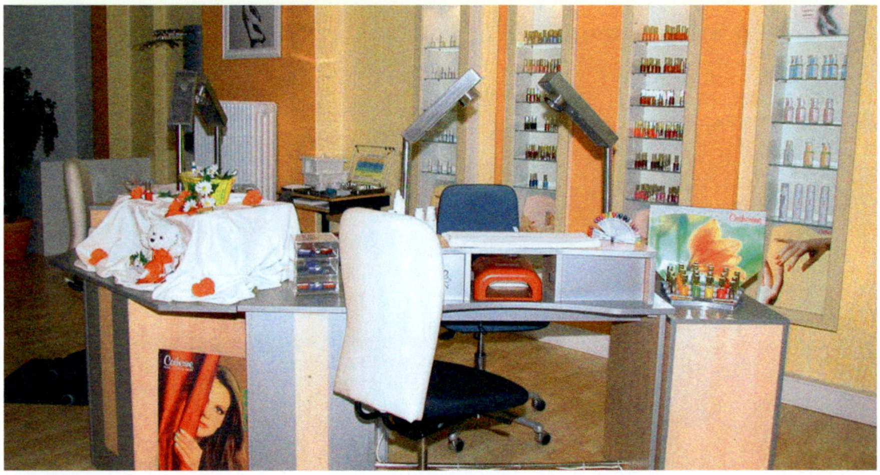

Diesen Zusammenhang kann man auch anders formulieren: Wenn die Mitarbeiterin mit einer Existenzgründung bei vergleichbarer sozialer Absicherung das gleiche Nettoeinkommen zur Verfügung haben will, dann benötigt sie mindestens so viel, wie ihre derzeitigen Bruttoarbeitskosten ausmachen. Dabei sind Ausfallzeiten für Fehltage (Krankheit oder Urlaub) nicht berücksichtigt.

Selbstständige Tätigkeiten können auch neben einer angestellten Tätigkeit ausgeübt werden. Eine solche Kombination mindert das persönliche Risiko. Denken Sie an den Versicherungsmakler, welcher diese Tätigkeit nebenberuflich abends und am Wochenende ausübt, oder an die Kosmetikberaterin, welche ihre Kundinnen ebenfalls außerhalb üblicher Arbeitszeiten antrifft. Die Nebenberuflichkeit wird angenommen, wenn die selbstständige Tätigkeit unter 15 Stunden/Woche Zeit in Anspruch nimmt. Dies gilt auch für Empfänger von Arbeitslosengeld II. Sie können sich jederzeit nebenberuflich selbstständig machen.

Arbeitslosengeld II
→ S. 118

8.2 Gründungsmöglichkeiten

Viele Wege führen zur Unternehmensgründung. In Abhängigkeit von Ihren persönlichen Voraussetzungen, den Markterfordernissen und dem Gründungskapital bieten sich folgende Alternativen:

Neugründung

Sie starten bei „Null", müssen sich im Wettbewerb mit bereits etablierten Konkurrenten erst ein Stück vom Umsatzkuchen erobern und Ihre Marktposition Schritt für Schritt festigen. Für Neugründungen sind bereits bestehende Geschäftskontakte, beispielsweise aus der Zeit als Arbeitnehmer/-in, eine wesentliche Einstiegshilfe. In jedem Fall ist mit einer „Durststrecke" in der Anlauf- und Aufbauphase zu rechnen. Das hierfür notwendige Kapital muss also vorhanden sein. Neugründungen werden vor allem in Dienstleistungsbereichen durchgeführt. Erfolg versprechend sind diese insbesondere bei vorhandenem Kundenkreis durch eine nebenberufliche Tätigkeit vor Eintritt in die Selbstständigkeit. Insbesondere beratende Berufe, Dozenten, Friseure, Grafiker, Kosmetiker, Naildesigner, Programmierer, Trainer, Übersetzer u. Ä. gründen neu.

Betriebsübernahme

Sie starten mit einem etablierten Betrieb und festem Kundenkreis. Unternehmer, die einen Nachfolger suchen, werden beispielsweise bei den Industrie- und Handelskammern (IHK) sowie den Handwerkskammern (HWK) angezeigt. Allerdings ist die Übernahme mit wesentlichen Kosten verbunden, zumal der Unternehmenseigner in der Regel seinen Ruhestand durch den Unternehmensverkauf finanziert. Jährliche Ausschüttungen sowie eine einmalige Zahlung bei Übernahme sind die Regel. Vor Übernahme ist der Betrieb auf seinen Wert eingehend zu prüfen.

Beteiligung

Dies ist eine gute Gelegenheit, sich selbstständig zu machen. Kundenkreis und Know-how sind bereits vorhanden. Allerdings muss die Höhe der Einlage dem Wertanteil entsprechen. Somit ist eine eingehende Prüfung des Unternehmens erforderlich.

Gründung mit Partner/-in

Hier kann das persönliche Risiko reduziert werden. Sie starten zwar auch bei „null", aber mit gegenseitiger Hilfe. Die Partnerwahl sollte dabei nicht primär durch private Beziehungen, sondern durch eine berufliche, sich ergänzende Basis geprägt sein. Auf jeden Fall ist – wie bei der Beteiligung – auf eine faire Vertragsgestaltung sowie eine nachvollziehbare Arbeits- und Haftungsverteilung zu achten.

Franchising

Eine Möglichkeit, sich selbstständig zu machen und dabei auf bewährte Vermarktungsideen zu setzen, ist das Franchising. Diese Vertriebsform basiert auf der Kooperation zwischen Franchisegeber und -nehmer. Beim Franchising nutzt der **Franchisenehmer** gegen Gebühr das bereits erfolgreich eingeführte Geschäfts- und Marketingkonzept des Franchisegebers. Der **Franchisegeber** plant und koordiniert das Marketing. Rund 1.400 Franchisesysteme sind derzeit am deutschen Markt tätig.

Beispiel

- McDonald's
- Esprit
- Benetton
- Tchibo
- Spinnrad
- Fressnapf Tiernahrungs GmbH
- Obi
- Yves Rocher

www.franchiseverband.com
www.franchise-net.de
www.franchiseportal.de

Kaufmann
→ S. 132

Die Kooperation zwischen Franchisegeber und -nehmer zielt auf den erfolgreichen Vertrieb von Waren und/oder Dienstleistungen. Beide Kooperationspartner sind selbstständige, unabhängige Kaufleute. Zu beachten ist, dass der Franchisenehmer als selbstständiger Unternehmer das wirtschaftliche Risiko auf sich nimmt, er jedoch vertraglich gebunden ist, das vorgeschriebene Geschäfts- und Marketingkonzept umzusetzen. Im Extremfall heißt das, dass der Franchisenehmer auch für Fehler im Marketing wirtschaftlich „geradestehen“ und Verluste tragen muss, ohne jedoch das Konzept selbst beeinflussen zu können.

Vor- und Nachteile für den Franchisenehmer
Durch das Franchisesystem wird von Anfang an eine rationelle Betriebsführung ermöglicht, die schnell zum Erreichen der Gewinnzone führt.

Der Marktauftritt ist den Kunden unter Umständen schon bekannt und die Systemzentrale kann bei auftretenden Problemen schnell helfen, da dort das entsprechende Know-how schon erworben worden ist. Allerdings muss der Franchisenehmer akzeptieren, dass der Franchisegeber ein Weisungs- und Kontrollrecht hat, das den Franchisenehmer in seiner Kreativität und seiner Risikobereitschaft beeinträchtigen kann. Wenn in der Franchisezentrale Fehler gemacht werden, muss der Franchisenehmer mit seinem Geschäft diese Fehler mit verantworten. Insofern steht der Franchisenehmer immer in einer Schicksalsgemeinschaft mit dem Franchisegeber.

Vor- und Nachteile für den Franchisegeber
Der Franchisegeber gibt dadurch, dass er das Geschäft nicht selbst betreibt, die Möglichkeit aus der Hand, Einfluss auf die Gewinnspanne zu nehmen. Vom Franchisenehmer erhält er nur eine Eintrittsgebühr und dann laufende Franchisegebühren. Dafür braucht der Franchisegeber aber auch nicht das Risiko für das Geschäft zu übernehmen, denn das liegt beim selbstständigen Franchisenehmer.

Der Franchisegeber spart Expansionskosten und hat dadurch einen deutlich niedrigeren Kapitalbedarf, als wenn er seine Geschäfte als Filialen selbst betreiben würde. Die Spezialisten in der Franchisezentrale können, abgekoppelt vom Tagesgeschäft, das Franchisekonzept weiterentwickeln.

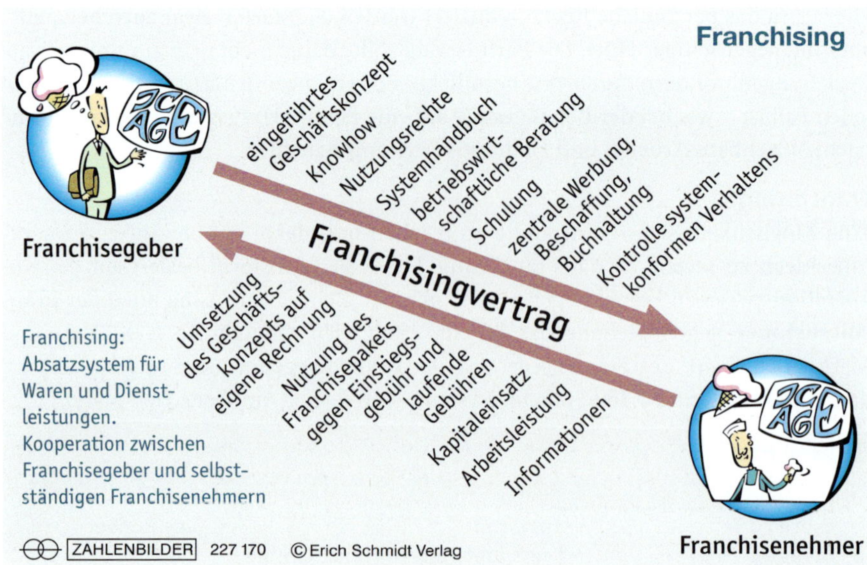

8.3 Planung der Gründungsmöglichkeiten und Gründungszuschuss

Jeder vierte Existenzgründer startet heutzutage aus der Arbeitslosigkeit. Jeder dritte Existenzgründer scheitert innerhalb der ersten drei Jahre. Nicht zuletzt deshalb wird Existenzgründern eine soziale Absicherung angeboten: Mit der freiwilligen Weiterversicherung in der gesetzlichen Arbeitslosenversicherung können Gründer Ansprüche auf Arbeitslosengeld erwerben bzw. aufrechterhalten für den Fall, dass die selbstständige Tätigkeit beendet wird und erneut Arbeitslosigkeit eintritt.

Rund 150.000 Menschen entschieden sich im Jahr 2007 für eine Existenzgründung aus der Arbeitslosigkeit. Dabei erfolgten rund 80 % der Gründungen im Dienstleistungsbereich und rund 17 % in Handel und Gastronomie. Knapp 120.000 Gründer wählten den Gründungszuschuss. Hinzu treten rund 18.500 Gründungen mit der Förderung durch das Einstiegsgeld.

Eine Existenzgründung setzt feste Vorstellungen über die selbstständige Tätigkeit voraus. Der Weg vom Arbeitnehmer zum Unternehmer ist durch mehrere Phasen gekennzeichnet.

Die **Basisphase** ist durch die generelle Information über Gründungsmöglichkeiten, Chancen und Risiken sowie erste mögliche Ideen gekennzeichnet. Diese Phase der Selbstprüfung und Information umfasst die Ordnung persönlicher Ziele sowie die Suche nach Gründungsmöglichkeiten.

Die **Konzeptionsphase** dient der Entwicklung eines Grobkonzepts für Leistungsprogramm, Marketinginstrumente sowie Entscheidung über die tatsächliche Realisierung.

Mit der **Realisierungsphase** wird die Existenzgründung durch Anmeldung des Gewerbes, Eröffnung von Geschäftskonten, Anmietung von Geschäftsräumen usw. vollzogen.

8.3.1 Gründungszuschuss durch die Agentur für Arbeit

Als Gründungszuschuss wird eine Förderung der sozialen Absicherung in der Gründungsphase durch die Agentur für Arbeit bezeichnet, welche die früheren Gründungsförderungen des Existenzgründungszuschusses („Ich-AG") und des Überbrückungsgeldes abgelöst hat. Der Zuschuss wird über neun Monate jeweils zum Monatsende in einer Höhe von monatlich 300,00 Euro zuzüglich zum bislang bezogenen Arbeitslosengeld I gewährt (Grundförderung). Der Gründungszuschuss dient der sozialen Absicherung des Gründers in der Startphase, indem die notwendigen persönlichen Ausgaben abgesichert werden. Aus diesem Grund unterliegt er nicht dem Progressionsvorbehalt der Einkommensteuer (§ 32 ESTG). Er ist nicht für die Förderung von Investitionen des gegründeten Unternehmens gedacht.

Anschließend kann auf Antrag und nach Entscheidung eines Fallmanagers eine zweite Förderphase hinzutreten. Diese **Aufbauförderung** umfasst 300,00 Euro monatlich für maximal sechs Monate. Umsatz- oder Einkommensgrenzen wie etwa bei der „Ich-AG" existieren nicht. Jedoch bemessen sich die zum Teil freiwilligen Beiträge zur gesetzlichen Sozialversicherung nach dem Einkommen.

Das Arbeitseinkommen aus einer selbstständigen Tätigkeit ist der nach den allgemeinen Gewinnermittlungsvorschriften des Einkommensteuerrechts ermittelte Gewinn (§ 15 SGB IV) einschließlich der Arbeitsentgelte (§ 14 SGB IV). Hierzu § 15 Abs. 1 SGB IV: „Arbeitseinkommen ist der nach den allgemeinen Gewinnermittlungsvorschriften des Einkommensteuerrechts ermittelte Gewinn aus einer selbstständigen Tätigkeit."

Der in der Grundförderungsphase gewährte Gründungszuschuss ist mit Ausnahme der Pauschale in Höhe von 300,00 Euro für die Berechnung der gesetzlichen Kranken- und Pflegeversicherung eine beitragspflichtige Einnahme ebenso wie etwaige sozialversicherungspflichtige Tätigkeiten (z.B. Minijobs), die der Gründer zusätzlich zur beruflichen Selbstständigkeit ausübt. Allerdings muss die selbstständige Tätigkeit den Gründer mindestens 15 Stunden je Woche beschäftigen und sollte daher im Mittelpunkt der Tätigkeiten zur Erwirtschaftung des Erwerbseinkommens stehen. Rund 25 % der Gründer greifen auf eine Mischung aus abhängiger und selbstständiger Tätigkeit in der Gründungsphase zurück.

8.3.2 Wer wird gefördert?

Gefördert werden Empfänger von Entgeltersatzleistungen der Bundesagentur für Arbeit (BA). Die gesetzliche Grundlage findet sich im § 57 des dritten Sozialgesetzbuches (SGB III) in der Fassung vom 20. Juli 2006. Demnach werden Empfänger von Entgeltersatzleistungen der Bundesagentur für Arbeit (BA) mit einem Restanspruch auf Arbeitslosengeld (I) von mindestens 90 Tagen gefördert. Darüber hinaus ist die Tragfähigkeit des Gründungskonzepts der Bundesagentur für Arbeit nachzuweisen. Diese kann Stellen für die fachgutachterliche Stellungnahme empfehlen. Überdies sind Kenntnisse und Fähigkeiten zur Ausübung der selbstständigen Tätigkeiten darzulegen, z.B. durch den Besuch von gründungsvorbereitenden Kursen oder Berufserfahrung.

8.3.3 Finanzierungshilfen durch Förderprogramme

Banken und Sparkassen stellen für die Finanzierung von Existenzgründungen und für andere Finanzierungsvorhaben den Unternehmen Fremdkapital nicht mehr oder in nicht erforderlichem Umfang bereit. Daher sind betroffene Unternehmen darauf angewiesen, öffentliche Finanzierungshilfen in Anspruch zu nehmen. Es gibt eine Vielzahl von Förderprogrammen, die von der Bundesrepublik und von der Europäischen Union angeboten werden.

KfW
Kreditanstalt für Wiederaufbau
www.kfw-mittelstandsbank.de

Ob öffentliche Finanzierungshilfen gewährt werden oder welches Förderprogramm bei dem geplanten Finanzierungsvorhaben in Frage kommt, muss im Einzelfall von hierzu speziell ausgebildeten Mitarbeitern der Kreditinstitute geklärt werden. Zur ersten Orientierung werden auch von der KfW-Mittelstandsbank Informationen in ihren Informationszentren und im Internet angeboten. Über den aktuellen Stand von Fördermöglichkeiten beraten mit Hilfe von Broschüren und in Seminaren auch die Industrie- und Handelskammern und andere Institutionen.

Letztlich bedeutet der Eintritt in die Selbstständigkeit eine größere persönliche Freiheit bei der täglichen Arbeitsgestaltung. Demgegenüber steht immer das Risiko des persönlichen und finanziellen Scheiterns mit entsprechender Verantwortung für die Mitarbeiter des Unternehmens.

Anhang

Grundsätzliches zum Thema „Lernen“

Lese- und Schreibtechniken

Lerntechniken

Kreativitätstechniken

Vortrags- und Präsentationstechniken

Arbeitsmethoden

Teamarbeit

Sprachkompetenz Englisch

1 Grundsätzliches zum Thema „Lernen“

Sie leben in einer Zeit, in der Wissen so schnell wächst und veraltet, dass Sie Ihr ganzes Leben lang immer wieder neu lernen müssen. Es reicht nicht aus, sich einmal das nötige Wissen anzueignen, um dann das ganze Leben davon zehren zu können. Sie müssen in der Lage sein, sich selbstständig und effektiv Wissen zu beschaffen, es anzuwenden und immer wieder auf Aktualität zu überprüfen. Dazu ist es nützlich zu verstehen, wie das Lernen überhaupt funktioniert und welche Hilfsmittel man einsetzen kann, um es so effektiv wie möglich zu gestalten.

1.1 Eine Einstellung zur Schule entwickeln

Jede Veränderung ist auch immer eine Chance, Dinge zu ändern, die man gerne ändern möchte. Oft wird diese Chance nicht genutzt; denn die Erfahrungen, die wir in der früheren Schule gemacht haben, beeinflussen unser Handeln auch an der neuen Schule. Machen Sie sich doch einmal bewusst, welche Erfahrungen Sie an früheren Schulen gemacht haben:

- Welche Gedanken verbinden Sie mit dem Wort Schule?
- Welche Situationen haben Sie an Ihrer früheren Schule gehasst, wann haben Sie sich wohl gefühlt?
- Welche Lehrer haben Sie in guter Erinnerung; was hat Ihnen an diesen Lehrern gefallen?
- Gab es Lieblingsfächer?
- Wie war Ihre Beziehung zu Ihren Mitschülern? Welche Rolle haben Sie in der Klasse gespielt (z. B. Pausenclown, Anführer, Schlichter)?
- Wie sah Ihr Nachmittag aus, mussten Sie lernen? Haben Sie das gerne getan? Wie viel Zeit haben die Hausaufgaben beansprucht?
- In welcher Erinnerung haben Sie Klassenarbeiten und Prüfungen: als Zusatzstress oder als etwas, das man locker packen kann?

Wichtig ist, dass Sie sich nicht nur die negativen Dinge in Erinnerung rufen, sondern gerade auch die Momente, in denen sie sich wohl gefühlt haben.

Welche Bedeutung die richtige Einstellung hat, zeigt sich am Vergleich zwischen Erfolg und Misserfolg: Wenn Sie Erfolg haben, fühlen Sie sich gut, lernen gerne, ernten Lob. Bei Misserfolg ist es genau andersherum: Alles fällt einem schwer, Sie brauchen für die einfachsten Dinge viel Zeit und haben das Gefühl, trotzdem nicht weiterzukommen. Deshalb ist es wichtig, dass Sie negativen Gedanken Mut machende (positive) Gedanken entgegenhalten.

Panikmacher	Mutmacher
Ich darf keinen Fehler machen.	Jeder Mensch macht Fehler.
Ich verstehe das sowieso nicht.	Ich muss einfach noch mal genau überlegen.
Mir gelingt überhaupt nichts.	Ich habe auch schon viel geschafft.
Ich kann das nicht.	Ich versuche das einfach mal.
Rechnen kann ich nicht.	Wenn ich übe, werde ich auch das hinbekommen.

1.2 Gedächtnisarten

Alles, was Sie lernen, muss Ihr Gedächtnis erst vom Ultrakurzzeitgedächtnis über das Kurzzeitgedächtnis ins Langzeitgedächtnis transportieren.

Das **Ultrakurzzeitgedächtnis** nimmt die Informationen auf, seine Speicherdauer ist sehr kurz. Es verankert nur die Informationen, denen eine gezielte Aufmerksamkeit bzw. Emotion zugewandt wird.

Das **Kurzzeitgedächtnis** speichert einen Teil des bereits bearbeiteten Informationsmaterials für einige Minuten ab. Dabei nimmt es vor allem visuelle und akustische Informationen auf. Um das Wissen nicht wieder zu verlieren, muss es durch wiederholtes Abrufen und das aktive Bearbeiten und Einbinden in bestehende Zusammenhänge verankert werden. Werden zu schnell neue Informationen aufgenommen, werden ältere, nicht verankerte Informationen ersetzt.

Fest gespeichertes Wissen befindet sich im **Langzeitgedächtnis**. Informationen werden erst dann abrufbar, wenn sie durch ähnliche Inhalte „angestoßen" werden. Lernprozesse, die sich auf vorhandenes Wissen beziehen, erfolgen schneller als bei völlig neuen Kontexten und Inhalten.

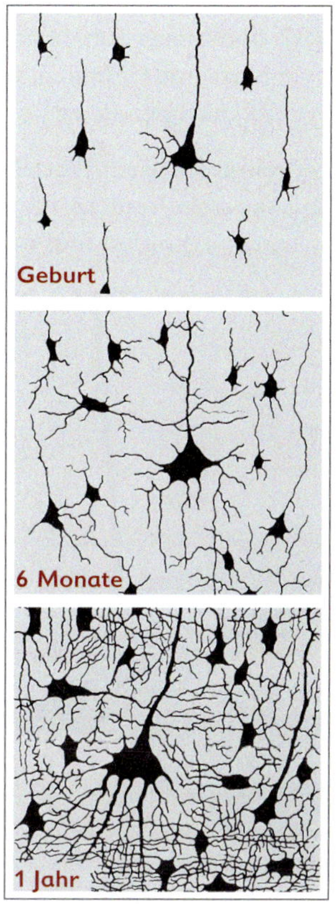

Ausschnitt aus der Großhirnrinde des Menschen: Bei der Geburt ist die Verbindung zwischen den Nervenzellen in der Großhirnrinde noch unvollständig. Erst wenn die Verknüpfungen ausgebildet sind, erreicht das Gehirn seine volle Leistungsfähigkeit.

→ Arbeitsauftrag 5, S. 213

1.3 Lerntypen

Wenn Sie bis heute schlechte Erfahrungen mit Schule und Lernen gemacht haben, kann das auch daran liegen, dass Sie falsch gelernt haben. Wenn Sie, z. B. vor Klassenarbeiten, viel lernen müssen, versuchen Sie sich durch möglichst abwechslungsreiche Aufgaben bei Laune zu halten. Dabei spielt es eine wichtige Rolle, welcher **Lerntyp** Sie sind:

- Der **Sehtyp** muss die Dinge mit den Augen erfassen. Er lernt am besten, wenn er den Stoff zu Bildern verarbeitet. Sind Sie ein Sehtyp, arbeiten Sie mit Schaubildern, Mindmaps, Diagrammen und Strukturbildern. Diese Arbeitstechnik nennt man visualisieren.
- Der **Hörtyp** muss etwas hören, damit er es sich merken kann. Er kann den Lernstoff z. B. auf eine Kassette sprechen, ihn sich laut vorlesen lassen oder, das ist vermutlich das einfachste, mit einem Mitschüler oder Mitbewohner darüber sprechen.
- Der **Handlungstyp** braucht viel Abwechslung. Alle Sinne müssen angesprochen werden. Er kann nicht stundenlang am Tisch sitzen, er bewegt sich beim Lernen, läuft im Zimmer hin und her und macht sich gelegentlich Notizen.

visualisieren (lat.) optisch/bildlich darstellen

Überlegen Sie einmal, welcher Lerntyp Sie sein könnten und probieren Sie verschiedene Lernstrategien aus. Sie werden schnell merken, dass sich Ihre Freude am Lernen erhöht, wenn Sie die für Sie richtige Herangehensweise gefunden haben. Wahrscheinlich werden sich dann auch Ihre Ergebnisse verbessern.

1.4 Konzentration

Konzentration
die willentliche Ausrichtung und Einengung der Aufmerksamkeit auf einen bestimmten Gegenstand oder eine eng umgrenzte „Tätigkeit"
Quelle: Microsoft Encarta

Für die Informationsaufnahme ist die **Konzentrationsfähigkeit** entscheidend. Sie wird beeinflusst von Interesse, Bereitschaft und Notwendigkeit zu lernen, Stimmungslage und Gefühlen, gesundheitlichem Befinden und Lernumgebung mit ihren evtl. ablenkenden Reizen.

Getrennte Orte zur Freizeitgestaltung auf der einen Seite und zum Arbeiten auf der anderen Seite fördern die Konzentrationsfähigkeit. Der **Arbeitsplatz** sollte übersichtlich organisiert sein und das Lernmaterial sollte sich in Zugriffsnähe befinden. **Lärm** wirkt eher ablenkend, ausreichender Schlaf und frische Luft sowie eine ausgewogene und regelmäßige Ernährung sind der Konzentrationsfähigkeit zuträglich.

Ein heller, aufgeräumter und möglichst lärmarmer Arbeitsplatz unterstützt die Konzentrationsfähigkeit.

Konzentrationsfähigkeit kann **geübt** werden. Nicht immer ist es leicht, alle Nebengedanken und Störfaktoren auszublenden und sich ganz und gar auf eine Sache zu konzentrieren. Da gilt es, für die Erarbeitung einer Lernaufgabe eine vergleichbare Spannung zu entwickeln wie bei der Lösung eines Falles in einem Krimi. Eine **positive Haltung** zum Lernprozess und zur eigenen Leistungsfähigkeit sowie die weitestmögliche Befreiung von Zeitdruck sind wichtige Helfer.

Ein **klares Lernziel** vor Augen hilft, die Aufgabenstellung und den Weg, es zu erreichen, zu erfassen. Dabei sollte das Lernziel nicht zu weit gesteckt sein, das wirkt eher frustrierend. Realistische Lernziele motivieren da schon eher. Daher hilft eine Einteilung der angestrebten Hauptziele in **Teilziele**. Gerade das Lernen von trockenem Stoff wird dadurch erleichtert. Die Aufteilung des Lernstoffes in **überschaubare Etappen** verringert den Druck und ist daher effektiver als massives Lernen. Dabei sollte man allerdings **zeitliche Lerngrenzen** beachten: Wenn über die eigene Lerngrenze (oft bei ca. 60 – 90 Minuten) hinaus gelernt wird, kann ein Teil des zuvor aufgenommenen Wissens wieder verloren gehen.

Auch die **Abwechslung der Lernkanäle** wirkt sich positiv auf unsere Konzentrationsfähigkeit aus. Lernkanäle sind dabei als Zuflüsse zu unserem Gehirn zu verstehen, durch die Informationen in unser Gedächtnis gelangen. Man geht davon aus, dass verschiedene Lernkanäle unterschiedlich stark geeignet sind, Wissen zu speichern:

- Über den Lernkanal „Hören" behalten wir ca. 10 % des dargebotenen Lernstoffs,
- über den Lernkanal „Lesen" ca. 20 %,
- über den Lernkanal „Sehen" ca. 30 %,
- über die Kombination der Lernkanäle „Sehen und Hören" ca. 50 %,
- über den Lernkanal „Selbersagen" ca. 80 % und
- über den Lernkanal „Handeln" (selber etwas tun) ca. 90 %.

Für die Aufrechterhaltung oder Steigerung der Konzentration ist es sinnvoll, unter mehreren Lernkanälen abzuwechseln.

1.5 Zeitplanung

Am leichtesten gelingt die Zeitplanung mit Hilfe eines Lernplans (siehe Abbildung unten). Dort werden zunächst die **Ausbildungszeiten** (Theorie und Praxis) sowie weitere fixe **Wochentermine** (z. B. Sporttraining) eingetragen. In den Freiräumen werden dann die geplanten **Lernzeiten** farbig notiert.

Beim **Planen der Lernzeiten** ist es sinnvoll, sie gleich nach Themen zu strukturieren. Dabei sollte bedacht werden, dass nicht zu große Lernmengen auf einmal aufgenommen werden und dass vom Einfachen zum Schwierigen übergegangen wird. Auch bietet es sich an, zwischen Themen abzuwechseln, um so Ermüdung bzw. „Themenüberdruss“ zu vermeiden.

Wichtig bei der Lernzeitenplanung ist die Berücksichtigung von **Pausen**. 10 % bis 30 % der Lernzeit sollten für Pausen verwendet werden. Hierbei lassen sich unterscheiden:

- Minipausen: Wenn die Gedanken in die Ferne schweifen, erholt sich das Gehirn für einen Moment und speichert die neuen Informationen ab.
- kleine Pausen von 3–5 Minuten nach ca. 30 Minuten
- Entspannungspausen möglichst außerhalb des Arbeitszimmers von 15–20 Minuten nach 90 Minuten
- ausführliche Erholungspausen mit einer völlig anderen Tätigkeit im Zeitrahmen von 1–3 Stunden nach ca. 4 Stunden Lernarbeit

	Montag	Dienstag	Mittwoch	Donnerstag	Freitag	Samstag	Sonntag
8:00–10:00							
10:00–12:00							
12:00–14:00							
14:00–16:00							
16:00–18:00							
18:00–20:00							
20:00–22:00							
$\sum$ möglicher Lernzeiten							

Zeitplan zur Erfassung möglicher Lernzeiten (bei genauerer Konzeption einstündig anzulegen); Inhalte: feste Termine (wie Unterricht, Arbeitszeit), bevorzugte Pausenzeiten, Freizeitbeschäftigung usw.

Um z. B. während der Prüfungszeit den anfallenden **Lernaufwand effektiv zu planen**, hat sich die **ALPEN**-Methode bewährt:

A – Aufgaben notieren
L – Länge des Zeitbedarfs für die einzelnen Schritte und die Gesamtvorbereitung abschätzen
P – Pausen und Pufferzeiten für Unvorhergesehenes einplanen
E – Entscheidungen über Prioritäten treffen
N – Nachkontrolle, ob alle geplanten Aufgaben erledigt wurden; ggf. neue Planung für Unerledigtes

1.6 Arbeits- und Organisationsmittel

Wenn Sie Ihre Arbeit gut planen und Informationen übersichtlich strukturieren, wird das Ihren Schulalltag enorm vereinfachen. Einfache, aber äußerst Zeit sparende Hilfsmittel hierzu sind das Lerntagebuch und ein gut durchdachtes Ordnersystem.

Lerntagebuch

Das Lerntagebuch kann zu einem treuen Ausbildungsbegleiter werden. In ihm wird der Lernstand möglichst täglich, mindestens aber wöchentlich aufgezeichnet. In Kürze werden der gelernte Stoff sowie außerdem offenstehende Fragen und Unklarheiten festgehalten. Die Einträge können kurz sein und aufs Wesentliche beschränkt werden. Ein Zeitrahmen von fünf bis zehn Minuten reicht für die Eintragungen zumeist aus. Ein Heft oder ein fester Ordner garantieren, dass die Notizen wiedergefunden werden.

Wie das Tagebuch formal angelegt wird, entscheidet sich nach den eigenen Bedürfnissen und Ideen. Fragen wie die folgenden werden als Mittel der Strukturierung genutzt:

- „Was habe ich heute getan und was habe ich dabei gelernt?“
- „Was werde ich wie weiterhin umsetzen?“
- „Welche Fragen stehen noch offen, was muss ich nachschlagen?“

→ Arbeitsauftrag 6, S. 213

Ordner

Im Laufe Ihrer Zeit in der Berufsausbildung erstellen und sammeln Sie eine Vielzahl an Informationsmaterialien. Wichtig für das schnelle Auffinden der Informationen ist der Einsatz eines Ordnersystems.

Sie benötigen dazu:

- 1 Aktenordner, 8 cm breit
- 20 Trennblätter zum Selbstausschneiden von Registertasten, evtl. in verschiedenen Farben
- 10 Prospekthüllen/Klarsichthüllen
- 1 A–Z-Register.

Und so wird's gemacht

- **Register schneiden:** Hängen Sie alle 20 Blätter in den Ordner ein. Es wird vom letzten Blatt nach vorn gearbeitet. Blatt 20 bleibt unberührt. Von Blatt 19 wird das unterste Zwanzigstel abgeschnitten, von Blatt 18 zwei Zwanzigstel und immer so weiter. Am Deckblatt muss oben ein Zwanzigstel stehen bleiben.
- **Struktur überlegen und Register beschriften:** Machen Sie sich klar, wie Sie Ihren Ordner gerne strukturieren möchten. Im ersten Jahr böte es sich z. B. an, den Lernfeldern 1–5 jeweils ein eigenes Trennblatt zuzuordnen. Danach folgt das A–Z-Register, dort hängen Sie zusätzliche Informationen, wie z. B. allgemeine Informationen zu Ausbildungsbetrieb und Berufsschule, ein.
- **Inhaltsverzeichnis anlegen:** Kleben Sie ein Inhaltsverzeichnis auf die vordere Innenseite des Ordners.

Die Prospekthüllen sind für Unterlagen vorgesehen, die nicht gelocht werden dürfen.

1.7 Informationsquellen

Als Arbeitsgrundlage im Unterricht dient i. d. R. ein bestimmtes Lehrbuch. Es hilft bei der Orientierung in neuen Wissensgebieten und beim Verstehen und Lernen komplexer Zusammenhänge. Außerdem ist es hilfreich, wenn Sie auch in der Lage sind, sich Erklärungen oder weiterführende Informationen selbst zu beschaffen.

Um Beiträge zu bestimmten Themen zu finden, stehen eine Vielzahl von Publikationsformen zur Verfügung, z. B. Bücher, (Lexika, Enzyklopädien, Fachbücher, Monografien), Zeitschriftenartikel oder Manuskripte. Für eine einfache Recherche reicht es i. d. R. aus, sich auf Bücher und Zeitschriftenartikel zu beschränken.

Recherche in der Bibliothek

Der Besuch einer Bibliothek kann eine wertvolle Erfahrung sein. Neben Büchern bieten Bibliotheken eine Vielzahl von Medien. Bibliotheken sind komplexe Gebilde mit einer eigenen Systematik. Möchte man regelmäßig die Dienste einer Bibliothek nutzen, empfiehlt sich die Teilnahme an einer Bibliotheksführung, um wirklich alle Ressourcen ausschöpfen zu können.

Internetgestützte Recherche

Um auf die beinahe unbegrenzte Informationsfülle des World Wide Web (WWW) zurückgreifen zu können, ist ein unbefangener Umgang mit dem Computer sehr hilfreich. Der Computer dient als Medium, um auf Netzwerke und Datenbanken zugreifen zu können. Suchmaschinen helfen dabei, gezielt Informationen zu finden.

→ Arbeitsauftrag 8, S. 213

Um sich einen Überblick über ein Thema zu verschaffen und Suchbegriffe zu einem Thema zu sammeln, bietet es sich an, erst einmal die allgemeinen Suchmaschinen zu nutzen. Sie verweisen z. B. auf Verbände oder Initiativen sowie wissenschaftliche Einrichtungen, die sich mit dem Suchthema befassen. Häufig findet man auf deren Internetseiten bereits einschlägige Artikel oder Internetverweise (Links) zu anderen relevanten Seiten. Diese Form der Suche bietet jedoch wirklich nur einen ersten Überblick, da die Informationen nur in eine bestimmte Richtung gehen oder gar falsch sein können.

Beurteilung von Internetartikeln

Im Internet finden sich Milliarden von Texten. Diese sind von sehr unterschiedlicher Qualität. Es gibt keine Kontrollinstanz, die die Qualität von Dokumenten automatisch überprüft. Experten gehen davon aus, dass ca. 90 % der Informationen im Internet als Datenmüll bezeichnet werden können. Deshalb reicht ein oberflächliches Surfen nicht aus. Um zu verhindern, dass Dinge gelernt werden, die falsch oder veraltet sind, gilt es, zuverlässige Daten zu finden. Durch die richtigen Suchbegriffe und deren Verknüpfung kann die Menge an Treffern bereits gesteuert und reduziert werden. Doch um die gefundenen Dateien verwenden zu können, müssen sie kritisch beurteilt werden. Dieser Prozess kann deutlich länger dauern als die Suche selbst, ist jedoch in jedem Falle notwendig und kann trainiert werden.

2 Lese- und Schreibtechniken

Lesen und Schreiben sind grundlegende Fertigkeiten, die zum Alltag dazu gehören. Doch darüber hinaus ist es möglich, durch den Einsatz der hier vorgestellten Techniken die Effizienz beim Lesen und Schreiben wesentlich zu steigern.

2.1 Fünf-Schritt-Lese- und Erarbeitungstechnik

Wenn Sie einen Text ohne Vorüberlegung lesen, ist es wahrscheinlich, dass Sie bis zu 90 % des Textes hinterher sofort aus dem Kurzzeitgedächtnis heraus vergessen. Wenn Sie die im Folgenden vorgestellte Fünf-Schritt-Lese- und Erarbeitungstechnik anwenden, können Sie die Behaltensquote erheblich steigern.

Vorgehensweise/Regeln

1. **Überblick verschaffen:** Der Text wird zur Orientierung mit Blick auf Kapitelüberschriften, Untertitel, Zusammenfassungen oder Hervorhebungen im Fließtext überflogen.

2. **Fragen stellen:** Formulieren Sie Fragen, die Ihnen der Text beantworten kann. Schreiben Sie Ihre Fragen auf einen separaten Zettel.

3. **Text mit Zielsetzung lesen:** Jetzt setzen Sie mit Stift und Markern Markierungen. Beantworten Sie auch die in Punkt 2 gestellten Fragen. Notieren Sie sich Kernaussagen und schlagen Sie unbekannte Wörter in einem Fachbuch nach.

4. **Text zusammenfassen:** Fassen Sie den gelesenen Textabschnitt in eigenen Worten zusammen und reduzieren Sie die Informationen auf das Wesentlichste.

5. **Text wiederholen:** Wiederholen Sie die wichtigsten Aussagen und Informationen des Textes. Hierbei berücksichtigen Sie die anfangs formulierten Fragen und Markierungen, die Sie während der Textbearbeitung eventuell vorgenommen haben. Stellen Sie sich z. B. die Frage: „Was habe ich Neues erarbeitet?"

2.2 Mitschriften und Protokolle

Mitschriften im Unterricht oder bei einer Gruppenarbeit halten wesentliche Inhalte der Veranstaltung fest. Sie sind ein erster Schritt der Informationsverarbeitung. Daher ist es sinnvoll, dass sie nach bestimmten Kriterien erfolgen. Ziel ist es nicht, jedes Wort der Sicherheit halber zu Papier zu bringen, sondern aktiv zu entscheiden, welche Information relevant und von Dauer ist. So wird das Gedächtnis entlastet, die Konzentration erhöht und das Verständnis erleichtert. Je übersichtlicher und strukturierter eine Mitschrift ist, desto hilfreicher ist sie. Mitgeschrieben werden Informationen,
- die evtl. nur an dieser Stelle in dieser Form vermittelt werden,
- auf die die Vortragenden ihre Betonung legen und
- die für den eigenen Lernprozess oder Themengebiete, mit denen man sich auseinandersetzt, relevant sind.

Außerdem werden festgehalten:
- Grundaussagen, Schwerpunkte, Fachbegriffe und Definitionen
- wesentliche Argumente, die die Sprechenden zu ihrer Sicht auf die dargestellten Dinge veranlassten
- Daten, die das Dargestellte unterstreichen und untermauern

Es müssen keine vollständigen Sätze formuliert werden, Stichworte reichen oft aus. Häufig auftretende Begriffe können abgekürzt werden. Um sich nicht verwirren zu lassen, ist es sinnvoll, von Anfang an die in der Fachsprache gängigen Abkürzungen zu nutzen und keine eigenen zu entwickeln.

Zur besseren Übersicht, und damit man zur Prüfungsvorbereitung nicht vor einem Rätselberg steht, hilft die stringente Beschriftung von Mitschriften und ausgeteilten Kopien mit Datum, Themenbereich und/oder Lerneinheit, Thema und Namen des Lehrers. Ein erster Schritt zum Lernerfolg ist die Aufarbeitung der Mitschrift zu Hause. Dabei werden die Inhalte der Mitschrift abgeglichen und evtl. in eine lesbarere Form gebracht.

Protokolle fixieren Ergebnisse einer Sitzung oder einer Gruppenarbeit und stehen im Gegensatz zur Mitschrift der „Öffentlichkeit“ (i. d. R. die Teilnehmenden) zur Verfügung. Schon aus diesem Grund müssen sie einer gewissen Form folgen. In Protokollen wird neben den Namen der Anwesenden und den wesentlichen Inhalten (Tagesordnungspunkte = TOPs) festgehalten, wer in der Sitzung/Gruppenarbeit welche Aufgaben übernommen hat und bis wann diese zu erledigen sind. Außerdem werden Beschlüsse notiert. Ein Ergebnisprotokoll enthält nicht jeden einzelnen Schritt der Sitzung, sondern die wesentlichen Beiträge, Erkenntnisse und Pläne in Stichpunkten oder Sätzen. Die Inhalte müssen im Gegensatz zum Verlaufsprotokoll nicht streng chronologisch angeordnet sein. Das Protokoll wird häufig als Einstieg in die nächste Sitzung gemeinsam besprochen. Dabei aufgedeckte Fehler oder Missverständnisse werden umgehend verbessert.

Notebooks ermöglichen heute, Mitschriften und Protokolle bereits während des Unterrichts direkt in eine Datei einzugeben. Dies sollte jedoch nur dann erfolgen, wenn der Nutzer sicher im Umgang mit der Technik und idealerweise sehr schnell im Tippen ist, um sich nicht von wesentlichen Inhalten ablenken zu lassen.

3 Lerntechniken

Lerntechniken können Ihnen dabei helfen, sich die vielen Informationen, die Sie in der Berufsschule und im Ausbildungsbetrieb aufnehmen, besser zu merken. Bewährt haben sich dabei die Lernkartei, die vor allem der Wissensspeicherung dient, und die Mindmap, mit deren Hilfe komplexe Zusammenhänge optisch dargestellt werden können.

3.1 Lernkartei

Eine gute Alternative zur hier vorgestellten Lernkartei ist speziell für Ihre Ausbildungsinhalte „Recall – Die digitale Lernkartei".

Dass Vokabelhefte beim Erlernen neuer Begriffe hilfreich sein können, dürfte den meisten Leserinnen noch aus ihrer Schulzeit bekannt sein. Vom Prinzip her ähnlich, aber in der Umsetzung differenzierter, ist das Lernen mit Karteikarten. Und das kann so funktionieren:

Vorgehensweise/Regeln

- Man kauft sich DIN-A6-Karten sowie einen Karteikasten (alternativ lassen sich auch Geschenk- oder Fotoboxen nutzen).
- Man nimmt die Karten wie ein Vokabelheft in den Unterricht mit.
- Taucht ein unbekannter/neuer Begriff auf, notiert man ihn, erfragt seine Bedeutung und schreibt sie auf die Karteikarte.
- Zu Hause vervollständigt man dann die Karteikarte, indem man eine Kopfzeile anlegt und Verweise zur Fachliteratur einträgt. Dies geschieht ähnlich wie bei Spielquizkarten: Die Vorderseite versieht man mit einem Stichwort, auf der Rückseite hält man die Übersetzung, Zusammenhänge und Zusatzinformationen fest.
- Möchte man nun gezielt mit den Karteikarten lernen, steckt man die Karten mit neuen Informationen jeweils in das hinterste von vier Fächern (Fach 0). Hat man den Inhalt einer Karte gut verinnerlicht, kommt die Karte in das davor liegende Fach (Fach 1). Diejenigen, die nicht gewusst wurden, gehen zurück in das hinterste Fach. Bei einer weiteren Wiederholung kommen die gewussten Karten wieder ein Fach nach vorn (Fach 2) und die noch zu lernenden ein Fach zurück. Der Prozess ist mit Erfolg abgeschlossen, wenn alle Karten im vordersten Fach sind.

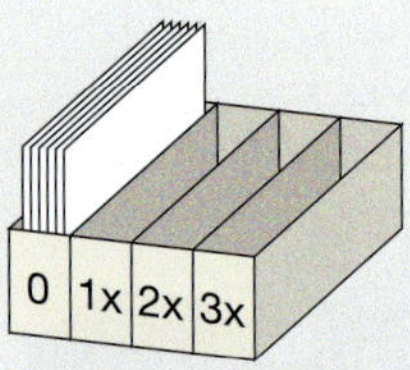

Alle Karten mit neuen Informationen werden in das hinterste Fach (Fach 0) gesteckt.

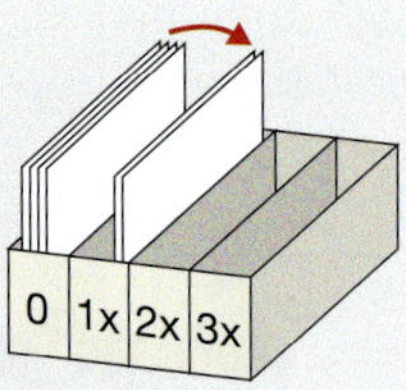

Sobald der Inhalt der Karteikarte gewusst wird, kommt sie in das dahinter liegende Fach.

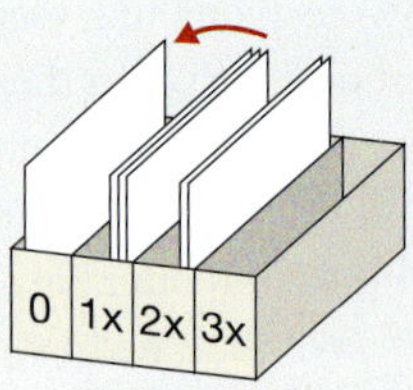

Wenn die Inhalte aus dem 2. Fach wiederholt werden, wandern diejenigen Karteikarten, deren Inhalt gewusst wurde, ein Fach weiter. Diejenigen Inhalte, die nicht gewusst wurden, kommen zurück in das Fach 0.

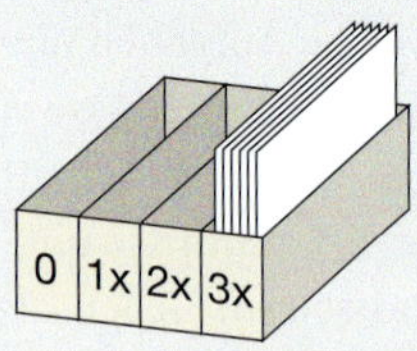

Dieser Vorgang wird so lange wiederholt, bis alle Karten im letzten Fach sind.

3.2 Mindmap

→ Arbeitsauftrag 2, S. 212

Eine Mindmap soll komplexe Zusammenhänge visualisieren. Sie kann ständig geändert und erweitert werden. Eine Mindmap verknüpft Gedanken, Gefühle und Ideen mit Hilfe von Zeichnungen und kurzen Sätzen. Diese Visualisierungsform verbindet sprachliches und bildhaftes Denken, wodurch die gesamte Kapazität der beiden Gehirnhälften genutzt wird.

Mindmap
gedankliche Landkarte

linke Gehirnhälfte (analytisches Denken): zuständig für Logik, Ordnung, Zahlen, Sprache

rechte Gehirnhälfte (bildliche Vorstellungskraft): zuständig für Farben, Fantasie, Musik, Bilder

Mindmaps können vielfältig eingesetzt werden:
- Informationen ordnen, gliedern und auswerten
- Zusammenfassung von Vorträgen
- Vorbereitung für Fachberichte
- Vorbereitung auf Klassenarbeiten, Prüfungen
- Planen von Projekten

Vorgehensweise/Regeln
- Verwenden Sie ein unliniertes Blatt Papier.
- Nutzen Sie das Blatt im Querformat.
- Breiten Sie die Mindmap von der Blattmitte über das gesamte Blatt aus.
- Schreiben Sie in den Mittelpunkt das Thema.
- Notieren Sie Ihre Ideen in knappen, schlagwortartigen Formulierungen.
- Schreiben Sie diese Ideen (= dem Hauptthema untergeordnete Schlüsselbegriffe) auf Linien (= Zweige).
- Diesen Linien können Sie weitere Verästelungen hinzufügen.
- Ideen, Schlüsselbegriffe schreiben Sie als Druckbuchstaben.
- Geben Sie Ihrer Mindmap Ausdruck durch Einfügen von Symbolen, kleinen Grafiken u. Ä.

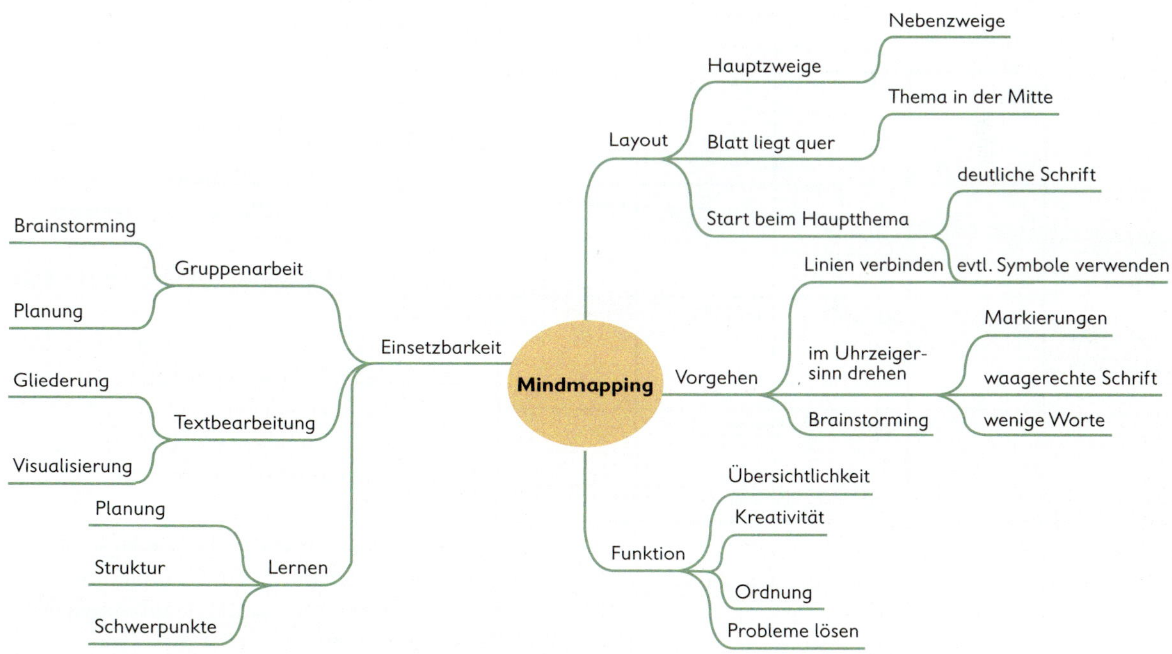

4 Kreativitätstechniken

→ Arbeitsauftrag 1, S. 212

4.1 Brainstorming

Mit Hilfe eines Brainstormings (= „Gedankensturm“) sollen innerhalb kurzer Zeit möglichst viele Lösungsvorschläge, Ideen usw. zu einem vorgegebenen Thema gesammelt werden.

Vorgehensweise/Regeln

- Verwenden Sie ein Blatt Papier, die Tafel, ein Flipchart o. Ä.
- Schreiben Sie das Thema auf.
- Sammeln Sie alle Gedanken, die Sie haben, und halten Sie diese schriftlich fest.
- Jede Idee von anderen wird unkommentiert aufgenommen.
- Kommentare, kritische Äußerungen sind verboten (keine Killerphrasen).
- Nach Beendigung der Ideensammlung (ca. 5–10 Min.) machen Sie eine Auswertung.
- Auswertungsmethoden: z. B. Diskussion, Beurteilung von Ideen in Kleingruppen

Killerphrasen
„Bleiben Sie mal bei der Sache!“
„Das gibt es ja gar nicht!“

4.2 Brainwriting (Methode 635)

Brainwriting ist eine **schriftliche Variante des Brainstormings**. Jeder Teilnehmer kann in Ruhe seine Ideen aufschreiben. Das Brainwriting wird auch Methode 635 genannt:

Name	Problemstellung		
1	Idee 1	Idee 2	Idee 3
2	Idee 4	Idee 5	Idee 6
3	Idee 7	Idee 8	Idee 9
4	Idee 10	Idee 11	Idee 12
5	Idee 13	Idee 14	Idee 15
6	Idee 16	Idee 17	Idee 18

Brainwriting-Formular

- 6 Teilnehmer halten auf einem Notizblatt
- 3 Ideen/Lösungsvorschläge fest und reichen ihr Notizblatt nach
- 5 Minuten an den nächsten Teilnehmer weiter.

Die Teilnehmerzahl ist allerdings nicht auf 6 begrenzt, sondern kann variiert werden.

Vorgehensweise/Regeln

- Die Problemstellung wird auf einem Formular festgehalten.
- Jeder Teilnehmer trägt in die Ideenzeile drei Ideen ein.
- Jeder Teilnehmer reicht sein Formular an den nächsten Teilnehmer weiter.
- In die zweite Ideenzeile trägt jeder Teilnehmer drei Ideen ein. Die Idee kann z. B. an die Vorgängeridee anknüpfen oder eine völlig neue sein.
- Die Ideenfindung ist beendet, wenn jeder Teilnehmer sein Formular mit mindestens 18 Vorschlägen zurückerhält.
- Ein Vorschlag wird gemeinsam ausgewählt und in der Gruppe diskutiert.

5 Vortrags- und Präsentationstechniken

5.1 Merkmale und Ziele

→ Arbeitsaufträge 3, 4, 8, S. 212 und 213

Referat (lat.) Bericht, Vortrag

Ein Referat ist ein (i. d. R. mündlicher) Vortrag über ein Thema. Wird dieses Thema zusätzlich visualisiert, spricht man von einer Präsentation. Präsentationen bieten die Möglichkeit, das eigene Wissen mit anderen zu teilen und zur Diskussion zu stellen. Eine gelungene Präsentation fördert den Lern- und Kommunikationsprozess und regt zum Weiterdenken an. Auch aus diesem Grund sollte eine Präsentation einen Zeitumfang von 15–20 Minuten nicht überschreiten und ausreichend Zeit zum Diskutieren des Themas lassen.

Eine Präsentation hat zum Ziel, das Interesse der Zuhörenden zu wecken und zu halten. Dabei kann die **AIDA**-Formel hilfreich sein:

1. **A**ttention (Aufmerksamkeit) – Aufmerksamkeit der Zuhörenden anregen
2. **I**nterest (Interesse) – Interesse der Zuhörenden wecken
3. **D**esire (Verlangen) – Wunsch nach kritischer Auseinandersetzung mit dem Thema forcieren
4. **A**ction (Handeln) – Zuhörende in die Diskussion aktiv mit einbeziehen

5.2 Planung

Die Planung der Präsentation erfolgt, sobald Inhalt und Zuordnung des Themas sowie der Termin und evtl. Mitreferenten feststehen. Die folgende Tabelle kann die Planung unterstützen:

Thema Stoff-sammlung	• Was sind Hauptaussage und Ziel der Präsentation? (Information, Überzeugung, Anleitung, Selbstpräsentation usw.) • Wie können Bezüge zum Unterricht und zu anderen Präsentationen hergestellt werden? • Welcher Schwierigkeitsgrad ist angemessen? • Wie können die Inhalte am besten dargestellt werden? • Was ist mir/uns besonders wichtig? • Wie viel Zeit steht für die Präsentation zur Verfügung?
Zuhörer-analyse Zielgruppe	• Welches Vorwissen haben die Zuhörenden? • Welche Erwartungen haben sie an den Vortrag, welche Interessen? • Welche Haltung haben sie zu dem Thema und wie können wir das konstruktiv aufnehmen? • Mit welchen Fragen und Meinungen ist zu rechnen? • Wie kann das Publikum mit einbezogen werden?
Unter-gliederung	• Hervorheben der Schwerpunkte und/oder Argumente • Bei Gruppenreferaten: · Wie werden die Aufgaben geteilt? · Wie wird zwischen den Vortragenden übergeleitet?
Medien-einsatz/ Handout	• Welche Hilfsmittel eignen sich besonders für die Darstellung? • Wie wird das Informationsmaterial übersichtlich gestaltet? • Was sollen die Zuhörenden mitschreiben und was bekommen sie ausgehändigt? • Wann werden Informationsmaterialien ausgehändigt? • Sind alle mit der eingesetzten Technik vertraut?

5.3 Gestaltung und Einsatz unterstützender Medien

Die Visualisierung von Präsentationen erfolgt durch Einsatz eines oder mehrerer der folgenden Medien (Auswahl):
- Folien für den Overheadprojektor (OHP, auch Polylux genannt)
- Flipchartbögen
- Tafelbilder
- Plakate
- PowerPoint-Dateien.

Unabhängig vom Medium ist es wichtig, dass das Dargebotene übersichtlich und ansprechend gestaltet ist. Die vortragende Person sollte sich im Vorfeld Gedanken machen, ob das Medium lediglich den Vortrag gliedert oder als direktes Anschauungsobjekt dient. Direkte Anschauungsobjekte (i. d. R. Bilder oder Grafiken) müssen für alle gut erkennbar sein. Manchmal ist eine eigene Zeichnung übersichtlicher als ein dreimal kopiertes und eingescanntes Bild. Ein an der Tafel während des Vortrags Stück für Stück entwickeltes Schema kann hilfreicher sein als ein aufwändig im Grafikprogramm erstelltes dreidimensionales Gebilde.

Entscheidet man sich für den Einsatz mehrerer Folien, erleichtert eine einheitliche Gestaltung und Struktur die Orientierung. Dabei sollte man sich von folgenden Prinzipien leiten lassen:
- Folie klar gliedern und mit einer Überschrift versehen
- Stichworte Sätzen vorziehen
- Farben im Sinne der Konzentration und der Lesbarkeit zurückhaltend einsetzen:
  - Helle Schriftfarben eignen sich für dunkle Hintergründe, dunkle Farben für helle Hintergründe.
  - Angenehme Farben fördern die Wahrnehmung; Blau und Rot sind in Kombination schwer zu erkennen.
- von Weitem lesbare Schriftgröße wählen, nicht mehr als drei Schriftgrößen auf einer Folie (Schriftgröße 14–16 für OHP-Folien, mindestens 18 für PowerPoint-Präsentationen, Überschriften größer)
- Folien nicht überladen – „weniger ist mehr":
  - nicht mehr als 10 Zeilen pro Seite
  - ausreichenden Abstand zwischen den Zeilen lassen
- Großbuchstaben sind schwer lesbar: zurückhaltend einsetzen!
- Technische Spielereien lenken vom Wesentlichen ab.
- Zu viele Folien überfordern – als Faustregel gilt: nicht mehr als maximal eine Folie pro Minute.
- bei Zitaten und Bildern die Quellen benennen

Für den **Einsatz** der Medien gelten folgende Prinzipien:

- Allen Teilnehmenden ist eine freie Sicht auf das Medium zu ermöglichen, sodass die Inhalte gut lesbar sind.
- Die Teilnehmenden brauchen Zeit, um die Inhalte zu erfassen. Der Referent achtet bewusst darauf, „Gedankenpausen“ einzubauen.
- In den ergänzenden Erklärungen stellt der Referent immer wieder einen Bezug zu den visualisierten Inhalten her und weist durch Zeigestock/Laserpointer/Finger darauf hin.
- Auch während des Medieneinsatzes wird der Blickkontakt zum Publikum aufrechterhalten. So wird nicht zur Wand oder Tafel gesprochen, sondern zum Publikum hin.
- Der Raum, die Materialien und ggf. die Sitzordnung werden frühzeitig vorbereitet.
- Folien werden nummeriert, Stifte gezielt ausgewählt und überprüft.
- Medien werden gezielt eingesetzt. Eine Medienschlacht wird so vermieden. Wenn ein Medium nicht mehr genutzt wird, wird es abgeschaltet bzw. abgedeckt.

Das **Thesenpapier** (engl. „Handout“) unterstützt den Vortrag, indem es die wesentlichen Inhalte des Vortrags kurz und bündig zu Papier bringt. Als Faustregel gilt, dass es nicht länger als ein bis zwei Seiten sein sollte und ausreichend Platz für Notizen der Teilnehmenden bietet. Es kann entweder in derselben Form wie der Vortrag gegliedert sein oder als „echtes“ Thesenpapier nur die zentralen Aussagen festhalten. Zusätzlich wird im Thesenpapier i. d. R. die dem Vortrag zu Grunde liegende Literatur genannt.
Arbeitet man mit PowerPoint-Folien, kann der „Handzettel“-Druckmodus genutzt werden. So stehen den Zuhörenden die eingesetzten Folien, mit zusätzlichen Schreibzeilen versehen, zur Verfügung.

Handzettel-Druckmodus in PowerPoint-Druckmenü

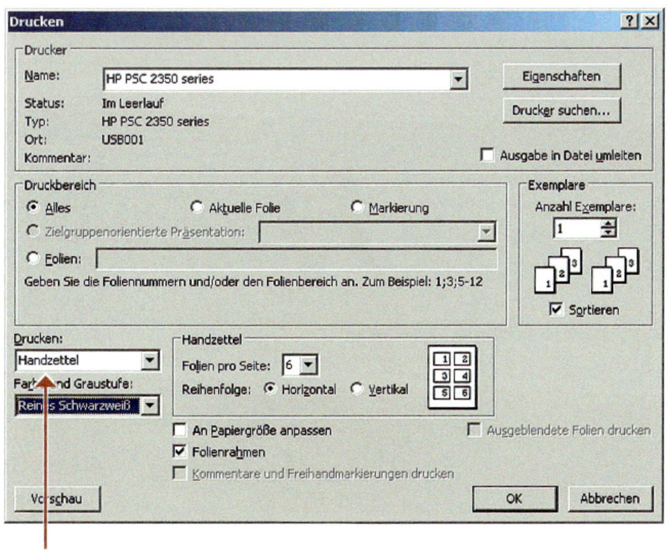

5.4 Vortragstechnik

Körpersprache und Aussprache der vortragenden Person bestimmen maßgeblich die Wirkung einer Präsentation.

Körper/ Körpersprache 55 %	Stimme und Sprechtechnik 38 %	Inhalt 7 %
Mimik Gestik Haltung Blickkontakt Stand Kleidung	Betonung Stimm-Modulation Sprechtempo Atmung Pausen	inhaltliche Sicherheit klare Struktur angemessene Wortwahl klarer Ausdruck

Die Beachtung folgender Aspekte kann dabei hilfreich sein:
- Blick zum Publikum (nicht auf eine Person fixiert)
- positive Mimik, bei Rückfragen beispielsweise das aufmerksame Zuhören auch nonverbal signalisieren
- offene, nicht zu ausladende Gestik
- stehend, nicht zu steif und nicht zu lässig
- variierende Betonung
- der Situation angemessene Kleidung

Eine lebendige Präsentation wird frei vorgetragen – wesentliche Inhalte können auf Kärtchen notiert werden und dienen als Gedankenstütze. Es ist wichtig, das Vorgetragene selbst verinnerlicht zu haben. Bereits bei der Vorbereitung sollte daher der systematischen Erarbeitung des Stoffes Vorrang vor der Formulierung fertiger Sätze gegeben werden.

Um die Inhalte der Präsentation verständlich zu vermitteln, muss der **Einsatz der Sprache** wohlüberlegt sein. Folgende Punkte dienen der Verständlichkeit des Themas:

1. **Einfachheit**
   - kurze, einfache Sätze
   - einfache bzw. vertraute Wörter
   - ggf. Fachwörter und Fremdwörter erklären
   - aufs Wesentliche beschränken
2. **Ordnung (Gliederung)**
   - Einleitung nutzen, um einen Überblick zu geben
   - sinnvolles Verknüpfen von Informationen und Abläufen
   - Zusammenfassung
3. **Zusätzliche Anregungen / Anschaulichkeit**
   - Beispiele
   - Vergleiche
   - Bilder, Grafiken
   - Rollenspiele

6 Arbeitsmethoden

Sie benötigen bestimmte Arbeitsmethoden, um sachgerecht, situationsbezogen und zielgerichtet auf neue berufliche Situationen reagieren zu können. Im Folgenden werden Ihnen einige der wichtigsten vorgestellt.

6.1 Rollenspiel

Das Rollenspiel ist eine gute Methode, um z. B. den Umgang mit Kunden zu üben und ein Verkaufsgespräch spielerisch zu simulieren. Dadurch erhalten Sie die Chance, verkäuferische Fähigkeiten zu entwickeln und gegebenenfalls zu verändern.

Vorbereitung

- Formulieren Sie für den Kunden und den Verkäufer kurze, verständliche Rollenanweisungen.
- Die Rollen des Verkäufers und des Kunden werden verteilt.
- Die Nichtspieler (Beobachter) beobachten das Gespielte mit Hilfe eines Beobachtungsbogens.
- Verkäufer und Kunde befassen sich kurz mit ihrer Rolle (ca. fünf Minuten) und signalisieren den Nichtspielern den Beginn des Verkaufsgesprächs.

Durchführung

- Verkäufer und Kunde nehmen eine solche Position ein, dass sie von den Nichtspielern gut beobachtet werden können.
- Jedes Rollenspiel sollte mit Hilfe einer Videokamera aufgenommen werden.

Reflexion/Auswertung

- Die Spielsituation wird analysiert und besprochen.
- Geben Sie ein Feedback.

Feedback
→ S. 209

Beispiel

Einübung der Begrüßungsphase im Verkaufsgespräch

Rollenkarte Kunde

Sie bummeln durch ein Kaufhaus mit Vorwahl und verschaffen sich einen Überblick über den aktuellen Modetrend.

Rollenkarte Verkäufer

Sie arbeiten in einem Kaufhaus mit Vorwahl und sehen eine Kundin an einem Ständer mit den neuen Sommerkleidern. Sie sprechen die Kundin an.

→ Arbeitsauftrag 7, S. 213

6.2 Pro-und-Kontra-Diskussion

Die Pro-und-Kontra-Diskussion verfolgt das Ziel, gegensätzliche Meinungen klarer herauszuarbeiten. Wenn man die gegensätzlichen Argumente besser versteht, gelingt die Einigung auf einen tragfähigen Kompromiss eher. Man lernt, die eigene Meinung klar zu vertreten, gegensätzliche Meinungen offen zur Kenntnis zu nehmen und anzuerkennen und die eigene Meinung ggf. zu verändern.

Vorbereitung

- Formulierung einer strittigen Aussage: Sie muss mit „Ja" oder „Nein" zu beantworten sein.
- Auswahl der Spieler: Die Zuordnung zur Pro-, Kontra- oder Beobachtergruppe sollte möglichst freiwillig sein.

Abstimmung über den formalen Ablauf

- Ort und Dauer der Gruppenarbeit festlegen
- Die Pro- und Kontra-Gruppen erarbeiten ihre Standpunkte.
- Wahl von jeweils drei Spielern, die die Debatte durchführen (Pro- und Kontra-Gruppe)
- Verteilung von Beobachtungsaufgaben (Beobachtergruppe) vornehmen
- Szenenaufbau für die Debatte und Zeitrahmen (ungefähr 15 Minuten) bestimmen

Beobachtungsaufgaben

- Sprechen die Gruppen alle wichtigen Argumente an?
- Welche fehlen?
- Welche der Gruppen erscheint stärker?
- Welche Argumente sind schwer zu widerlegen?
- Sind die Spieler innerhalb einer Gruppe kooperativ?
- Gibt es abwertende oder verletzende Argumente?

Durchführung

Eine Klasse während der Pro-und-Kontra-Diskussion

Auswertung

Zuerst äußern sich die Pro- und Kontra-Spieler darüber, wie sie sich gefühlt haben und ob sie mit sich zufrieden sind. Danach sprechen die Beobachter in der Ich-Form und ohne Bewertung über ihre Beobachtungen. Alle beteiligen sich daran, ein Ergebnis zu formulieren und die Streitfrage zu beantworten. Danach kann ein Kompromiss erarbeitet werden.

Konfliktverschärfende Verhaltensmuster

Folgende Verhaltensmuster, Strategien und/oder Persönlichkeitsmerkmale können dazu führen, dass Frust aufgestaut und Konflikte verschärft werden:

- Bei der **Idealisierung** der eigenen Person hat der Betroffene stets Recht und kann alles.
- Bei der **Verallgemeinerung und Projektion** versucht der Betroffene, anderen die Schuld zuzuweisen oder eigene Fehler auf andere zu projizieren.
- Mit Hilfe der **Ersatzbefriedigung** werden unbefriedigte Bedürfnisse umgewandelt und durch Eratzhandlungen ausgetauscht.
- Abhängig von der Persönlichkeit können manche Menschen auch mit **Resignation** auf Konflikte reagieren. Hierbei richten die Betroffenen die aufgestaute Energie nicht nach außen (z. B. durch aggressives Verhalten), sondern gegen sich selbst. Dieses Verhalten zeigen besonders häufig Menschen mit einem geringen Selbstwertgefühl. Die Betroffenen setzen sich in Konfliktsituationen nicht zur Wehr, sondern ertragen die empfundene Frustration.
- Die Verwendung von Killerphrasen gehört auch zu den konfliktverschärfenden Verhaltensmustern. Hierunter versteht man Aussagen, die der gegnerischen Konfliktpartei signalisieren: „SO GEHT ES NICHT!“ Killerphrasen blockieren jede Form von Kompromissen oder kreativem Denken. Sie wirken demotivierend und verschlechtern häufig das Betriebsklima. Gebräuchliche Killerphrasen sind z. B. „Sie denken wohl, Sie haben die Weisheit mit Löffeln gefressen?“ oder „Das funktioniert eh nicht!“

Sie können durch Ihr Verhalten dazu beitragen, einen Konflikt zu verschärfen oder ihn zu lösen.

Konstruktive Konfliktlösungsstrategien

Im Gegensatz zu den konfliktverschärfenden Verhaltensmustern stehen konstruktive Formen der Konfliktbearbeitung. Hierbei folgen auf die empfundene Frustration

- das Erkennen des Konflikts,
- die Suche nach einer Aussprache und
- die Aussprache selbst, die zu einem möglichen Kompromiss oder Konsens führt.

Gezielte **Konfliktgespräche** im Team gehören zu den konstruktiven Strategien. Ziel eines solchen Gesprächs ist die gemeinsame Verarbeitung eines Konfliktes sowie eine Kompromisslösung oder Konsensfindung. Voraussetzung ist hierbei, dass

- der Konflikt erkannt ist,
- die Beteiligten zu einem Gespräch bereit sind,
- die Beteiligten Einfluss auf die Problemlösung haben und
- eine eventuelle Mittlerperson von allen Beteiligten akzeptiert wird.

Man unterscheidet Konfliktgespräche im Team umgangssprachlich in „4-Augen-Gespräche“ und „6-Augen-Gespräche“. Während das „4-Augen-Gespräch“ von den beiden beteiligten Personen alleine geführt wird, ist beim „6-Augen-Gespräch“ eine weitere (neutrale) Person anwesend, die eine Mittlerrolle einnimmt. Eine solche Mittlerperson hat folgende Aufgaben:

- Sie soll die eigenen Wahrnehmungen schildern, ohne Partei zu ergreifen, z. B.: „Ich stelle fest, dass dieser Aspekt für Partei A von großer Bedeutung ist.“
- Sie soll methodische Hilfestellungen geben, z. B.: „Welche Reaktion hätten Sie von Ihrem Gegenüber erwartet?“
- Sie darf und soll den Konflikt der beteiligten Parteien nicht lösen. Die Konfliktparteien müssen selber einen Lösungsweg finden.

Arbeitsaufträge

Arbeitsauftrag 1

Erstellen Sie ein persönliches Brainstorming über Ihre eigenen Erfahrungen mit Lerntechniken, z. B.: Wie haben Sie sich bisher auf Klassenarbeiten oder Tests vorbereitet? Wie haben Sie sich bisher auf Prüfungen vorbereitet? Wie lesen Sie Texte? Woher erhalten Sie Informationen?

Arbeitsauftrag 2

a) Erstellen Sie eine Mindmap über Ihre Wünsche, Ziele, Befürchtungen und Ängste bezüglich Ihrer Ausbildung! Sie haben dafür 15 Minuten Zeit!

b) Setzen Sie sich in einer von Ihnen zusammengestellten Gruppe von vier bis fünf Personen zusammen und stellen Sie Ihren Gruppenmitgliedern Ihre persönliche Mindmap vor. Sie haben dafür 10 Minuten Zeit!

c) Erstellen Sie zusammen mit Ihren Gruppenmitgliedern eine gemeinsame Mindmap bezüglich der Wünsche, Ziele, Befürchtungen und Ängste der Gruppe. Fertigen Sie diese Mindmap in Plakatgröße an und hängen Sie sie auf! Sie haben dafür 15 Minuten Zeit!

Arbeitsauftrag 3

a) Klären Sie die folgende Fragen in Ihrem Ausbildungsbetrieb:

1. Wie heißt Ihr Ausbildungsbetrieb? Sind Sie in einer Filiale tätig?
2. Welche Waren werden in Ihrem Ausbildungsbetrieb verkauft?
3. Aus welchen Abteilungen besteht Ihr Ausbildungsbetrieb? Beschreiben Sie diese kurz!
4. Wie viele Mitarbeiterinnen und Mitarbeiter hat Ihr Ausbildungsbetrieb?
5. Woher bekommt Ihr Betrieb hauptsächlich die Ware?
6. Berichten Sie etwas über den Standort Ihres Ausbildungsbetriebes!
7. Welche anderen Einzelhandelsgeschäfte liegen in Ihrer näheren Umgebung?
8. Welche Kunden kaufen bei Ihnen in erster Linie ein?
9. Wer kann in Ihrem Betrieb außer Ihrem Chef noch Verträge abschließen?
10. Ist Ihr Betrieb eine Filiale eines anderen Betriebes?
11. Welche Tätigkeiten haben Sie in den ersten Tagen Ihrer Ausbildung ausgeübt? Beschreiben Sie kurz einen typischen Tagesablauf in Ihrem Betrieb.

b) Fassen Sie diese Informationen in der Schule auf einem Plakat zusammen. Sie haben dafür 45 Minuten Zeit!

c) Stellen Sie anschließend Ihr Plakat in der Klasse vor.

Arbeitsauftrag 4

Damit in der Berufsschule nicht nur Theorie im Vordergrund steht, stellen wir Sie auch hier in die Situation eines/einer Auszubildenden. Sie sind Mitarbeiter der Berliner Superkauf GmbH (Beska GmbH). Informieren Sie sich über die Beska und präsentieren Sie das Unternehmen.

Arbeitsauftrag 5

Für das Arbeiten an den Lernorten Ausbildungsbetrieb und Berufsschule ist es hilfreich zu wissen, welchem Lerntypen Sie entsprechen.
Überprüfen Sie, welchem Lerntyp Sie sich zuordnen würden. Notieren Sie sich dazu Kriterien, mit denen Sie festmachen, zu welchem Lerntyp Sie gehören. Tauschen Sie Ihre Kriterien mit Ihrem Nachbarn aus und diskutieren Sie über die Sinnhaftigkeit der Einteilung in Lerntypen.

Arbeitsauftrag 6

Um ein aussagekräftiges Berichtsheft führen zu können, ist es sinnvoll, viele Informationen zu Ihrer Ausbildung während dieser Zeit zu sammeln. Hilfreiche Informationen können z. B. Unterlagen aus Fort- und Weiterbildung, Warenkundeseminaren usw. sein. Durch eine geleitete Internetrecherche gelangen Sie ebenso an adäquate Unterlagen. Sammeln Sie all diese Informationen und halten Sie alles in einem dafür vorgesehenen Ordner fest. Hilfreich für Sie ist ein gutes Ordnersystem. Schauen Sie sich in Ihrem Fachbuch die dazugehörigen Seiten an und erstellen Sie einen Ordner, der Sie in ihrer zweijährigen bzw. dreijährigen Ausbildung begleiten wird.

Arbeitsauftrag 7

Führen Sie eine Pro-und-Kontra-Diskussion zu folgender Aussage: „Betriebsräte in Unternehmen sind für Auszubildende nicht notwendig."

Arbeitsauftrag 8

Bearbeiten Sie in Gruppen zu jeweils vier Teilnehmern das Thema: **„Teamarbeit ist unerlässlich für moderne Unternehmen!"** Recherchieren Sie hierfür im Internet und stellen Sie Ihre Arbeitsergebnisse im Plenum vor, z. B. mit Hilfe von

a) Plakaten,
b) PowerPoint oder
c) Folien.

Überlegen Sie folgende Inhaltspunkte:

1. Was verstehen Sie unter Teamarbeit?
2. Warum ist Teamarbeit für Unternehmen wichtig?
3. Wie kann ein Unternehmer gute Teamarbeit überprüfen? (Finden Sie Kriterien dazu!)
4. Wie kann der Unternehmer feststellen, dass sich eine gute Teamarbeit gewinnbringend auf das Unternehmen auswirkt?
5. Übertragen Sie Ihr Wissen zur Teamarbeit auf Ihre jetzige Ausbildungssituation. An welcher Stelle während Ihrer bisherigen Ausbildungszeit haben Sie Teamarbeit als etwas Positives erlebt? Nennen Sie pro Gruppenteilnehmer jeweils eine Situation aus Ihrem Ausbildungsbetrieb.

8 Sprachkompetenz Englisch – How to say it in English

8.1 Giving customers some help

Assisting customers

Shop assistant	Customer
How can I help you?	I'm looking for …
What can I do for you?	Have you got any …?
What about …?	No, I don't really like this one.
I'll show you what we've got.	These ones are too expensive, I'm afraid.
One moment, I'll show you something else.	No, I'm afraid that's not what I'm looking for.
This one is large, but we've also got it in …	Which size is it?
They come in white, blue and yellow.	Are they also available in other colours?
	I prefer the blue one.
Is there anything else I can do for you?	No, thank you, that's all.

8.2 At the supermarket

Supermarket phrases

Customer

Telling a shop assistant what you would like

I need ...
I would (= I'd) like ...
Excuse me, have you got ...?
Please give me 100 grams of ...
I would prefer still/sparkling water.

Asking questions

Where do these apples come from?
How much frozen spinach is in one bag?
How many eggs are in a box?
What kind of cheese is that?
May I try a little?

Shop assistant

Asking the customer what he/she would like

What can I do for you?
How can I help you?
Is there anything else I can do for you?
Anything else?
How much/many would you like?
Which one/ones would you like?
Would you like to try some?

Answering customers' questions

They are from Italy.
There are 350 grams in a bag.
There are 6 eggs in a box.
It's Cheddar. It comes from England.
Of course, here you are.

Telling a customer the price

How much	is	an apple?	
How much	does	an apple	cost?
It's (= it is)	55 cents.		
It costs	55 cents.		
How much	are	the oranges?	
How much	do	the carrots	cost?
They are	€1.25	a kilogram.	
They cost	85 cents	each.	

Much or *many*?

much *(viel)* *(für unzählbare Begriffe)*	many *(viele)* *(für zählbare Begriffe)*
E. g. much cheese, much bread	E. g. many eggs, many boxes

A or *an*?

a + *Konsonant*	a shop assistant, a pretzel, a banana
an + *Vokal*	an olive, an apple, an egg

Aber: an hour, a university (Aussprache!)

8.3 At the shopping centre: Showing the way

Asking for and giving directions

Excuse me, could you tell me where I can find ...?	Certainly sir/madam.
Excuse me, where is / where are ...?	There is one upstairs/downstairs.
Is there a ... here somewhere?	Go upstairs to the second floor.
Where can I buy/get/find ...?	Go downstairs to the basement. Take the lift to the top floor. Turn left/right and walk straight on. It's in front of/behind / next to / to the right of / to the left of ... It's between the travel agent's and the toy shop. You can use the escalator over there. The lift (BE) / elevator (AE) is out of order, I'm afraid.
Thank you very much.	You are welcome.

8.4 Selling good

Sales talk in four stages

1. Greeting
Good morning/afternoon. What can I do for you?
How can I help you?

2. Identifying the customer's needs
What are you looking for?
Would you like to have a look?
Which colour/size/type/kind do you prefer?
Is it a present for somebody?

3. Presentation of goods
How do you like this one?
What about these ones?
It's also available in ...
They are €5 each.
You are lucky, this is our last one.
One moment, I'll get you some other ones.

4. The decision to buy
How would you like to pay?
Here is your receipt and your change.
Your receipt's in the bag.
Many thanks. Bye.

8.5 Clothes shopping

Phrases for clothes shops

Customer

Asking for a product

I'd like a pair of jeans, please.
I'm looking for a jacket to match my skirt.

Asking for a particular size/colour

I take medium.
I'd prefer a light pastel colour.
I'd like a colour that goes with the jacket.

Asking about materials and washing

What material is it?
Can I wash it in the washing machine?
Do I have to dry clean it?

Trying on clothes

Where can I try it on?
I like these jeans. May I try them on?
This one fits perfectly.
It doesn't fit me, it's too big/too small.
It's too long/short.
It's too tight/loose.
I don't really like the style.
The colour doesn't suit me.

Making a decision about a product

That's not exactly cheap.
I'm sorry, that is too expensive.
Yes, that's nice. I'll take it.
I'd like to have another look around.

Shop assistant

Presenting products

Let me show you our range.
Follow me and I'll show you what we've got.
May I show you a handbag that would go very well with that suit?
What about this one / these ones?

Identifying the customer's needs

What size do you take/need?
Do you prefer a certain colour/shade?

Explaining materials and washing instructions

It's pure wool/silk.
It's a cotton/synthetic mixture.
You can machine wash it at 30 degrees.
You should dry clean it.

Answering questions about trying on clothes

Would you like to try it/them on?
The fitting rooms are over there.
How does it / do they fit?
Is the size all right?
I'll see if we have a bigger one.
We could alter it for you, if you like.
It's very good quality.

Helping the customer to decide

Maybe you would prefer ...
That colour looks really good on you.
Have another look around, if you like.
Is there anything else I can do for you?

Texte entnommen aus: Maria Elisabeth Köstler, Shopping Matters New Edition, © Cornelsen Verlag, Berlin 2009.

8.6 Useful vocabulary

Angebot	offer
Anprobe, Umkleidekabine	fitting room
anprobieren	to try on
Artikel	article, item
Ausgang	exit
Bargeld	cash
bar bezahlen	to pay cash
Barzahlung	payment
Becher	tub, mug
Beschwerde	complaint
billig	cheap
Bitte (schön)	Here you are
Danke (schön)	Thank you (very much)
Dose	tin
Eingang	entry
Einkaufswagen	trolley
Einzelhandel	retail sales
Es tut mir leid, ...	I'm sorry/I'm afraid ...
Etikett	label
Gang	aisle
Garantie	guarantee
Geld	money
Geldschein	note
geradeaus	straight ahead
Gern geschehen!	You are welcome!
Geschäftsführer	managing, director
Geschäftszeiten (Öffnungszeiten)	opening hours
Geschenk	gift, present
Größe	size
günstig	low-priced
Gutschein	voucher
Hersteller	manufacturer
hochwertig	(of) high quality
Inhaltsstoffe	ingredients
Kasse	checkout
Kassenbon	receipt
Kassierer/in	cashier
Kollege, Kollegin	colleague
Kreditkarte	credit card
Kunde, Kundin	customer
lieferbar	available
links	on the left
Marke	brand
Münze	coin
Packung/Paket	packet
(zusammen)passen	to match
Pflege	care
Preisnachlass	(price) reduction
Qualität	quality
Quittung	receipt
Rabatt	discount
Rechnung	bill
rechts	on the right
Regal	shelf
Reklamation	claim
Reparatur	repair
Schaufenster	shop window
Skonto (Barzahlungs-rabatt)	cash discount
Sonderangebot	special offer
teuer	expensive
Tragetasche/-tüte	(carrier) bag
Tube	tube
Umrechnungskurs	exchange rate
Umtausch	exchange
unterschreiben	sign
Unterschrift	signature
Verfallsdatum	expiry date
Verkäufer/in	shop assistant
Währung	currency
Wechselgeld	change
Werbung	advertising
Wie viel kostet das?	How much is it?
Zahlung	payment
zahlen mit Kreditkarte	to pay by credit card

Stichwortverzeichnis

Bildquellenverzeichnis

AURORA Mühlen GmbH/Marketing, Hamburg 13/4
Avenue Images, Hamburg/Network Productions 82/5
bew/mediacolors, Zürich 159
bildagentur-online 19/Coburg/Bergsteiger
Bildungszentrum der BFV, Münster 174
Binder, Volkhard, Berlin 63
CARO, Berlin 82/7/Teschner
Catherine Nail Collection GmbH, Zierenberg 184
Claas Deutschland 13/1
datenschutz cert GmbH 82/3
dm/Friedrich Jamnig 72
EHI Retail Institute GmbH 82/4
Gestaltungsmanufaktur GmbH, Dortmund 51/Armin Hingst
Gottwald, Joachim, Berlin 22; 29; 32; 38; 40; 54; 60; 68; 90; 121;127; 132; 168; 170; 179; 196; 201; 207; 209
JOKER, Bonn 96/David Ausserhofer
Krischke, K., Marbach 191
Krüper 195; 197; 204/1–204/2; 208
Lange, Marek, Berlin 59; 65; 69/1; 73/1; 74/4; 134; 203
Löffler,Reinhold 125
Lüders, Henning, Berlin 62/4
Mayer-Mühle, Orsingen/Frank Mayer 13/3
Metro AG 56/2/Metro-Handelslexikon 2009/2010
Penny/images.de 62/3
photoplexus 62/1
picture-alliance 74/3/dpa/dpaweb; 75/dpa; 118/ZB/Hieke; 146/2/dpa
PIXEL, Krefeld 52
project photo, Augsburg 202; 210
project-photos 211
Rufenach, Jens, Lüneburg 82/6
© Saure, Martin - Fotolia.com 57
Schamuhn, Anette, Berlin 21/Foto Regal und Computer iStockphoto/Foto Bürostuhl adpic/ Foto Lieferwagen shutterstock/Foto Kasse Sharp Electronics (Europe) GmbH; 26/Foto shutterstock; 80/2; 87; 123/Foto project photo, Augsburg; 141
shutterstock 58; 214; 216; 217
Staples Product Sourcing Group Europe, B.V.B.A. 25
Stock4B, München 95; 190
Stoppel, Gottfried, Weiblingen 13/2
teamwork/Karwasz 62/2
Trusted Shops GmbH 82/1
TÜV SÜD AG 82/2
vario-press, Bonn 47/Ulrich Baumgarten; 50/Christopher Adolf; 172/bonn-sequenz
VISUM, Hamburg 99/2/Gregor Schläger; 103/Michael Klein
Willemsen, Thomas, Stadtlohn 194
Wincor Nixdorf, Paderborn 73/2; 74/1–74/2; 91/2
Wirtz, Peter, Dormagen 192; 206

Falls nicht alle Copyrightinhaber korrekt ermittelt wurden, werden wir berechtigte Ansprüche selbstverständlich im üblichen Rahmen vergüten.